선을 긋는 연습

선을 긋는 연습

초판 1쇄 인쇄 2021년 12월 15일
초판 1쇄 발행 2021년 12월 20일

지음 테리 콜 옮김 민지현

펴낸이 이상순 주간 서인찬 영업 지원 권은희 제작이사 이상광

펴낸곳 (주)도서출판 아름다운사람들
주소 (10881) 경기도 파주시 회동길 103
대표전화 (031) 8074-0082 팩스 (031) 955-1083
이메일 books777@naver.com 홈페이지 www.book114.kr

생각의길은 (주)도서출판 아름다운사람들의 인문 교양 브랜드입니다.

ISBN 978-89-6513-758-0 (03180)

....

이 도서의 국립중앙도서관 출판예정도서목록(CIP)은 서지정보유통지원시스템 홈페이지
(http://seoji.nl.go.kr)와 국가자료종합목록시스템(http://www.nl.go.kr/kolisnet)에서
이용하실 수 있습니다. (CIP제어번호 : CIP2019009352)

파본은 구입하신 서점에서 교환해 드립니다.

선을 긋는 연습

테리 콜 지음 민지현 옮김

CONTENTS

PART II

분명한 선은 가장 강력한
자기 사랑의 표현 ··· 171

당신의 바운더리 권리

- 당신은 죄책감을 느끼지 않고 '네' 또는 '아니오'라고 답할 수 있다.

- 당신은 실수 할 수 있고, 궤도를 수정할 수 있으며, 마음을 바꿀 수 있다.

- 당신은 자신이 좋아하는 것, 원하는 것, 필요한 것을 두고 협상할 수 있다.

- 당신은 자신의 모든 감정을 자신이 원할 때 표현하고 존중할 수 있다.

- 당신은 다른 사람이 동의하지 않아도 자신의 의견을 말할 수 있다.

- 당신은 존중 받고, 배려 받으며, 보살핌 받을 권리를 가진다.

- 당신은 누가 당신의 삶에 들어올 수 있는지 결정할 수 있다.

- 당신은 자신의 바운더리, 한계, 양보할 수 없는 것들을 소통할 수 있다.

- 당신은 이기적이라는 자책감 없이 우선적으로 자신을 돌볼 수 있다.

- 당신은 진실을 말하고, 인정받고, 자유롭게 살 수 있다.

분명한 선은 자기주도적이고
나다운 삶의 핵심

● 사실은 거절하고 싶은데 '좋다'고 말한 적이 있는가?

● 다른 사람의 필요나 욕구를 자신의 필요나 욕구보다 우선적으로 생각하는가?

● 삶의 전반에 걸쳐 좀 더 노력하며 살아야 한다는 생각을 자주 하는가?

● 사랑하는 사람의 결정이나 감정, 상황에 지나치게 개입하는가?

● 도움 청하는 걸 싫어해서 대부분의 일을 혼자서 처리하는가?

위의 질문 중 당신에게 해당되는 것이 있다면, 당신 역시 과도한 역할 수행과 과도한 내주기로 기력을 소진시키는 나와 같

9

은 부류의 사람일 것이다. 그렇다면 이 책을 펼친 것은 아주 잘한 일이다. 건강하고 탄탄한 개인 바운더리는 충만하고, 권한이 부여되며, 자기주도적인 삶의 핵심이다. 내 개인적인 경험과 23년간의 전문 임상 상담치료사로 일하면서 얻은 경험에 근거해서 볼 때 이 말은 전적으로 사실이라고 믿는다. 내 상담실을 찾았던 수많은 의뢰인들은 모두, 잘 나가는 〈밀레니얼Millennial〉 잡지의 편집자에서부터 조용한 교외에 가정을 꾸리고 아이를 키우는 40대의 전업 주부, 이혼을 하고 한 기업을 이끄는 여성 경영인까지 각자의 문제들을 안고 있었다. 배우자의 외도, 지나치게 권위적인 상사, 가족 간의 골치 아픈 갈등 등. 하지만 그들을 힘들게 하는 문제의 본질은 결국 하나였다. 건강한 바운더리를 갖지 못했다는 것. 그러므로 건강한 바운더리를 구축하고 운영하는 방법을 배우면 대부분의 고통을 완화시킬 수 있다. 물론 당신도 할 수 있는 일이다.

만약 당신이 이 중요한 기술을 가지지 못했다 해도, 걱정하지 말자. 당신은 혼자가 아니다. 학교나 가정에서 건강한 바운더리에 대해 배운 적이 없을 테니까. 아무도 가르쳐 주지 않았는데 어떻게 알 수 있겠는가?

건강한 바운더리 언어를 배우지 않고도 이해하길 바라는 것은, 만다린이나 러시아어, 그 밖의 다른 언어를 단지 열심히 소망한다고 해서 어느 날 갑자기 유창하게 할 수 있게 되리라 기대하는 것과 같다. 불가능한 일이다. 이 책을 효과적인 바운더리를 위한 집중 어학과정이라 생각해도 좋다. 배우고 연습하면 분명히 유창해질 것이다. 그러고 나면 삶의 모든 영역이 환하게 피어날 것이다. 좀 더 권한 있는 대인관계를 맺을 수 있을 것이고, 특히 당신에게 중요한 자신과의 관계가 훨씬 더 자율적이고 충만해질 것이다.

이 책은 성숙한 바운더리의 주인이 되려는 당신을 안내해 줄 전략적 지침서이다. 바운더리 주인인 여성은 다음과 같은 특성을 지닌다.

- 자신을 깊이 이해하며, 여기에는 자신의 역기능적 바운더리 행동 양식이 어디에서 비롯되었으며 현재의 삶에 어떠한 장애요인으로 작용하는가를 파악하는 것도 포함된다.
- 자기가 진정으로 원하는 것이 무엇인지 알고, 그것을 성취하는데 방해가 되는 행동 양식을 파악하고 변화시킬 수 있다.
- 진실을 말한다. 그렇게 하는 것만이 자기가 원하고, 마땅히 누려야 할 삶을 창조하는 길임을 알기 때문이다.
- 자신의 현재 모습을 받아들이고 거기서부터 성장하기 위해 성실하게 노력한다.

당신이 진정으로 원하는 것과 그것을 위한 실천적 노력을 일치시키기 위해 우리는 내가 이 책에서 '지하창고'라고 표현하는 공간을 정리하는 시간을 가지게 될 것이다. '지하창고'란 당신의 무의식을 말한다. 지하창고에는 당신이 쌓아놓고 의식에서 지워버린 과거의 믿음과 경험들이 저장되어 있다. 이 지하창고에 쌓여 있는 것들은 당신이 이해하지 못하는 방식으로 당신의 삶에 영향을 미친다. 당신이 그 작용을 알아차릴 수 있는 이유는 과도한 감정적 반응으로 나타나거나, 반응 정도가 실제 상황에 부합하지 않기 때문이다. 때로는 이성적 판단이나 유익한 방향과 상충되는 행동으로 나타나기도 한다. 그러고 나면 '내가 왜 이러지?'하고 스스로 의아해 할 수도 있다. 그럼에도 불편한 사실을 마주하지 않으려는 무의식의 작용으로 자신의 직관이나 몸의 신호를 외면하게 된다. 인간이기 때문이다. 만약 당신이 현재 어떤 문제에 부딪혀 고통 받고 있다면, 지하창고를 정리하는 과정에서 관련 정보를 찾을 수 있을 것이며 거기서부터 자유로운 삶을 위해 나아갈 수 있을 것이다.

과거의 경험을 파헤치려는 생각을 하면 마음속에 저항감이 일 수 있다. 내 의뢰인들 중 다수도 내가 그런 제안을 했을 때 화를 냈다.

"그건 너무 오래 전의 일이에요. 난 다 털어버렸다고요."

"부모님을 탓하고 싶진 않아요."

"난 행복한 어린 시절을 보냈단 말이에요!"

지하창고를 파헤치지 않고도 당신이 훌륭한 바운더리 주인이 될 수 있도록 인도할 수 있다면 난 당연히 그렇게 할 것이다.(한 가지 분명히 해둘 것은, 누군가를 탓하는 일은 바운더리 주인의 실천 과제에 포함되지 않는다는 사실이다.) 여기서 희소식 한 가지. 이 여정을 이어가는 동안 나는 항상 당신 곁에 있을 것이며, 당신의 손을 잡고 당신이 가는 길에 전등을 밝혀줄 것이다. 당신은 해 낼 수 있으며, 내가 당신을 도울 것이다.

성공적인 결과를 얻기 위해 우선 시간을 갖고 바운더리 주인의 여정에 어떤 일들이 기다리고 있으며, 그것들이 왜 중요한지 살펴보기로 하자. 건강하고, 활력 넘치며, 유연한 바운더리를 구축하고, 소통하고, 관리할 수 있으면 삶이 충만해진다. 하지만 바운더리가 제대로 세워져 있지 않으면 이는 불가능하다. 이 점은 확실하게 말할 수 있다.

당신이 무슨 일이든 완수하고 보자는 주의로 사는 유형이거나, 유명한 심리학자이자 여성 문제 전문가인 해리엇 브레이커(Harriet Braiker)가 말하는 '남을 기쁘게 해주는 병'을 앓고 있다면, 이건 당신에게 매우 슬픈 소식일 수 있다. 그렇다, 당신은 속도를 늦추고 그동안 익숙해진 행동 양식을 벗어나 진정한 자아를 이해하고, 표현하고, 보호해야 한다.('진정한 자아라고? 그게 뭔데?'라는 생각이 드는 사람이 있을 것이다.) 당신이 점차 한계를 정하고, 진실을 말하는데 익숙해지면 '진정한 자아'를 좀 더 깊이 이해하고, 소중하게 여기게 될 것이다.(당신의 '진정한 자아'가 얼마나 멋지고 매력적인지도 알게 될 것이다.) 그러고 보면 슬픈 소식 같았던 것이 오히려 기회가 될 수 있다.

건강하지 못한 바운더리 행동 양식은 어디까지가 당신의 소관인지를 혼동하는데서 비롯된 경우가 많다. 예를 들면, 다른 사람의 스트레스나 갈등을 자기가 해결해 주어야 한다고 생각하는 것이다. 사실 다른 사람의 감정적 경험이나 문제는 온전히 그들이 해결해야 할 문제인데 말이다. 그건 그들 영역의 일이다. 이 책은 당신과 당신 영역에 관한 이야기이다.

당신이 해결해야 할 문제가 어디까지인지를 명확하게 파악하면 변화의 가능성이 훨씬 커진다. 바운더리 기술이 제대로 작동하려면 당신이 의도하는 방향이 하나로 집중되어야 한다. 무언가를 변화시키려면 새로운 시도를 각오해야 한다. 이러한 과정은 노력이 필요하지만, 당신이라는 존재가 그만큼 소중하기에 노력할 만한 가치가 있다. 당신은 삶을 통해 진정한 자아를 실현할 수 있는 놀라운 능력을 가지고 있다. 수많은 학생, 의뢰인들의 성공을 지켜본 내 경험에 근거해서 나는 당신도 해낼 수 있다고 굳게 믿는다.

이 책의 구성에 관하여

이 책의 앞부분에서는 당신의 삶에 대한 정보를 모으고 진솔한 대화를 통해 바운더리 문제나 효과적이지 못한 소통 양식을 살펴볼 것이다. 그 과정에서 당신의 바운더리 청사진을 펼쳐보고, 그것이 현재 바운더리 행동 양식에 의식적, 무의식적으로 어떻게 영향을 미치는지 규명한다. 바운더리 청사진이 현재에 미치는 영향은 당신이 어린 시절에 어떠한 양육 방식을 통해 키워졌는지, 가정 내에서 무엇을 보고, 경험하며 자랐는지, 당신을 둘러싼 문화는 어떠한 사회적 기준을 가지고 있었는지에 따라 결정된다. 많은 사람들이 이 과정을 통해 해방감을 경험한다. 당신이 어린 시절 습득한 행동 양식에 대해서는 당신을 탓하거나 원망할 수 없지만, 그것을 파악하고 수정할 책임은 당신에게 있다. 적절한 도구를 배우고 나의 안내를 받으면서 새로운 바운더리 청사진을 그릴 수 있을 것이다.

뒷부분에서는 바운더리 언어를 유창하게 구사하고, 새로 자각한 사실에 근거해서 실전에 임하는 훈련을 할 것이다. 모든 도구와 전략, 각본을 당신의 고유한 유형과 편안한 정도에 맞게 준비해야 한다. 모든 사람과 상황에 두루 활용할 수 있는 만병통치 전략이란 없다. 당신은 고유한 존재이므로 당신이 원하는 유형의 바운더리와 한계에 최적화된 전략도 따로 있을 것이다.

이와 더불어 바운더리 행동 양식을, 반응하는 단계에서 주도적으로 대응하는 단계로 변화시키는데 필요한 주도적인 바운더리 계획을 세우는 과정도 단계별로 살펴볼 것이다. 당신의 수용 한계를 분명하게 전했음에도 계속해서 바운더리를 침해하는 사람들을 어떻게 상대해야 하는지에 관해서도 이야기할 것이며 규칙이 적용되지 않는 사례, 특히 바운더리 파괴자나 나르시시스트, 그밖에 상대하기 힘든 사람들과의 사례들에 대해서도 논의할 것이다. 매 단계마다 나는 당신을 연민하고 사랑하는 안내자로서 함께 할 것이다.

이 과정을 지나면서 당신은 내면의 아이를 만나게 될 것이다. 내면의 아이는 어린 시절에 욕구를 충족 받지 못했던 자아의 일면이다. 내가 상담치료사가 되기 전, 처음으로 '내면 아이'라는 말을 들었을 때는 말도 안 되는 소리로 치부하고 싶었다. 마치 마법을 꿈꾸는 것처럼 너무 비현실적이고 나약하게 들렸기 때문이다. 그런데 치유되지 않은 어린 시절의 상처는 현재의 모든 관계에 부정적인 영향을 미친다. 나는 시간이 지나면서, 그 내면 아이를 실질적으로 보살펴야 한다는 사실을 알게 되었다.(이에 대해서는 8장에서 다루게 될 것이다.) 지금 여기서는 당신이 현재의 삶에 대응하는 방식이, 말하자면 5살이었던 당신의 경험과 믿음에서 비롯되었을 수 있다는 사실을 염두에 두기만 하면 된다. 그렇다면 당신의 결혼생활과 가정에 중요한 판단을 5살짜리 아이에게 맡기겠는가? 그 꼬마가 당신의 직장 경력을 결정지을 수 있게 하겠는가? 그럴 수는 없을 것이다.

바로 이 부분에서 우리는 스스로에게 연민을 가져야 한다. 그래야만 역기능적 행동 양식을 의식적으로 바라볼 수 있는 여유를 가질 수 있다. 거미줄이 드리워진 지하창고를 뒤져서 편안하지 못했던 과거의 기억을 찾아내는 것은 과거에 머물기 위해서가 아님을 기억해 주기 바란다. 현재의 상황이 과거와 연결된 지점을 찾아내면 당신이 관심을 기울여야 할 사건이나 경험을 발견하게 될 것이다. 그렇게 과거의 상처를 찾아내면, 내면 아이의 아픈 경험을 인식하고, 해소하고, 인정해 줄 수 있다. 어린 시절의 경험을 이해함으로써 현재의 삶이 긍정적으로 변화할 수 있다.

이 책의 6장에서는 당신이 스스로를 연민으로 보듬을 수 있도록 하기 위한 전략을 소개할 것이다. 이 전략은 당신의 내면 아이가 작용하기 시작하면 그것을 알아차리고, 과거에서 비롯된 반응을 통제하고, 성인으로써 자기에게 가장 좋은 방향으로 대응할 수 있게 해 줄 것이다. 이 전략을 3R[인식(Recognize)-해소(Release)-대응(Respond)]이라고 부른다.

　나를 찾아왔던 수많은 의뢰인과 학생들이 그랬듯이 당신도 이 과정에서 희망, 탈진, 불안, 흥분 등 다양한 정서가 고양되는 경험을 할 것이다. 누군가와의 관계에서 묵시적으로 정해진 규칙을 바꾸거나, 자신의 감정을 우선적으로 배려하려 할 때는 자신이 이기적인 인간이라는 느낌도 들 것이다. 사람에 따라서는 기존의 바운더리를 바꾸려고 할 때 두려움과 죄책감, 수치심을 느낄 수도 있다. 내가 사랑하는 사람들로부터 조롱당하는 것은 아닐까? 일방적으로 규칙을 바꾸는 것이 그들을 거부하는 걸로 보이는 건 아닐까?

　이 일련의 기술을 연마함에 있어 실질적이고 지속가능한 변화는 하루아침에 이루어지는 것이 아니라 조금씩 단계적으로 이루어지는 것임을 명심해야 한다. 변화시키는 방법을 배우고, 기회가 왔을 때 올바른 선택을 함으로써 행동을 바꾼다. 그렇게 한 걸음씩 내딛는 것이다. 이 책의 1부(정보 수집하기)와 2부(정보를 새로운 행동 양식과 선택으로 전환하기) 사이에 이론적인 학습과 그것을 행동 양식의 변화로 옮기는 실질적인 과정이 이루어진다. 그러므로 인내심을 갖고 스스로를 연민하고 다독이면서 의식 깊이 배여 있는 자기 방해 의식과 행동으로부터 자신을 해방시키는 여정에 함께하길 바란다.

자신의 바운더리 관련 실수들을 반추하다 보면 당혹스럽거나, 후회되거나, 부끄럽다는 생각이 들 수도 있다. 지난날의 행동이 총체적인 당신의 실체를 반영하는 것은 아님을 이해하길 바란다. 그리고 이 책도, 당신의 개인적인 변화의 과정도 비판의 대상은 아니다. 뭔가 잘 안 되고 있는 것 같은 느낌이 들 때면 스스로를 격려하고 응원해 주자. 당신은 인구의 80퍼센트가 꿈도 꾸지 못하는 일을 하고 있다. 더구나 우리는 모두 인간이다. 자신에게 조금 더 너그러워지자.

중요한 한 가지 사실. 당신에 관한 취급 설명서를 쓰는 일은 당신의 소관이다. 당신이 만나는 모든 사람은 그 설명서를 '읽는다.' 당신이 존중받지 못하거나, 과소평가되거나, 너무 쉽게 취급된다고 느껴진다면, 취급 설명서를 다시 써야 할 때가 왔다는 뜻이다. 당신 자신을 비롯해서 모든 이가 당신을 대하는 기준을 조금 더 높여야 한다. 당신은 할 수 있다. 이 과정을 따라가는 동안 당신의 내면과 만날 수 있는 안전하고 아늑한 공간을 마련하는 것이 좋다. 나는 이것을 명상공간이라고 부른다. 명상공간에서는 명상도 하고, 저널도 쓰고, 통합 훈련도 할 수 있다. 통합 훈련에 관해서는 아래에 설명해 놓았다.

이 책의 활용도를 높이기 위한 몇 가지 조언

평소 당신의 독서 습관이 어떻든지, 이 책은 앞에서부터 차례로 읽는 것이 좋다. 왜 그럴까? 각 장이 앞장에서 다룬 내용에 근거해서 구성되었기 때문이다. 장마다 배운 내용을 실전에 적용하는데 도움이 되도록 요령, 자기 평가, 훈련 과제들이 실려 있다. 이 훈련 과제들은 당신이 바라는 결과를 얻기 위해 반드시 필요하다. 그러니 그냥 넘어가지 말자.

- 핵심 정리: 장마다 중요한 개념의 이해를 돕기 위해 요점을 간략하게 정리해 놓았다.
- 자기 돌아보기: 배운 내용을 개인의 고유한 상황과 경험에 맞게 적용하는데 도움이 될 간단한 자기 평가 도구이다.
- 바운더리 주인 실전 과제: 각 장의 말미에 새로 배운 내용을 실전에 적용하는 두 가지 방법을 제시했다. 기본 과제에서는 자기 인식을 좀 더 확장시키는 방법을 소개한다. 심화 과제에서는 지속가능한 변화를 위한 통합 훈련을 소개한다. 심화 과제는 책 뒷부분에도 실려 있다. 매우 중요하니 건너뛰지 말자! 가끔 영감을 받을 수 있는 훈련 과제를 제안하기도 한다.

자기에게 맞는 속도로 읽어나갈 것을 권한다. 자기에게 맞는 방법은 취하고, 그렇지 않은 내용은 그냥 지나쳐도 좋다. 따라가기가 벅차거나 힘들다고 느껴지면 속도를 늦추고, 마음을 가라앉히고, 심호흡을 하자. 배운 것을 기억해서 활용하자. 시간과 거리를 두고 쉬었다가, 준비가 되었을 때 다시 돌아오면 된다. 내면을 들여다보고 파헤치다보면 강렬한 감정이 일어날 수 있다. 이때 주의를 기울이고 들어보자. 그리고 자신에게 물어보자.

나는 지금,

- 쉬고 싶은가?
- 산책을 해야 할까?
- 친구나 전문가를 찾아야 할까?

당신의 정신 건강과 정서적 안정을 돌봐야 할 책임은 당신에게 있으며, 항상 최우선적으로 주의를 기울여야 한다. 그러니 우리의 여정을 함께 하는 동안 스스로를 잘 돌보기 바란다. 이 책에 소개된 내용들을 성실히 실천한다면 반드시 당신의 삶과 관계에 긍정적인 결과를 보게 될 것이라 약속한다.

바운더리에 통달하는 일은 시간이 걸리겠지만, 바운더리를 세우고 관리하는 방법을 배우는 데는 그리 오래 걸리지 않는다. 우리의 여정에 끝까지 함께 한다면 이 책을 끝낼 때쯤엔 그에 필요한 기술과 요령을 터득할 수 있을 것이다.

이 책을 통해 당신은 바운더리 행동 양식에 영향을 미치던 부패한 정보들을 체계적으로 지워버리게 될 것이다. 당신의 삶을 제한하던 습관적 행동 양식을 주도적이고 깨어 있는 의식의 믿음과 행동으로 전환시킬 것이다. 긍정적이고 지속가능한 변화를 위한 터전을 닦을 것이므로 삶 전반에서 맺어지는 대인관계가 훨씬 더 만족스럽고, 자신감 넘치며, 평안해질 것이다. 당신이 과거로부터 물려받은 그릇된 생각과 행동 양식이 아닌, 당신이 진정으로 원하는 바에 근거해서 모든 관계를 맺게 될 것이기 때문이다. 당신이 이 책을 통해 얻게 될 자기 이해가 앞으로의 삶에 지대한 영향을 미칠 것이다.

이 책은 내가 진심으로 당신에게 전하는 사랑이기도 하다. 지난 20여 년간 나는 이 과정을 통해 삶이 변화되는 것을 보아왔고, 건강한 바운더리의 언어와 실행 기술을 효과적으로 활용할 수 있게 되는 것을 목격했다. 나 자신의 삶과 의뢰인들의 삶을 통해 실질적인 결과를 확인했다. 지금까지 전 세계에 있는 수천 명의 여성들이 각자의 방식대로 바운더리 주인이 되는 과정에 참여했다. 당신만이 누릴 수 있는 당신답고 자기주도적인 삶으로 당신을 인도하는 것이 내 사명이라고 믿는다.

이제 준비가 되었는가?

그럼 출발하자!

모든 어긋난 관계는
분명한 선이 없어서이다

Chapter 1

|

좋은 사람인 거 같은데 왜 무례한 부탁을 할까?

나와 타인을 구분짓는 자아의 경계, 바운더리 진단하기

이십 대를 지나는 동안 나는 여덟 번이나 신부 들러리를 서주었다. '여덟 번'.

예쁘지도 않은 드레스를 입어야 하는 그 노릇의 여덟 번 중반은 거절했어야 마땅하지만, 나는 품위 있게 거절하는 방법을 알지 못했다. 아니면 최소한 "절대 안 돼."라고 하거나, "너의 진실한 사랑을 축하하는 자리에 함께 하고 싶지만, 긴급히 처리해야 할 일이 있어서."라는 말이라도 했어야 한다. 그 당시 나는 뉴욕에서 빠듯한 생활을 이어가는 22살의 빈털터리였으며, 동전 통을 바닥까지 긁어야 겨우 지하철 승차권을 살 수 있는 신세였으니 말이다. 그런데 어떻게 식당 종업원 시절에 만난 친구들과 어울려 결혼파티에 갈 수 있었겠는가? 하지만 나는 그때 위태로운 내 은행 잔고보다도 예비 신부를 실망시키는 게 더 두려웠다. 무례하거나 몰지각한 사람으로 보이고 싶지 않았고, 무엇보다 '좋은 사람'으로 보이지 못할 것이 두려웠다. 신부 들러리를 못하겠다고 하면 나를 선택해 준 사람의 호의를 거절하는 셈인데, 내가 뭐라고 그런 짓을 할 수 있겠는가?

나는 오로지 그 두려움 때문에 내게 있지도 않은 수천 불이란 돈을 끌어다 썼다. 신용 카드 빚이 생긴 것이다. 내가 만약 집을 사서 집들이를 한다고 해도 초대하지 않을 사람들의 예식에 참석하기 위해서 말이다. 나는 당연히 마음이 무거웠고 화가 났다. 아무도 모르게 마음속에 담아두었던 감정들은 처녀 파티를 갈 때마다, 결혼식 전날의 만찬에 참석할 때마다, 그리고 80년대 풍으로 어깨를 잔뜩 부풀린, 다시는 입을 일 없는 청록색의 드레스들이 옷장 맨 뒤에 걸려 있는 것을 볼 때마다 튀어 올라왔다. 결국 진심을 말하지 못한 '대가'로 그 모든 일들을 겪어야 했던 것이다. 지금 그 시절을 돌이켜 보면 딱 한 마디가 떠오른다. "도대체 그들이 뭐라고."

이렇게 계속되었던 나의 신부 들러리 노릇은 수많은 여성들이 겪고 있는 좀 더 심각한 문제를 상징적으로 드러내는 현상이기도 하다. 바운더리(나와 타인을 구분 짓는 자아의 경계 - 옮긴이)가 튼튼하지 못한 상태다. 실제로 많은 사람들이 삶의 전반에서 바운더리를 정하고, 이를 지키고, 소통하는데 어려움을 겪고 있다. 바운더리를 제대로 통제하지 못해서 감수해야 하는 손실은 막대하다. 대인 관계는 갈등에 시달리다가 균형을 잃게 되며, 내게 주어진 시간을 주체적으로 사용하지 못하게 되고, 일상에 여러 가지 불안 요소가 가중된다. 이런 손해를 감수하겠는가? 아니, 그러고 싶은 사람은 없다.

내가 겪었던 바운더리 문제를 살펴보자. 이는 당신의 문제일 수도 있다. 나는 다른 사람을 실망시키게 될 것을 두려워한 나머지 상식적인 사고를 하지 못했다. 다른 선택을 할 수도 있었다. 내 소중한 시간과 돈을 어떻게 쓸 것인가 하는 문제를 놓고 상황에 따른 행동 기준을 정할 수 있었던 것이다. 아니면, "고맙지만 사양할게. 그 드레스도 너무 보기 싫고, 네 약혼자도 마찬가지야."라고 말할 수도 있었다. "그 자는 약혼식 피로연에서 나에게 치근거렸단 말이다!" 간단히 말해서 나는 여러 가지 방법 중 하나를 선택해서 대응할 수 있었다. 그런데 한 가지 이유 때문에 바운더리를 통제할 수 있는 능력을 발휘하지 못했다. 내게 선택권이 있다는 사실조차 몰랐던 것이다.

'당신의 삶이 지금 어떤 상황에 처해 있든, 당신은 나아갈 방향을 선택할 수 있다.'

지난 20년 간 나는 공인 임상 치료사로 일하면서 다양한 바운더리 문제로 고통을 겪고 있는 대다수의 여성 의뢰인들을 치료해왔다. 바운더리를 정하는 데 너무 일관성이 없거나, 지나치게 유동적이거나, 전혀 유동적이지 못하거나, 모두 각기 다른 방식으로 어려움을 겪고 있었다. 그중에는 너무 독립적이고 자족적이어서 절대로 다른 사람의 도움을 받지 않으려는 사람도 있었다. 택시 기사가 무거운 여행 가방을 들어 트렁크에 넣어주거나, 식료품 가게의 점원이 구매한 물건을 봉지에 담아주는 것조차 사양할 정도다. "됐어요. 내가 할 수 있습니다." 그들이 늘 하는 말이다. 또 어떤 사람들은 자신의 안녕을 희생하면서까지 주변 사람들을 기쁘게 해 주려는 강박적 욕구에 시달리기도 한다. 예를 들면 학부모교사협의회 기금 마련 행사를 맡아달라는 부탁을 받았을 때 거절해야 한다는 걸 알면서도 수락하는 경우다. 자기도 직장 일이 정신없이 몰아치고 집도 팔아야 하는 상황이면서 말이다. 그렇지 않으면 모든 사람들에게, 심지어 자기가 좋아하지도 않는 사람들에게까지 잘하느라 무리를 하는 사람도 있다. 이런 유형의 사람은 결말이 좋지 않을 것임을 잘 알면서도 알코올중독자인 사촌을 굳이 생일파티에 초대한다. 그동안의 전문적인 경험과 개인적인 삶에 비추어 볼 때 '아니'라는 한 마디는 지극히 간단하고 쉬워 보일 수 있다. 그러나 많은 사람들에게 그 한 마디는 가장 하기 어려운 말 일 수 있다.

"아니라는 한 마디면 충분하다."라든가, "소녀여, 당신은 할 수 있다!"와 같은 구호들이 아무리 소셜 미디어에 넘쳐나도, 그릇된 바운더리가 습관적 규범으로 남아 있다면 실제로 자신의 솔직한 마음을 알아차리고, 표현하는 일은 어렵고 힘들 수밖에 없다.

【자기 돌아보기】
당신은 바운더리 문제에 어떻게 대응하는가?

다음은 일반적으로 경험하는 바운더리 문제들이다. 당신에게 해당되는 항목이 있는가?

▫ 어떤 요청을 받았을 때 속마음은 '싫어'라고 말하고 싶지만 수락하는 경우가 있는가? 자기 자신을 완전히 제쳐두고 "좋아, 내가 너 대신 가줄게. 멋질 것 같아. 어서 가고 싶다!"라고 말하는가?

▫ 다른 사람을 위해 자신의 불편함을 감수하는 편인가? "그래, 내가 일주일 동안 너희 집에 있으면서 고양이 봐 줄게. 네가 전문 인력을 고용하고 싶지 않다니 어쩌겠니!"(내가 브루클린에 있는 너희 집에서 출퇴근하려면 한 시간이나 더 걸리고, 네 고양이는 날 싫어하지만 말이야. 좋아, 사실은 서로 싫어하는 거지.)

▫ 친구의 행동이 마음이 들지 않을 때는 자연스러운 핑계를 대서 불편한 대화를 피하는가? "나도 네가 보고 싶어. 그런데 요즘 일이 너무 많아서 말이야!"(사실 내 일정은 텅 비어 있어서 불편하지 않은 친구라면 언제든 만날 수 있다.)

▫ 차분하게 감정을 표현하기보다 소극적 공격으로 분노를 표출하는가? "네가 좋을 대로 해. 난 네가 처음에 했던 말만 믿고 계획을 모두 바꾸긴 했지만, 괜찮아!"(그러고는 속이 부글거리는데도 스마일 이모지까지 첨부해서 문자를 보낸다.)

▫ 언제나 자급자족을 지향해서 자신과 관련된 모든 일을 혼자서 해결하는가? "내가 할 수 있어!"를 외치면서.(설사 당신이 지치고 억울한 마음이 들어서, 당신이 예전에 도와주었던, 그러니 지금 마땅히 당신을 도와주어야 할 사람들이 떠오른다고 해도.)

건강하지 못한 바운더리의 예를 나열한 위의 항목 중에 당신에게 해당되는 내용이 있다고 해도 걱정하지 말자. 당신은 혼자가 아니다. 이 장에서는 당신의 바운더리 행동 양식을 알아볼 것이다. 그러고 나면 어느 부분에 집중적인 노력을 기울여야 할지 알 수 있다.

건강하지 못한 바운더리는 심신을 소모시킨다. 갈등 상황을 만들어 우리의 시간과 기력을 빼앗아가기 때문이다. 삶에 불어닥친 위기 상황을 해결하는 데는 힘겨운 노력이 필요하다. 하지만 건강하지 못한 바운더리로 문제가 생겼을 때 사실은 그러한 갈등 상황의 원인이 바로 자신이었다는 사실을 간과하지 못하는 경우가 많다. 이렇게 우리의 삶을 힘들게 하는 방해 요인을 제거하려면, 그러한 요인이 생겨나게 된 시발점으로 돌아가야 한다. 상처를 입고 그에 대한 방어 기재를 습득하게 된 사건 현장을 되짚어 보아야 한다는 뜻이다.

그 상처가 건강하지 못한 바운더리를 갖게 했고, 그로 말미암아 갈등 상황을 겪게 되었다는 사실을 좀 더 알기 쉽게 설명하기 위해 당신을 나의 과거 시간으로 안내하려고 한다. 형편없이 망가진 바운더리를 가졌던 내가 어떤 과정을 거쳐서 바운더리를 개선했으면, 드디어는 건강하고 성숙한 바운더리를 가지게 되었는지 간략하게 나누려고 한다. 내 이야기를 통해 당신도 자신의 삶을 돌아보고, 자신만의 방법으로 자아의 경계를 운용하는데 통달하기 바란다.

보고 배우자

나는 인생의 경험이라는 게 전무한 채 아이를 가졌던 부모 밑에서 자라면서 잘못된 바운더리와 효율적이지 못한 소통에 관한 모든 것을 배웠다. 첫 아이를 임신했을 때 어머니는 대학에 입학한지 세 달 밖에 되지 않은 열아홉 살의 소녀였다. 어머니는 학교를 중퇴하고 뉴욕 주의 글렌즈 폴스에 있는 한 장로교회에서 아버지와 결혼했다. 그 후로 6년 동안 딸 셋을 더 낳았는데 내가 그중에 막내다.

뉴저지 교외에서 우리를 기르면서 부모님은 전통적인 부모의 역할을 충실히 따르셨다. 화이트칼라로 고위직 경영자였던 아버지는 집안의 경제를 책임졌고, 주말에는 골프를 쳤으며, 술을 많이 마셨다.(텔레비전 연속극 매드맨 수준의 마티니를 마셨으니까) 아버지가 퇴근해서 집에 도착하면 식탁에는 저녁 식사가 차려져 있어야 했다. 사랑이 지극하고 인정 많은 어머니는 보호 본능도 강해서 늘 가정을 지키며 우리 자매와 친구들까지 보살폈다. 아버지는 돈을 벌었고, 나머지는 어머니의 몫이었다. 그 안에는 집안일은 물론 우리들의 심신을 건강하고 행복하게 유지하는 일까지 포함되었다.

많은 가정이 그렇듯 우리 가족의 삶도 위장된 소통과 정서적 역기능으로 점철되어 있었다. 부모님 모두 힘들고 골치 아픈 문제는 들춰내지 않는 것을 미덕으로 삼는 가정에서 자랐다. 바로 거기에 문제의 핵심이 있었던 것이다. 효과적이지 못한 대화의 기술은 바운더리를 세우고 지키는 능력을 약화시키거나 왜곡되게 한다.

아버지가 폭력적이거나 가학적이지 않았음에도 우리는 모두 아버지의 인정을 받지 못할까 봐 두려워하는 마음을 가지고 있었다. 어머니는 늘 아버지를 거스르지 않으려 조심했고, 나와 언니들도 마찬가지였다. 아주 가끔이지만 아버지의 낮고 굵은 호령소리가 들리면 뭔가가 심각하게 잘못되었다는 신호였다. 그러다보니 열세 살이 될 때까지 내가 아버지와 나눈 대화는 100마디가 채 안 되었으며, 그 즈음 부모님은 이혼하셨다.

아버지와의 대화가 거의 없었다는 것은 정서적 교감이 없다는 뜻이기도 했으므로, 아버지가 곁에 있어도 우리는 함께 있다는 느낌을 갖지 못했다. 아버지가 "자, 스포츠팬들 모여라!"하고 외치면 그것은 "이제부터 내가 텔레비전을 차지하고 골프를 보겠다."라는 알림이었다. 언니들과 내가 영화 '그리스'의 마지막 장면에 잔뜩 몰입해 있었던 적도 있었다. 올리비아 뉴튼 존이 순진한 소녀에서 스판덱스 바지를 입고 담배꽁초를 피우는 80년대 식 암여우로 변신하는 장면을 떠올려 보라. 하지만 아버지의 입에서 '스포츠 팬'이라는 말이 나오는 순간 우리가 할 수 있는 반응은 한 가지 뿐이었다. "네, 알겠습니다. 저희가 물러날게요!" 영화의 종결 부분을 못 보게 되었으니 기분이 좋을 수는 없었으면서도 우리는 한결같이 괜찮은 척 했다. 감히 진심을 말할 수 있다고 생각하지 않았기 때문이다.

상호 간에 명시되지 않은 원칙이 다른 어떤 것보다 우선되고 중요하게 여겨지는 경우를 종종 볼 수 있다. 예를 들어 우리 집에서는 부모님이 묵시적으로 각자의 역할에 대해 합의를 한 것이다. 아버지는 생계를 책임지고 어머니는 자녀를 양육하고 가족을 돌보기로 말이다. 그런데 실제로 우리 집에서 가장 중요했던 묵시적 약속은 분노의 감정을 직접적으로 드러내지 않는다는 항목이었던 것 같다. 언제나 명랑 쾌활했던 어머니조차도 아버지에게 맞서기를 두려워했던 만큼 나는 본능적으로 분노라는 감정은 금기라는 생각을 하게 되었다.

사람은 누구나, 어린아이라 하더라도 위험을 인지하면 그에 노출될 가능성을 최소화하려는 본능을 지닌다. 어린 시절의 경험들을 통해 나는 자동적으로 사람들의 마음을 읽고 주위를 살피며 위험 수위를 파악함으로써 갈등 상황을 피할 수 있는 능력을 습득하게 되었다. 누군가의 분노는 곧 위협 요소다. 나는 아버지의 심기를 거스르지 않기 위해 모든 노력을 기울였다. 언니들이 그랬듯이 나도 감정을 솔직하게 표현하지 않았다. 그러나 편안하게 해소되거나 받아들여지지 못한 감정들은 사라지는 대신, 마음속 깊은 곳으로 가라앉았다. 그건 결코 바람직한 상황이 아닌데 말이다.

당시 십대였던 네 자매는 방문을 세게 닫거나, 거친 언어를 사용함으로써 억눌린 분노를 해소하려 했고, 부모님이 안 계실 때는 종종 주먹다짐을 하며 싸우기도 했다. 언니들은 또한 분노나 가족 간에 쌓였던 감정들을 극단적인 방법으로 표출하기도 했는데 가출을 한다거나, 불량한 남자친구를 사귄다거나, 마약

류와 술을 가까이하는 식이었다. 그런 언니들의 행동을 용납하지 못하는 아버지와 이를 괴로워하는 어머니의 모습은 나의 뇌리에 너무도 생생하게 새겨졌고, 나는 절대 두 분을 힘들게 하지 않으리라 결심했다. 언니들처럼 행동하지 않겠다는 게 아니라, 나도 똑같이 하되, 절대로 들키지 않으리라는 뜻이었다.

그 대신 나는 감정을 묻어두거나 용납될 수 있는 형태로 변형시키는 방법을 택했으며(예를 들면 분노를 우울함으로 가장한다든지), 솔직한 마음 따위는 무시했다. 그럼으로써 나는 부모님의 실망이나 노여움으로부터 안전할 수 있었고, 동시에 묵시적 원칙을 거역하다가 집안에서 퇴출당할 걱정을 하지 않을 수 있었다. 그렇게 지내면서 대학에 입학해서 집을 떠날 때까지 내가 배운 거라고는 건강하지 못한 소통 방식과 문제투성이인 바운더리, 그리고 검증되지 않은 처세술뿐이었다. 한 마디로 바운더리의 문제를 겪을 수 있는 잠재성을 완벽하게 갖추고 있었던 것이다.

【자기 돌아보기】
당신의 삶에서 금지된 감정은 무엇인가?

당신이 어린 시절을 지내는 동안 억제되거나, 처벌을 받거나, 금기시되었던 감정에 표를 해 보자.

- □ 행복감: 기쁨, 만족, 안녕하다는 느낌.
- □ 슬픔: 실망, 희망 없음, 무관심.
- □ 두려움: 안전하지 못하다는 느낌, 위협, 투쟁–도피–경직 반응을 보이는 것.
- □ 혐오감: 역겨움, 불쾌감, 거부.
- □ 분노: 적대감, 흥분, 좌절.

바운더리를 성공적으로 통제하기 위해서는 자기 안에서 일어나는 모든 감정을 인지할 수 있어야 하며, 특히 경험하고 싶지 않은 부정적 감정들부터 인지하는 훈련을 해야 한다.

홀로 서기

성인이 되어서도 나의 문제적 바운더리 행동양식은 계속되었다. 냉소와 눈알 굴림, 적대감에서 비롯된 거짓말을 수시로 구사하는 우회적 대화의 달인이 되어 있었던 것이다. 예를 들면, "내가 괜찮다고 했잖아!"하는 식이다.(익숙한 말 같지 않은가?) 그뿐 아니라 나는 보이지 않게 남의 마음을 조정하는데도 능통해 있었다. 주로 내가 조정하는 상대는 연애 중인 남자친구들이었는데 그들은 아무 문제도 없어 보이는 내 평온한 표정 뒤에서 돌아가는 비밀 프로젝트를 절대로 알아채지 못했다. 은밀한 조정을 함으로써 나는 상대의 인정을 받고, 충돌을 피하며, 그들을 행복한 상태에 머물게 할 수 있었다. 그리고 나는 그들의 눈을 피해 내가 원하는 일을 할 수 있었다. 옛 애인을 만나 시간을 보낸다거나, 언니들과 시내의 클럽에 가면서, 소위 '미리 말하는 걸 깜박'하는 것이다. 다른 사람이나 상황을 조정하려는 욕구는 안전하다는 느낌을 갖기 위한 방편이다. 이런 행동양식은 처음 얼마간은 효과가 있는 듯이 보이나 반드시 유효기간이 있다. 어린 시절에 솔직한 감정 표현을 배우지 못한 내가 대학에 다니면서 상담실을 찾아야 했고, 지난 30년 간 그 분야에 종사했던 것은 결코 우연이 아니다.

> **핵심 정리**
> 효과적인 대화를 하지 못하면, 바운더리를 통제하는 능력도 약화되거나 병들 수밖에 없다.

처음 상담을 받기 시작했을 때까지만 해도 나는 바운더리라는 말을 들어본 적이 없었다. 나의 억압적 정서에 근거한 잘못된 대인관계가 사회생활과 소통 방식을 포함하는 삶 전반에 영향을 미치고 있다는 사실도 깨닫지 못하고 있었다. 대학생활이라는 것이 알코올에 체질적인 거부반응이 있는 사람도 술을 마실 수밖에 없는 상황이다 보니, 졸업반이 되었을 때쯤엔 술을 마시고 토하거나, 의식을 잃거나, 필름이 완전히 끊어지는 일들이 거의 일상이 되어 있었다. 과도한 음주의 본을 보인 아버지 덕분에 놀기 좋아하고 대책 없는 언니들도 그 뒤를 충실히 따랐고, 나 역시 열네 살 때부터 언니들을 따라 독한 술을 마시기 시작했다. 그러다보니 대학을 다니면서 술 때문에 벌이는 일탈의 행동들도 정상적인 모습이라 생각했던 것 같다. 하지만 나의 상담 선생님이었던 베브는 그렇게 생각하지 않았다.

술기운에 저질렀던 내 무모한 행적들을 몇 주 동안 듣고 난 베브는 드디어 내게 폭탄선언을 했다. "음주 습관 바로 잡기 12단계 프로그램을 통해 도움을 받으세요. 그렇지 않으면 당신과의 상담을 더 이상 진행할 수 없어요." 잠깐, 뭐라고? 지금 상담 선생님이 나를 버리겠다는 건가?

상담사의 최후통첩에 충격을 받은만큼 나는 누군가의 도움을 받아야 한다는 본능적인 내 반응에 더 놀랐다. 속에 쌓아두었던 감정을 온전히 분출시키고 싶었다. 나는 안심이 되었다. 내가 즐겨마시던 밀러 라이트를 끊어야 한다는 생각을 하기 훨씬 전부터 내 몸은 이미 지쳐 있었던 것이다.(날 비난하진 말기 바란다! 대학 생활을 하고 있었지 않는가.) 술이 내 성장과 행복을 가로막고 있었다. 나는 그 순간 분노와 슬픔, 두려움의 감정들을 술로 이겨내려 하는 한, 자기 파괴적인 행동방식은 계속될 것이라는 사실을 깨달았으며, 졸업을 세 달 남겨 놓고 술을 끊었다.

깨어 있는 정신으로 살기

맑은 정신으로 지내다 보니 건강한 내면 경계의 개념에 대해 생각하게 되었다. 내면 경계는 자기 내면과의 관계를 얼마나 잘 통제하는가, 또는 통제하지 못하는가를 말한다.(이에 대해서는 7

장에서 좀 더 다룰 것이다.) 예를 들면, 자신의 욕구에 우선적으로 귀를 기울이는가? 자신의 행동에 책임을 지는가?와 같은 문제들이다. 나는 생전 처음으로 내가 스스로를 어떻게 대해왔는지 돌아보았다. 그때까지만 해도 자기 내면과의 관계가 정신 건강의 핵심이라는 생각을 하지 못했다.

나른 모든 관계에서 건강한 바운더리를 가지려면 먼저 내면의 경계, 그리고 자아와의 관계에 통달해야 한다는 사실도 깨닫지 못했다. 이제 술기운이 사고를 흐리게 하지 않으니 나는 비로소 스스로에게 좀 더 어려운 질문을 던질 수 있었다. 예를 들면 다음과 같은 것 들이다.

- "나는 스스로에게 한 약속을 기억하고 지키는 편인가?"(별로 그렇지 못하다.)
- "나는 다른 사람과의 약속을 기억하고, 내가 한 말을 지키는 편인가?"(항상 그렇지는 않다.)
- "자기 수양, 시간 관리, 충동 조절, 감정 절제는 어떤 편인가?"(좀 더 노력해야 한다.)

당시 나는 22살이었고 개선해야 할 일들이 산처럼 쌓여 있었지만, 난생 처음 맑은 시야로 앞을 내다볼 수 있었다. 상담을 통해 내 생애 가장 심오한 깨달음을 얻었던 것이다. 그동안 어떤 패를 들고 인생이란 게임에 임해왔던 간에 나는 새 카드 몇 장을 더 얻기보다는 완전히 새로운 게임을 구상해야 했다. 그걸 깨닫고 나자 나의 사고에 변화의 활력이 붙기 시작했다.

자아를 탐구하고 향상시키는데 열정적으로 몰입했고, 졸업 후 수년 동안 나의 첫 상담사 베브와 상담을 이어갔다. 월요일 저녁마다 뉴욕 펜스테이션에서 정확하게 7시 통근 기차를 타고 롱아일랜드의 작은 마을에 사는 그녀를 만나러 갔다. 내가 매주 그 수고를 감수했던 이유는 자아를 발견하고, 치유하는 과정을 꾸준히 따라가다 보면 내 삶도 점차 좋아질 것이라는 믿음이 있었기 때문이었다. 그렇다! 그때 내가 좀 더 주도적으로 사는 방법을 선택을 할 수도 있었다. 하지만 그때의 나는 주도적인 선택이라는 것을 일상에 적용하기에는 한참 미숙한 상태였다.

담배 연기와 거울의 화려함 속에서

스물다섯 살에 처음 선택한 직장은 늘 밝은 조명이 쏟아지고, 화려하며, 바운더리 개념이 특히 모호한 엔터테인먼트 분야였다. 탤런트 에이전트로 일하기 시작한 것이다. 아마도 나의 정신건강에 딱히 도움이 되는 직장은 아니었을 것이다. 일반 사업 분야에서처럼 분명한 규칙이 적용되는 곳이 아니었으니까. 근무 시간 후에도 배역 담당자나 고객과 수시로 회식, 파티 등이 이어졌고, 이는 아예 업무의 일부로 여겨졌다. 당연히 사생활과 직장생활의 경계는 모호할 수밖에 없었다. 게다가 술을 끊고 맑은 정신으로 생활하면서 상담까지 받고 있었지만, 나는 여전히 반쯤은 바운더리 장애를 앓고 있었던 터였다.

그럼에도 나는 미숙하기 그지없는 내 바운더리 통제 능력을 최대한 발휘해 대인관계의 경계를 지키려 하고 있었다. "아니, 새벽 세 시에 내게 전화를 하는 건 안 돼요. 당신의 분장실에 탄산수가 준비되어 있지 않다는 불평을 하기 위해서라면 말이죠." 그때 내가 생각할 수 있는 원칙이라고는 나의 처신에 따라서 직장에서나 개인 생활에서 다른 사람이 나를 대하는 태도가 달라진다는 정도였다.

나의 대인관계 기술이 이렇게 개선의 여지가 많이 남아 있었음에도 직장 경력을 쌓아가는 데 장애가 되지는 않았다. 덕분에 나는 꾸준히 진급할 수 있었고 5년 후에는 미국 동서 해안에 모두 사업부를 두고 있는 에이전시의 뉴욕 활동을 책임지고 슈퍼모델과 연예인들의 수만 불, 또는 수십만 불짜리 계약을 협상하고 타결하는 일을 맡고 있었다. 이정도면 성공한 삶이 아니냐고? 글쎄, 딱히 그렇다고 할 수는 없었다.

화려한 직함 뒤에서 겪어야 하는 현실은 고통스러웠기 때문이다. 만성적인 스트레스에 시달리는 일중독자가 되어 있었고, 저녁 식사 대신 요구르트 아이스크림을 먹는 일이 다반사였으며, 골치 아픈 일이 터질 때마다 팔리아멘트 100을 피워 물었다. 결국 하루 종일 담배를 물고 사는 꼴이었다. 물론 나의 주 업무는 내 고객인 유명 연예인들의 활동을 관리하는 일이었지만, 종종 그들의 골치 아픈 사생활에도 개입을 해야 했다. 그러면서 동시에 내게 딸린 직원들, 가까운 친구들, 가족들의 삶도 보살펴야 한다는 책임감을 느끼고 있었다. 아마도 나는 이미 무거운 내 어깨에 그들의 문제까지 짊어져야 한다고 생각했던 것 같다. 결국 나는 은연중에 주변 사람들 모두의 심리치료를 담당하게 되었다. 애정 문제로 힘들어하고 있던 우편배달부까지 포함해서. 그렇게 지나칠 정도로 사방에 열정을 쏟아 붓는 동안 정작 내 삶은 심각한 위기 상태에 놓여 있었다.

내 삶에 전환점이 찾아온 것은 내가 관리하는 모델들에게 수익성 좋은 샴푸광고나 영화 계약의 기회를 안겨주기보다는 그들을 재활 센터나 심리 상담, 섭식 장애 병원에 데려가는 일이 훨씬 잦다는 사실에 대해 내가 지나치게 집착하고 괴로워한다는 사실을 더 이상 묵과할 수 없는 지경에 이르렀을 때였다. 나는 수익보다 사람을 중시하는 쪽으로 심하게 치우쳐 있었던 것이다. 전격적으로 새로운 일을 찾을 필요가 있었다.

빠른 속도로 성장해가는 진정한 내 자아에 걸맞는 직업을 갖고 싶다는 생각으로 나는 뉴욕대학 사회사업학과 석사 과정에 등록했다. 그렇지만 낮 동안에는 일을 해야 했다. 정규학생으로 수업을 들으면서 엘리트 모델 에이전시의 텔레비전 부서를 원격 관리해야 했고, 뉴욕대학 산하 티시예술대학(Tisch School of the Arts) 겸임 교수로 연기 지도도 해야 했다. 대학원 공부와 두 개의 정규직장을 동시에 감당하려다 보니 아직 발달 단계에 있는 바운더리 기술을 하루에도 몇 번씩 발휘해야 했다.

교수직을 성공적으로 수행하기 위해서는 바운더리, 제한 사항, 학생들에 대한 나의 기대를 비롯한 수업규정들을 학생들에게 명확히 전달하고, 엄격히 시행해야 했다.(상대방을 기분 좋게 하려는 시도는 잊어야 한다.) 대학원 생활도 내가 술을 끊은 후 비로소 발견한 내면 경계를 좀 더 발달시켜야 할 필요성을 느끼게 했다.(예를 들면 스스로에게 한 약속 지키기) 그러기 위해서는 내게 필요한 것과 내가 선호하는 것, 원하는 것들에 집중하고, 우선순위를 정해야 했으며, 학업을 성공적으로 마치기 위해 필요한 일들을 해야 했다. 즉 학업 일정을 준수하고, 친구나 지인의 초대를 거절하고, 가까운 사람들에게 위급한 일이 닥쳤다고 해서 만사를 제쳐 놓고 달려가지 말아야 한다는 뜻이다. 보다 건강한 바운더리를 갖는다는 것은 또한, 필요에 따라 에이전시에서 내가 맡은 업무를 다른 사람에게 위임하는 것도 포함해야 했다. 이 마지막 항목은 만사를 내손으로 해야 하던 버릇을 이제 겨우 고쳐보려는 초급자로서는 몹시 어려운 일이었다.

> **핵심 정리**
> 바운더리 행동 양식을 변화시키려다 보면 나의 반응이나 행동을 선택할 수 있는 범주가 지금까지 생각했던 것보다 훨씬 넓고 다양하다는 사실을 깨닫게 된다.

2년 후 대학원을 졸업을 했을 무렵에는 스스로 여러 단계 발전했다는 느낌이 들었다. 특히 새롭게 발견한 바운더리 관리 능력 면에서 그랬다. 한계를 정하고 타인과 소통하는 일에 눈부신 발전을 보였다는 점에서 서른세 살의 내가 몹시 자랑스러웠다.

하지만 내 바운더리 관리 능력을 시험대에 올려놓아야 할 생애 최대의 관문이 아직 남아 있었으며, 곧 내 앞에 나타나려는 시점이었음을 그때는 상상도 하지 못했다.

예상치 못했던 반전

내가 삶의 새 장을 펼치려는 순간 운명은 강력한 두 번의 타격을 연이어 날렸으며, 이를 계기로 나는 내 모든 것을 다시 돌아보게 되었다. 아버지의 갑작스러운 죽음에 이어 내가 암 진단을 받고 두 번의 대수술과 방사선 치료를 받아야 했던 것이다. 모두 일 년 안에 일어난 일이었다.

서른 살 초반에 아버지를 잃고 자신의 죽음까지 마주하는 불운을 겪고 보니 스스로를 진지하게 돌아보게 되었다.

그때까지 수년 동안 상담치료를 받아왔음에도 나는 여전히 상호의존성에서 헤어나지 못하고 타인의 문제를 마치 내 문제인양 끌어안는 뿌리 깊은 습관을 가지고 있었다. 오랜 기간 잘못된 바운더리를 가지고 살아온 결과일 터였다. 물론 초대를 받을 때 가끔은 "아니, 갈 수 없어요."라고 거절할 수 있는 정도는 되었지만, 내가 원하는 것을 제쳐두고 다른 사람의 필요를 우선적으로 따르는 일을 반복하면서 정작 나의 내면에서 어떤 일이 일어나는지 살펴볼 생각은 하지 못했던 것이다.

내 삶을 온통 다른 사람들에게로 향하고 살아온 대가를 치르게 되는 날이 오고야 말았다. 만성적인 스트레스가 결국 건강에 치명적인 위험 진단을 초래한 것이다. 숨을 쉴 공간이 필요했다. 그 공간을 확보하기 위해서는 내가 왜 모든 사람의 모든 상황에 책임을 느끼게 되었는지에 대해 깊이 성찰해 보아야 했다. 진찰실에서 의사를 기다리면서 이런 생각을 했던 것 같다. 지금 죽는다면 상호의존성의 문제를 해결할 시간이 없겠지?

그 순간 머릿속이 환해지면서 시야가 밝아졌다. 그렇다, 이론적으로는 나에게 선택권이 있다는 사실을 알고 있었다. 그런데 그 선택권을 의식적으로 좀 더 자주 활용할 필요가 있었다. 그랬어야 했다. 이러한 깨달음을 계기로 나는 타인과의 경계에 통달하기로 결심했다. 지금 그때를 돌아보면, 직업을 바꿨던 시점부터 암을 이겨낼 때까지의 시간이 내게는 바운더리 관리 능력을 키우기 위한 엄격한 신병 훈련소였던 셈이다. 이년 정도 되는 그 기간 동안 나는 새로운 자의식에서 시작해서 자기 이해, 자기 수용, 자기 연민에 이르기까지 바운더리 발달에 필요한 모든 과정을 거쳤다.

바운더리에 통달하기 위한 나만의 여정을 지나오면서, 나와 같은 고통을 겪고 있는 사람들을 도와주고자 하는 뿌리 깊은 욕망이 새삼 불타올랐고, 내가 선택할 수 있는 것들이 어떤 것들이었는지 명확하게 보여주고 싶어졌으며, 어떻게 하면 수월하면서도 품위 있게 선택권을 행사할 수 있는지 알려주고 싶어졌다. 정서적 안녕에 이르는 길이 얼마나 까다롭고, 길고, 때로는 굴곡져 있는지 경험을 통해 알게 되었기 때문이다. 한 고비를 넘을 때마다 자기 이해의 폭이 넓어졌고, 그에 따라 좀 더 건강한 바운더리를 세울 수 있었다. 내가 이 독창적인 변화의 언어를 가르치는데 열정을 쏟는 것은 바로 이러한 이유에서이다. 내가 스스로를 해방시키기 위해 수년 동안 피땀과 눈물을 쏟아 부은 만큼, 당신에게는 바운더리에 통달 할 수 있는 가장 빠르고 효율적인 길을 가르쳐주고 싶은 것이다. 작가인 리처드 바크의 말처럼, "절실하게 배웠던 것일수록 잘 가르칠 수 있다."

내가 젊은 시절에 그랬듯이, 행복하지 못한 삶을 살고 있는 많은 여성이 자신의 삶에 변화를 가져오는 방법을 알지 못하고 있으며, 자신이 겪고 있는 불행의 뿌리가 어디에 있는지조차 깨닫지 못하고 있다. 상처를 치유하고 삶을 변화시키고 싶다면, 그 점을 의식하는 것이 첫 걸음이 될 것이다. 인지하지 못하는 것을 치유할 수는 없으니까. 그래서 우리는 지금 이 책을 함께 읽어나가는 것이다.

핵심 정리
현재 당신이 어떠한 바운더리 행동양식을 가지고 있든 건강하고, 활기찬 바운더리 행동 양식으로 개선할 수 있다.

이제 당신 차례다.

이제부터 읽게 될 내용은 당신이 진정한 성취의 길로 들어서기 위해 삶을 재정비하는 과정이다. 다시 말해서 이제 당신 차례라는 뜻이다. 당신이 바운더리의 재난 상태에서(만약 그런 상황에 처해 있다면) 바운더리에 통달한 사람으로 거듭날 차례다. 당신은 반드시 성공할 것이다. 나는 그동안 많은 성공 사례를 지켜보았다. 한도 끝도 없이 남들의 비위를 맞추던 사람이 단호한 결정권자로 변했으며, 지나치게 베푸느라 지쳐 있던 사람이 편안하고 품위 있게 거절하는 방법을 터득했다. 내 경우를 예로 들자면, 모두의 필요를 만족시키려 애쓰던 습성을 버리고 내 시간과 열정, 노력을 내 삶과 내게 중요한 사람들에게 집중시킬 수 있게 되었다. 그러한 변화를 겪으면서 얻은 전쟁의 상처들, 그리고 전문 상담가로서 폭넓은 임상 경험을 통해 검증된 사실에 근거해서 당신의 바운더리 관리 능력을 점검하는데 도움이 될 단계별 과정을 고안했다. 이제 당신의 진가를 발휘할 때다.

당신도 내 이야기를 읽으면서 바운더리 주인이 되기 위한 여정에는 몇 번의 정서적 고비가 수반된다는 사실을 이해했을 것이다. 그러니 자기를 돌보는 방식을 개선해야 할 필요가 있다면 지금 바로 실천하기 바란다. 여기서 자기 돌보기라는 것은 스파 일정을 잡거나 손톱 발톱 손질 서비스를 받으라는 말이 아니다. 스스로를 돌아볼 수 있는 충분한 공간과 여건을 확보하라는 뜻이다. 별로 내키지 않는 모임이나 행사가 잡혀 있다면 과감하게 빠지고, 전화기를 꺼두자. 그리고 휴식을 취하자. 다양한 디톡스 목욕제를 사용하는 것도 좋다. 쉬운 요가나 스트레칭 등 원기회복에 도움이 되는 동작들을 취해 보자. 전자기기 들여다보는 시간을 줄이고, 자신에게 집중하는 시간을 갖자. 침묵 속에 정지한 상태로 있어 보자. 엉덩이와 소파만 있으면 된다. 자, 어떤가! 친구여, 당신은 명상가다. 우리 함께 뭔가를 하는 상태에서 그냥 있는 상태로 옮겨가 보자.(이 장이 끝날 때 쯤 당신은 자기 돌보기를 할 수 있는 안전하고 경건한 당신만의 명상 공간(Zen Den)을 만들 수 있을 것이다.)

또 한 가지 당부의 말: 당신이 성취 지향적이거나 완벽주의적인 성향을 가졌다면, 이 책을 읽어나가면서 그러한 초인적 유능함을 발휘하지 않도록 주의해주기 바란다. 바운더리 여정을 함께 하는 동안 당신의 방식을 고집하려는 유혹도 자제해야 한다. 이 책을 읽는 일은 해야 할 일 목록 하나를 지우기 위해서도 아니며, 이번 장에서 역기능적 대인관계를 한꺼번에 해결하려는 것도 아니기 때문이다. 이건 하나의 과정일 뿐이다. 반면에 당신이 새로운 시도를 주저하거나 부담스러워하는 성향이라면, 이 책에 소개되는 실천 과제들이 매우 간단하고 작은 변화들임을 기억해주기 바란다. 모두 당신이 감당할 수 있는 한도 내에서 이루어질 것이다.

그리고 아직 주변 사람들에게 당신이 새로 정비된 바운더리 관리 시스템을 갖추었다고 알릴 필요는 없다. 확성기를 들고 광고하지 말자. "자, 모두 들으세요. 전달 사항이 있습니다." 이건 좋은 생각이 아니다.

그동안 당신의 외모에 대해 수시로 기분 나쁜 농담을 던지던 밥에게 가서 앞으로 절대 용납하지 않겠다고 당당히 말하고 싶을 것이다. 충분히 이해한다. 잘못된 상황을 바로 잡고 싶을 것이다. 그러나 철저한 준비가 이루어지기 전에 어려운 대화를 시도한다면 승률이 낮다. 뿌리 깊은 행동 양식과 스스로를 제약하는 고정관념을 변화시키려면 시간이 필요하다. 그러한 변화가 왜 그렇게 힘이 들었는지 정확하게 이해하고 좀 더 건강한 바운더리를 갖춘 후에 그를 마주해야 한다. 나를 믿어도 좋다. 당신이 충분히 준비가 된 후에도 밥은 여전히 밥일 것이다.

> **핵심 정리**
> 바운더리 문제에 있어 모두에게 적용되는 만병통치약이란 없다. 당신은 고유한 존재이므로 바운더리를 세우고 침범자를 상대하는 데도 당신에게 맞는 방식이 있다.

역기능적 바운더리 관리 방식을 서서히 변화시키다 보면, 당신의 진실한 생각과 감정, 욕구를 발견하는 시간을 더 많이 가질 수 있을 것이다. 그러다 보면 '좋은 사람'이란 몇 가지 전형적인 모습을 지녀야 한다는 기존 관념에 의문을 던지게 된다. 요가학원에 가거나, 책을 읽거나, 연극을 보러 가고 싶은 당신의 마음을 외면하고 동생이 마감일을 맞출 수 있도록 그녀의 세탁물을 찾아다 준다든지, 그녀의 아이들을 봐주는 모습, 주말마다 권위적이고 상냥하지만 성격 이상자 같은 시댁 식구들을 만나는 것이 끔찍하게 싫으면서도 그 말을 배우자에게 하지 못하는 모습을 떠올릴 수도 있다. 직장을 잃고 이혼까지 하게 된 친한 친구의 인생 설계를 해주느라 장보러 갈 시간조차 내지 못하는 당신의 모습,(그 친구는 당신에게 그런 부탁을 한 적도 없는데 말이다.) 또는 만날 때마다 좋은 의도로 충고를 끓어 붓는 친구에게 그의 충고를 듣고 싶지 않다고 말하면 싸우게 될까 봐 아무 말도 하지 못하는 모습이 과연 좋은 사람의 전형인지 의심하게 될 것이다.

> **핵심 정리**
> 당신이 자신을 대하는 방식(내면 경계), 다른 사람이 당신을 대하는 방식(외면 경계)을 사용설명서를 적듯이 상세하게 적어보자.

지금 당신은 이런 생각을 하고 있을지 모른다. 좋은 사람으로 사는 게 뭐가 나빠?

진실 보기

진실을 말하지 않고 가식적으로 좋은 사람인척 할 때마다 차후에 불쾌함이나 억울함, 또는 외로움을 겪게 될 가능성을 높이는 셈이다. 진정한 자신을 이해받지 못할 것이기 때문이다. 생각해 보자. 당신이 사랑하고 존경하는 사람에게, 사실은 '싫어요'라고 말하고 싶을 때 마지못해 '좋아요'라고 거짓 대답을 하는 것이 과연 좋은 일일까? 그렇지 않다. 왜냐하면 그렇게 함으로써 당신은 상대에게 거짓 정보를 제공하고, 앞으로 같은 상황이 반복될 여지를 만드는 것이기 때문이다.

건강한 바운더리를 만들고 유지하는 일은 삶을 완전히 바꿀 수 있는 기술이다. 이러한 변화의 핵심 동력은 당신의 진정한 마음이다. 다른 사람의 감정을 다치지 않으려 신경을 쓰면서 스스로 배려심이 많아서 그렇다고 생각할 수 있다. 그러나 좀 더 깊이 들여다보면 그게 다가 아니라는 사실을 알게 된다. 정직하지 못한 행동의 동기는 사랑이 아니라 두려움인 경우가 많기 때문이다. 이에 대한 내용은 3장에서 좀 더 자세히 살펴보기로 하자. 상대방을 위한다는 가장된 이유로 지나치게 베풀고 과도한 역할을 수행하며, 합당한 선을 넘어 관여한다. 아니면 남에게 폐를 끼치지 않기 위해 모든 도움의 손길을 고집스럽게 거절한다. 이 두 가지 경우 모두, 시간이 흐를수록 사랑 받는다는 느낌보다는 점점 더 사랑받지 못한다는 느낌이 강해진다.

처음부터 솔직하게 자신의 감정과 생각을 말함으로써 당신은 두 가지 좋은 결과를 얻을 수 있다. 당신의 진정한 모습을 보여줄 수 있고, 동시에 당신의 삶에 들어와 있는 사람들이 각자의 참모습을 모습을 보여 줄 수 있는 여지를 주기 때문이다. 그러면 당신은 이 세상에 오직 당신만이 가지고 있는 고유한 당신의 세계를 더 이상 황폐하게 하지 않아도 될 것이다.

건강한 바운더리는 너그러우면서도 효율적이다. 그러므로 바운더리가 건강해지면 타인을 위한 시간과 열정, 자원이 놀랄 만큼 늘어난다. 동시에 줌바 댄스나 도예를 배우러 다니거나, 양자물리학을 공부할 여유도 생길 것이다. 자신을 방치하거나, 속이거나, 부정하거나, 원망하는 마음을 털어버리면 기쁨과 자유,

진정한 친밀감을 바탕으로 하는 삶을 영위할 수 있다. 일단 이러한 원리를 이해하고 나면 결국 모두에게 좋은 일임은 말할 것도 없고 두 번 생각할 것도 없이 단순하고 쉬운 일이다.

여러 가지 의미에서 나는 이미 당신을 잘 알고 있는 것 같은 생각이 든다. 나도 한때 당신 같았기 때문이다. 당신이 바운더리의 주인이 되는 과정의 어느 단계에 있는가는 문제가 되지 않는다. 당신이 무엇을 알고, 무엇을 모르는가도 문제가 되지 않는다. 지금이 여정을 시작하기에 가장 적절한 기회다. 메리앤 윌리엄슨이 말했듯이, "지금도 늦지 않았다. 당신은 너무 늦지 않았다. 시작하기에 딱 좋은 나이다. 그리고 당신이 생각하는 것보다 당신은 유능하다."

바운더리 주인 실전 과제

각 장의 말미에 신중하게 선별한 훈련 과제를 넣었다. 이 실전 과제들을 풀어가다 보면 점차 바운더리 기술의 기초가 다져지게 될 것이다. 새로운 생각이나 행동들은 아무리 사소한 것이라도 의미가 있음을 기억하자.

1. 기본 과제
자신의 감정에 주의를 기울이자. 감정이 올라올 때 잠깐 멈춰서 그 감정을 규명해 보자. 어린 시절에 금지되었던 감정이라면 규명하기가 어려울 수 있다. 그리고 좀 더 받아들여지기 쉬운 다른 감정인 듯 보일 수도 있다. 예를 들어 분노의 감정이 금기였던 가정에서 자란 내가 분노를 우울함으로 드러냈듯이. 당신의 솔직한 감정을 알아채고, 정확하게 규명해야 한다. 그런 다음 그 감정을 인정하고 존중해 주자.

2. 심화 과제
당신만의 명상 공간을 만들자. 첫 과제는 바운더리 주인이 되는 여정을 따라가는 동안, 그리고 그 후에도 명상과 휴식, 저널 쓰기 등을 하면서 통합 훈련을 완성할 수 있는 당신만의 경건한 공간을 만드는 일이다. 이는 자기 돌보기를 위한 첫 번째 실천과제다. 바운더리 주인이 되는 과정에 좀 더 깊이 몰입하는데 도움이 될 것이다. 이 책의 끝 부분에 실려 있는 심화 훈련에 좀 더 자세히 설명되어 있다.

3. 영감 받기
꾸준히 명상하는 습관을 들이자. 명상을 하면 마음 챙김 효과도 좋아지고 현재에 집중하는 습관도 길러진다. 이는 바운더리 주인이 되는데 매우 중요한 조건이다. 이 책의 끝 부분에 실려 있는 심화 훈련에 초보 단계에서 하기 좋은 명상이 소개되어 있다.

Chapter 2

|

'내 방식이 아니면 관둬!', '모두가 행복하면 나도 행복하다?'

엄격한 바운더리, 느슨한 바운더리, 건강한 바운더리

몇 해 전 화창한 봄날이었다. 친구 줄스와 오랜만에 점심식사를 하면서 각자 자라날 때 이야기로 대화의 꽃을 피우고 있었다. 삶의 중요한 선택들을 왜 그렇게 해야만 했는지에 대한 이야기로 열을 올려 가면서. 그때 줄스가 일곱 형제 중 하나로 자라던 자신의 어린 시절을 회상하다가 문득 이런 말을 했다. "우리 집 욕실에는 모두의 칫솔을 담아두는 통이 있었어."

나는 믿을 수 없다는 듯 물었다. "그럼 어떤 게 네 것인지 어떻게 알아?"

"알 수 없지." 줄스가 어깨를 들썩이며 대답했다. "다들 마른 칫솔을 골라서 쓰곤 했어."

"잠깐. 뭐라고?"

줄스가 중독, 빈곤, 학대로 점철된 열악한 가정환경에서 자랐다는 사실은 나도 잘 알고 있었다. 상담전문가인 내게 그건 그다지 충격적인 일이 아니다. 하지만 그녀가 자기 칫솔을 갖지 못했다는 사실이 왠지 마음에 걸렸다. 줄스가 그 일을 마치 대수롭지 않은 듯 얘기하는 것도 안쓰러웠다. 자기 칫솔을 가질 권리가 있다는 생각조차 못하고 살았다는 뜻이 아닌가.

그렇다고 해서 줄스가 자기 칫솔을 갖고 싶어 하지 않았던 건 아니다. 열세 살에 처음 아르바이트를 해서 받은 첫 월급으로 칫솔과 여행용 보관함을 샀으니까. 줄스는 그 칫솔을 공용 칫솔통에 넣지 않고 베개 밑에 두고 썼다.

물건의 소유권이라는 작은 바운더리 개념이 제대로 지켜지지 않는 줄스 가족의 문제는 좀 더 심각한 유기와 학대라는 역기능으로 이어졌다. 줄스의 부모님은 손위 형제들의 학대로부터 줄스를 보호해주지 못했다. 그녀의 일기를 함부로 읽는 것은 물론, 목욕을 할 때도 욕실 문을 잠그지 못하게 했다. 물론 다른 식구들도 욕실 문을 잠그지 않았다. 줄스는 목욕을 할 때조차도 방해를 받아야 했다. 어쩌면 당신도 줄스와 마찬가지로 별 생각 없이 소소하게 바운더리를 침해당했는지 모른다. 그러나 바운더리를 침해당하는 경험은 아무리 사소한 것이라도 향후에 바운더리 문제를 초래할 수 있는 요인이 된다고 봐야 한다. 바운더리가 건강하지 못하면 그에 상응하는 결과를 낳을 수밖에 없기 때문이다. 내가 만나온 의뢰인 중 다수가 그랬듯이 어린 시절에 건강한 바운더리를 구축하지 못하면 성인이 되어서도 자신이 원하는 것, 필요로 하는 것, 선호하는 것들을 규명하거나, 우선시 하거나, 소통하는 능력을 갖추지 못한다.

【자기 돌아보기】
당신은 어떠한 기준에 근거하여
바운더리를 정하는가?

아래의 질문을 읽으면서 당신의 바운더리 기준을 다시 한 번 살펴보자. 당신에게 해당되는 사항에 표시해 보자.

- ☐ 당신의 입장을 밝히고 바운더리를 세우려는 생각을 하면 불안감이나 두려움이 일어나는가?

- ☐ 서비스를 받고 대가를 지불할 때 만족스럽지 못한 부분에 대해서 말하기를 꺼려하는가?

- ☐ 너무 오랫동안 자신의 기호나 필요를 억누르고 있다가 한꺼번에 쌓인 불만을 폭발시키는가?

- ☐ 모든 일을 하는 데 가장 이상적이라고 생각하는 특정 방식이 있으며, 다른 사람이 그 방식을 이해하지 못하면 화가 나고 스트레스를 받는가?

- ☐ 다른 사람이 당신의 바운더리를 직감적으로 알아차리거나 존중하지 않으면 우울해지거나 분개하거나, 화가 나는가?

□ 함께 있는 그룹이나 개인의 의견에 동의하지 않거나 당신은 그와 다른 의견을 가지고 있더라도 두려움 때문에 말하기를 꺼려하는 경우가 종종 있는가?

□ 진심을 얘기하지 못하거나 좋고 싫음을 솔직하게 말하지 못하거나, 상대의 부탁을 거절하지 못해서 대인 관계의 갈등을 빚은 적이 있는가?

□ 다른 사람의 행동에 불쾌감을 느끼거나, 상대에게 그것을 고치라고 요구한 적이 있는가?

□ 상대가 당신을 배신했다고 여기면, 힘든 대화를 하기보다 차라리 그와의 관계를 끊거나 피하는 편인가?

□ 친구나 가족에게 문제가 생기면, 그들이 당신의 도움을 청하지 않아도 당신은 문제 해결을 위한 제안이나 해결책을 내놓아야 한다고 느끼는가?

위의 문항들은 각기 특정한 형태의 바운더리 문제를 함축하고 있다. 앞으로 함께 이 책을 읽어가면서 해당 분야를 개선해 보자.

개인 바운더리 기초 과정

우선 개인 바운더리의 기본을 살펴보면서 왜 그것이 우리의 일상에 중요한지 알아보기로 하자. 높은 울타리로 둘러싸인 집을 상상해 보자. 울타리에는 '들어오지 마시오.' '넘어오는 사람은 엄벌에 처함.' 이라는 표지판이 붙어 있다. 울타리가 경계선이라는 사실은 우리 모두 알고 있다. 표지판에는 경계선을 넘는 행위에 따르는 대가가 명백하게 적혀 있다.

개인 바운더리도 기본 전제는 집에 둘러진 울타리와 같지만, 훨씬 복잡한 특성을 지닌다. 간단하게 표지판을 내걸고 다른 사람들이 따라주기를 기대할 수 없기 때문이다. 개인 바운더리는 눈에 보이기 않기 때문에 반복적인 말과 행동으로 확립해야 한다. 개인 바운더리는 사람마다 고유한 형태와 특성을 가지고 있는데 이는 어린 시절의 경험, 문화 규범, 성 역할, 그 외의 여러 요소들의 영향을 받아 형성된다. 그러므로 울타리에 표지판을 걸 듯, 한 번 내다 걸고 모든 상황에 영구히 써먹을 수 있는 해결책은 없다.

개인 바운더리는 안내 책자와 같다. 다른 사람이 당신을 어떻게 대해야 하는지 당신이 명확하게 설명하는 것이다. 그렇다. 당신은 직장 동료에게 업무 마감 시간을 맞춰야 하니 근무 시간에 그녀의 잡담을 들어줄 수 없다고 말할 수 있다. 당신의 체중이나 외모, 애정문제에 비판적인 충고를 일삼는 친구에게 더 이상 그의 충고를 듣고 싶지 않다고 말할 수 있다. 바운더리를 세운다는 것은 다른 사람이 그 경계를 넘어왔을 때 당신이 어떻게 반응할 것인가를 정하는 일도 포함한다. 반복적으로 경계를 넘어오는 사람에 대해서는 어떠한 조처를 취할 것인지를 정할 수 있다. 이에 대해서는 7장에서 좀 더 자세히 다루게 될 것이다.

건강한 바운더리를 세우면 감정적으로 상처받지 않을 수 있고, 독립적인 존재로서 당신의 존엄성을 보존할 수 있다. 그렇다, 건강한 바운더리는 자신에게 충실한 삶을 살 수 있게 해 준다. 당신은 귀한 존재다. 스스로를 여왕처럼 대접한다는 것은 자신을 방치해두지 않고, 자신을 이해하고 존중하고 보호할 수 있는 확고한 능력을 기른다는 뜻이다. 당신이 스스로를 어떻게 여기고, 대접하는가는 바로 당신이 관계를 맺고 있는 사람들이 당신을 대하는 기준이 된다.

> **핵심 정리**
> 어쩌면 당신은 사회생활을 통해 건강한 바운더리를 갖는다는 것은 자기중심적이고, 대립적이며, 까칠하게 사는 것이라는 생각을 가지게 되었을 수도 있다. 그러나 실제로 건강한 바운더리를 가진 사람은 진심으로 타인에게 연민을 가지고, 너그러울 수 있다.

바운더리의 영역

바운더리는 대개 다섯 가지 영역으로 나눌 수 있다. 신체적, 성(性)적, 물질적, 정신적, 정서적 영역으로 구분된다. 이 중 어느 하나라도 침해되면 문제 상황인 것이다. 바운더리의 유형은 세 가지로 구분된다. 엄격한 바운더리, 느슨한 바운더리, 유연한 바운더리. 바운더리의 영역과 유형을 이해하면 당신의 바운더리 문제가 어디서 일어났는지 규명할 수 있으며, 개선 작업을 시작할 수 있다. 당신의 바운더리는 느슨한가? 아니면 지나치게 엄격한가? 어느 영역에서 유연하거나 균형 잡힌 바운더리를 가지고 있는가?

다음은 당신이 주의를 기울여야 할 개인 바운더리의 영역들이다.

● 신체적 바운더리

가장 기본적인 물리적 바운더리는 당신의 몸이다. 신체적 바운더리는 누가 당신의 몸을 만질 수 있는지, 어떻게 만질 수 있는지, 그리고 사생활의 거리를 어느 정도 지켜주어야 하는지도 포함된다. 당신의 허락 없이 당신을 잡는다든지, 당신의 탈취크림을 사용한다든지, 당신의 칫솔을 사용한다든지, 아니면 샤워 중에 노크도 하지 않고 욕실에 들어온다든지 하는 일들이 신체적 바운더리를 침해하는 행동이다.

● 성(性)적 바운더리

당신은 어느 정도의 성적 신체접촉을 허용할 것인지 정할 수 있다. 또한 그러한 행위를 주고받을 수 있는 장소와 시간, 그리고 상대도 선택할 수 있다. 누구든 강압적으로 당신과 성적인 행위를 주고받으려 하거나 외설적인 말을 하거나, 허락 없이 당신의 어깨를 주무른다면(그래요, 조 삼촌, 내 눈은 지금 삼촌을 보고 있어요), 그 모두가 성적 바운더리를 침해하는 일이다.

● 물질적 바운더리

당신은 다른 사람이 당신의 물건을 보거나 사용하는 것을 허락하거나 금할 수 있다. 돈이나 옷, 자동차, 그밖에 당신 소유의 물건들을 친구나 친척들에게 빌려줄 것인지, 어떠한 상황에서 빌려줄 것인지 정할 수 있다. 집의 어느 특정 영역을 손님에게 개방하지 않을 것인가? 손님이 집에 들어올 때 신발을 벗도록 할 것인가? 누군가 당신의 허락 없이 당신의 컴퓨터를 사용하거나, 옷을 가져가거나, 깨끗한 차 안에 쓰레기를 남겨둔다면 그 역시 물질적 바운더리를 침해하는 것이다.

● 정신적 바운더리

당신이 어떤 생각과 가치관, 의견을 가지고 있는지 스스로 살펴보자. 정신적 바운더리를 세우려면 먼저 당신이 어떠한 신념을 가지고 살고 있는지 알아야 한다. 건강한 정신적 바운더리가 세워져 있으면, 설사 다른 사람의 의견이 당신과 다르다고 해도 마음을 열고 들어줄 수 있다. 그래도 여전히 당신의 생각과 믿음은 흔들리지 않으니까. 누군가 당신에게 부탁 대신 명령조로 뭔가를 요구한다면, 당신의 생각을 폄하하거나, 당신이 전달한 거절의 뜻을 존중하지 않는다면, 모두 정신적 바운더리를 침해하는 것이다.

● 정서적 바운더리

당신의 감정을 책임질 사람은 당신뿐이다. 이는 다른 사람들이 그들의 감정을 책임져야 하는 것과 같다. 정서적 바운더리가 건강한 사람은 자기 기분에 따라 남을 비판하거나, 상대방이 청하지도 않았는데 함부로 충고하는 행동을 하지 않는다. 자신의 감정을 남 탓으로 돌리지 않으며, 반대로 타인의 감정에 대한 책임이나 비난이 자신에게 쏟아질 경우, 이를 받아들이지 않는다. 정서적 바운더리는 당신이 자신의 속마음을 너무 서둘러 남과 나누지 않도록 지켜주고, 매사를 자기와 연관 지어 해석하거나 다른 사람의 문제나 부정적 감정에 대해 괜한 죄책감을 느끼지 않도록 도와준다. 그러므로 당신이 지나치게 감정적이거나, 전투적이거나, 방어적이라면 정서적 바운더리에 문제가 있는지 점검해 보자. 남의 감정을 무시하거나, 강요하거나, 감정에 거슬리는 질문을 하는 것들도 정서적 바운더리를 침해하는 것이다.

바운더리의 유형

개인 바운더리의 각 영역은 세 가지 유형으로 구분할 수 있다. 엄격한 바운더리, 느슨한 바운더리, 건강한 바운더리. 지나치게 느슨하거나 엄격한 바운더리는 모두 바운더리에 문제가 있음을 나타낸다.

엄격한 바운더리: 바운더리의 유연성이 전혀 없는 경우
- 도움이 필요해도 절대 남에게 청하지 않으며, 거절당할 가능성을 최소화하기 위해 친밀한 관계를 맺지 않는다.
- 남들 눈에 거리를 두거나 차가운 사람으로 보인다.
- 스스로를 고립시키는 편이다.

당신은 남들이 쉽게 접근할 수 없거나, 폐쇄적이거나, 고지식한 사람으로 보일 수 있다. "내 방식이 아니면 관둬!"라는 식의 생활 철학을 고수하고 있을 수도 있다. 아니면 얼음공주의 이미지로 무장을 하고 있거나. 다른 사람들과 잘 어울리는 편이 아니기 때문에, 당신의 바운더리를 침해하는 사람에게 상황을 설명하기보다는 즉시 그를 끊어버릴 가능성이 크다. 그런데 여기서 우리가 저지르기 쉬운 실수는 엄격한 바운더리가 건강한 바운더리라는 착각이다. 하지만 지나치게 엄격한 바운더리는 지나치게 느슨한 바운더리와 마찬가지로 건강한 인간관계를 맺는데 방해가 된다.

핵심 정리
많은 사람들이 생각하는 바와 달리, 지나치게 엄격한 바운더리는 건강하지 못하다. 이는 자신이 취약하다는 두려움에서 비롯되며, 자유롭고 건강한 인간관계와 삶의 경험으로부터 당신을 차단시키기 때문이다.

느슨한 바운더리: 당신이 느슨한 바운더리를 가졌다면

● 사적인 이야기를 너무 많이 하며

● 속으로는 거절하고 싶어도 좋다고 말한다.

● 다른 사람의 문제를 떠맡거나, 시간과 노력을 과도하게 쏟는다.

● 당신에 대한 부당하거나 가학적인 행동을 묵인한다.

사람들은 당신이 포용력이 지나치거나, 갈등을 싫어하거나, 아니면 너무 착한 사람이라고 말한다. 쉬운 사람, 또는 평화주의자로 보일 수도 있다. 당신 자신의 감정이나 생각보다 다른 사람의 생각, 감정, 문제에 더 마음을 쓴다. 예를 들어 막 운동을 하러 가려던 참인데 친구가 전화해서 애정문제를 털어 놓는다고 하자. 아마도 당신은 집에 남아서 1985년에 출간된 자기 치유서, ≪너무 많이 사랑하는 여자들(Women Who Love Too Much)≫을 꺼내놓고 친구에게 도움이 될 만한 문구에 밑줄을 치고 있을 것이다. 누가 누구를 돕는다는 말인가. 당신의 삶을 주도하는 생각은 '모두가 행복하면, 나도 행복하다'일 것이다.

건강한 바운더리: 균형 잡힌 바운더리를 가지고 있다면
- 자신의 생각과 의견을 소중히 여긴다.
- 편안한 마음으로 도움을 청하거나 받아들인다.
- 상대를 분간해서 개인적인 정보를 공유한다.
- 다른 사람의 바운더리를 수용하고 존중한다. 이는 당신의 청을 상대가 거절하는 상황도 포함한다.

사람들은 당신이 믿고 신뢰할 수 있는 사람이며, 자신감 넘치는 사람이라고 생각할 것이다. 당신이 건강한 바운더리를 가지고 있으면, 다른 사람도 당신 옆에 있을 때 안전하고 편안하게 느낀다. 당신이 한 말은 반드시 지키고, 의사소통이 명확하며, 자신의 안녕을 스스로 책임지기 때문이다.(이런 경우 주변 사람들이 정서적 압박을 느낄 필요가 없다.) 당신은 감정적으로 반응하지 않는다. 예를 들어 늦은 밤 가족 중 한 사람이 전화해서 안 좋은 소식을 전했다고 하자. 당신은 자정이 넘은 시간에 친구에게 전화를 걸어 하소연을 하거나, 무력하게 앉아 있는 걸 견딜 수 없어 무슨 일이든 하려고 하는 대신, 감정을 추스르며 아침까지 기다린다. 당신의 감정을 통제할 수 있기 때문이다.

당신이 건강한 바운더리를 가지고 있다면, 맥락을 이해하는 능력도 가지고 있을 것이다. 어느 정도에 바운더리를 세우는 것이 합당한지를 안다는 뜻이다. 가족과 친구들 간에 합당한 바운더리라도 직장 동료나 상사와의 관계에서는 합당하지 않을 수 있다. 예를 들어 애인과 가슴 아픈 이별을 했을 때, 그 아픔을 친한 친구와는 나눌 수 있다. 그러나 직장에서 부하 직원이나 상사와 그런 이야기를 상세히 나누는 건 적절하지 않다.

개인 바운더리를 건강하게 가꾸려면 분별력이 있어야 하며, 자신과의 관계를 비롯한 모든 대인관계를 오랫동안, 꾸준히, 있는 그대로 성찰해야 한다.

효과가 있는 것 같지만 결과적으로 그렇지 않다

자기 칫솔을 절실하게 원했던 줄스의 마음은 잘못된 물질 바운더리에 대한 자연스러운 반응이다. 어떠한 대가를 치르고라도 줄스는 가족의 공용 욕실 한 부분에 자기만의 공간을 만들고 싶었던 것이다.

줄스는 어린 시절을 지내는 동안 자신의 감정과 욕구, 좋고 싫음을 숨겨야 했다. 괴롭힘을 당하지 않기 위해서였다. 줄스의 아버지는 술에 취하면 폭력적으로 변했다.(신체적 바운더리의 침해) 형제들은 줄스의 옷과 기타 소유물에 함부로 손을 댔다.(물질적 바운더리의 침해) 오빠들은 줄스를 '뚱뚱하고 못생겼다'며 놀렸다.(정서적 바운더리의 침해) 이러한 경험을 통해 줄스는 갈등을 빚지 않고 주변 사람들을 행복하게 하는 것이 가장 안전하다는 결론을 얻었다. 줄스가 습득한 바운더리 관리 방식은 유년기의 환경에서 비롯되었던 것이다. 그런데 일단 유년의 집을 떠나고 보니 이번에는 똑같은 행동양식이 갈등을 빚고 불만을 쌓게 만들었다. 줄스는 변화된 환경에 적응하기가 어려웠다. 자신의 칫솔을 갖기 위해 싸웠던 사소한 경험이 줄스의 행동 양식에 커다란 영향을 미쳤던 것이다.

줄스는 이렇게 느슨하지만 적응력이 떨어지는 바운더리를 가진 채 성인이 되었고, 그로부터 형편없이 남루한 연애의 역사를 이어갔다. 사람을 사귈 때마다 어떤 형태로든 어린 시절의 잘못된 바운더리가 재현되었다. 줄스의 형제들이 그랬듯이 남자친구들도 줄스가 노력해서 얻은 결과물을 가로채도 된다고 생각했다. 힘들게 번 돈이나 그녀의 아파트는 물론 그녀의 시간과 노력까지.(물질적 바운더리 침해) 줄스는 누군가를 사랑하는 것은 그가 원하는 대로 행동하고, 그가 원하는 것을 가져가도록 하는 것이라 믿었다.(잘못된 정서 바운더리) 줄스는 마지막 연애가 깨진 후에야 전환점을 맞았다. 마침내 자신이 일련의 불운한 사건들의 원인을 제공하고 있다는 사실을 깨달은 것이다. 줄스는 자기가 그동안 '언제나 내주는' 역할을 했다고 표현했다. 내가 이 책에서 사용한 '심하게 상호의존적인'이라는 표현이 정확할 것이다. 자신의 욕구를 옆으로 밀쳐두고 어린 시절 가족들에게서 배운 역기능적 언어로 안정감과 사랑을 얻으려 했던 것이다. 그러나 성인이 되고 보니, 자신을 방치하고 돌보지 않는 행동양식이 충만한 삶이나 행복을 얻는데 큰 장애가 되었다. 그뿐 아니라 건강하지 못한 바운더리는 궁극적으로 그녀를 심각한 위험에 빠뜨렸다. 거의 모든 것을 잃을 뻔 한 상황에 처하게 되었던 것이다.

> **핵심 정리**
> 바운더리는 신체적, 성(性)적, 물질적, 정신적, 정서적 영역으로 나눌 수 있다. 이들 각 영역에서 당신의 바운더리는 엄격할 수도 있고, 느슨하거나 유연할 수 있다.

줄스가 연애를 하면서 보여준 몇 가지 선택의 예를 보면 그녀가 어린 시절 겪었던 물질 바운더리의 침범이 재현되고 있음을 알 수 있다. 그중 하나는, 사귀던 남자 친구가 아파트 임대료를 지불하지 못해 쫓겨나게 되자 자기 아파트에 들어와 살게 했던 일이다. 또 다른 사람을 사귈 때는 브로드웨이에서 그 친구가 하는 연극의 무대 세트를 설계하고 설치하는 일에 직접 뛰어든 적도 있었다. 줄스는 당시 정규직으로 일하면서 스트레스로 지친 자신을 위해 헬스클럽에 갈 여유도 없었으면서 말이다. 또 어느 못된 남자를 사귈 때는 그가 하는 '발명'이라는 걸 지원해 주느라 자기가 모아둔 돈의 반 이상을 투자한 적도 있었다. 물론 한 푼도 돌려받지 못했다. 이쯤 되면 어떤 상황이었는지 이해할 수 있을 것이다.

한 마디로 말해서 그녀의 바운더리는 물질 바운더리든, 다른 어떤 바운더리든, 모두 너무 유연했다. 이는 때때로 극단적인 우유부단함으로 나타날 수 있는데, 불행한 상황인 걸 알면서 빠져나와야 할 시기를 놓치고도 한참동안 헤어 나올 생각을 하지 못했던 것이다. 그러므로 나는 현명한 당신에게 이런 말을 하고 싶다. 건강하지 못한 바운더리를 가지고 있는 여성들에게 종종 결정 장애 현상이 나타난다. 바운더리가 너무 느슨하면(느슨한 바운더리), 자신의 결정이 다른 사람의 기분을 상하게 할까 봐, 또는 거절당하거나 웃음거리가 될까 봐 두려워하는 마음을 갖게 된다. 결정을 못하는 것은 무의식적으로 그러한 상황을 피하는 것이다. 언제든 마음을 바꿀 수 있다는 사실을 깨닫지 못하기 때문에 진심을 말하거나, 상대의 청을 거절할 수 없으며, 모든 결정이 마치 사형선고라도 내리는 양 무겁고 힘든 것이다.

우스운 얘기긴 하지만, 줄스의 형제들은 열 살 조금 넘은 아이가 자기 칫솔을 갖겠다고 한다면서 줄스를 놀려댔다. 줄스를 '까탈스러운 공주' 행세를 한다며 비난했다.(정말, 이게 말이 되는가?) 많은 여성들이 그렇듯이, 줄스도 건강한 바운더리를 갖는다는 것은 자기중심적이고, 전투적이고 못된 계집아이가 되는 거라는 생각을 주입 받았던 것이다. 전혀 사실이 아니다.

줄스가 어린 시절, 자신의 경험을 통해 터득했던 사랑과 안정을 얻는 왜곡된 방법은 성인이 된 후 자기를 돌보지 않고, 자기 이익을 우선적으로 생각하지 못하는 행동 양식으로 나타났다. 그녀의 진심을 받을 자격이 전혀 없는 상대를 향해 정성을 바쳤던 것이다. 이렇게 어린 시절의 경험을 통해 내면화된 잘못된 행동 양식을 변화시키는 일은 약국에 들어가 5불짜리 구강 청결제를 사는 것처럼 간단한 일이 아니었다.

다시 한 번 정리해 보자면, 줄스가 어린 시절, 살아남기 위해 매달렸던 처세 방식은 성인이 된 그녀가 삶에 적응하는데 장애가 됐다. 남들에게 쉽게 이용당하고, 그러면서도 존중받지 못하는 상황은 어린 시절의 경험과 너무도 똑같았다.(선택의 여지가 없다) 이를 '바운더리 양식의 반복'이라고 하는데, 현재의 역기능이 과거의 경험을 반영하는 현상을 말한다.(이에 대해서는 5장에서 좀 더 자세히 다루게 될 것이다)

집단적 과거가 현재에 영향을 미친다

개인 바운더리를 완전하게 이해하려면 행동양식을 습득한 가족이라는 체제 너머의 것을 살펴봐야 한다. 바로 사회적 억압의 역사다. 여성의 인권 신장 과정은 우리가 의식적으로, 무의식적으로, 그리고 집단적으로 자신의 믿음과 바운더리를 어떻게 인식해야 하는가에 영향을 미쳐왔으며, 오늘날에도 여전히 그렇다. 그러므로 이러한 역사에 대한 의식 개선이 선행되지 않는다면 과거의 역사는 너무도 쉽게 우리의 오늘을 지배할 수 있다.

여기서 한 가지 생각해 보자. 여성에게 투표권을 부여한 1920년의 미 헌법 19차 개정이 있기 전, 여성은 남편의 소유물이었다.(그렇다. 소유물. 땅이나 송아지나 자동차처럼 말이다. 권리나 자주권, 말할 권리 같은 것은 없었다) 정말 충격적인 이야기 같지만, 사실 그렇게 새삼스러운 일은 아니다.

수백 년 동안 여성은 소외당했고 물건 취급을 받았다. 더구나 유색 인종의 여성이라면 그 정도가 훨씬 심각했다. 소외 계급의 삶은 자기 정체성과 가치 인식에 부정적 영향을 미친다. ≪내면화된 억압: 소외계층의 심리(Internalized Oppression: The Psychology of Marginalized Groups)≫를 쓴 E.J.R. 데이비드에 따르면, 우리는 여성으로서 자기 정체성에 대한 부정적 메시지를 너무 쉽게 받아들인다고 한다. 그것이 부정적 메시지라는 사실을 인지하면서도 받아들인다는 것이다. 이는 내면화된 억압이 열등감과 자기혐오로 이어진 결과다.

이렇게 내면화된 억압이 드러나는 방식에는 몇 가지가 있다. 우선 자신의 경험을 인정받지 못한다. 지나치게 감정적이라는 비난을 받을 것이 두려워서 진실을 말하지 못하기 때문이다. 외모에 지나치게 집착할 수도 있다. 젊음과 아름다움에 지나친 가치를 부여한 나머지 나이가 들면, 또는 노화의 기미만 보여도 스스로의 가치가 떨어진다고 생각하기 때문이다. 다른 사람의 필요나 욕망을 기꺼이 자신의 필요나 욕망보다 우선적으로 보살핀다. 마치 자기를 희생하는 것이 '좋은 사람'임을 증명해 주는 듯이. 그리고 내면화된 억압은 바운더리 문제를 심화시킨다.

만약 당신이 현재 바운더리를 정하는데 어려움을 겪고 있다면, 당신의 어려움이 수대에 걸쳐 자신의 가치를 의심하며 살았던 수많은 여성들과 보이지 않는 끈에 의해 연결되어 있다는 사실을 이해하기 바란다. 당신이 겪고 있는 어려움이 결코 엄살이 아니라는 뜻이다. 무엇 때문에 그런 어려움을 겪어야 하는가? 단지 자궁을 가지고 태어났다는 사실 때문에? 말도 안 된다. 그런데 문제는 그러한 역사의 잔재가 여전히 우리에게 영향을 미친다는 사실이다.

진정한 의미에서 사회적 변화가 완성되려면 오랜 시간이 걸린다. 2006년에 타라나 버크(Tarana Burke)에 의해 창시된 미투 운동만 봐도 그렇다. 사회에 공감대를 형성함으로써 성적 학대를 받은 유색 인종 여성들의 인권을 찾아주자는 취지에서 시작된 버크의 캠페인은 11년 후인 2017년 가을, 영화계에서 엄청난 영향력을 행사하던 영화제작자 하비 와인스틴(Harvey Weinstein)의 성폭력 사건을 조사하던 중에 훨씬 더 활발하고 광범위하게 적용되어 불이 붙었다. 오랜 세월 이어져온 성의 불평등, 권력의 횡포, 체제적 위협, 성적 학대가 가능한 환경 등, 많은 여성이 체험을 통해 알고 있던 사실들이 어느 순간부터 전세계적으로 공공연히 거론되기 시작했다. 그러한 역사적 불균형이 여성에게 개인적으로, 또는 집단적으로 어떠한 영향을 미쳤는지에 대해 심도 있는 토론이 이루어지고, 다수의 가해자에 대한 엄중한 조처가 취해졌다. 드디어 세상이 눈을 뜬 것이다!

　반가운 소식 하나. 이렇게 미투 운동이 관습적인 편견을 관통한지 일 년 후, 미국의 유권자들은 117명의 여성 의원(그중 42명은 유색 인종 여성)을 의회에 진출시켰다. 사상 최다 여성의원이 탄생된 셈이다. 그러나 이제 시작이다. 뿌리 깊은 편견이 하루아침에 변화될 수는 없다. 안타까운 소식 하나. 성(性) 역할은 우리의 집단 무의식에 남아 여전히 여성의 패션 스타일과 언행을 지배한다. 개선해야 할 일들이 아직도 많다는 뜻이다.

핵심 정리
개인 바운더리는 어린 시절의 경험, 문화적 관습, 성 역할, 그 밖의 여러 가지 요인에 통합적으로 영향을 받는다.

　그러는 동안에도 우리는 어린 시절부터 참아내고, 내면화시켜온 성차별주의자들의 명시적, 묵시적 가정과 예측, 판단에 여전히 부딪히고 헤쳐 나가야 한다. 우리가 의식하든, 하지 못하든, 여성을 무력화시키는 이러한 정서는 자아의식에 부정적 영향을 미친다. 더 이상 지체할 수 없다. 이제 당신은 바운더리 주인이 되기 위한 여정을 시작해야 한다. 당신 자신과 당신의 변화로 힘을 얻을 후세의 여성을 위해서. 명상과 마음 챙김 전문가인 다비드지(Davidji)는 이렇게 말했다. "자신을 변화시킴으로써, 우리는 세상을 변화시킨다."

결말 바꾸기

줄스가 바운더리 문제의 심각성을 스스로 인지하기 시작한 것은 최악의 사태에 봉착했을 때였다. 남자친구와 헤어진 지 얼마 되지 않아 경찰이 그녀의 집에 찾아온 것이다. "같이 가주셔야겠습니다."

줄스는 쿵쾅거리는 가슴을 겨우 진정시키면서 코트를 집어들고 경찰차에 올랐다. 경찰서에 도착하자 조사관이 신용카드 사기에 관한 취조를 시작했다. 줄스는 아무 것도 모르고 있었지만, 그동안 줄스의 남자친구가 범죄행위에 그녀의 주소를 이용하면서 그녀를 끌어들였던 것이다.

줄스는 남자친구를 보살피고, 기쁘게 해주는데 온 신경을 쓰느라 바로 코앞에서 어떤 일이 벌어지는지 전혀 모르고 있었던 것이다. 정신이 아찔해진 줄스는 비로소 자기가 얼마나 위태로운 지경까지 와 있는지 알아차렸다. 범죄 혐의와 생명의 위협에 직면해 있었으니까.

다행스럽게도 줄스의 이야기는 행복한 결말을 맺는다. 그렇게 한 번 혼이 난 줄스는 심리치료를 받으면서 자기 자신과 개인 바운더리를 성실히 돌보며 회복했다. 결실을 맺었느냐고? 줄스는 ≪줄스를 대하는 법(How to Treat Jules)≫이라는 자기 안내서를 완성했다. 자기를 이해하는데 전문가의 수준에 도달했다는 뜻이다. 자신의 생각과 감정을 표현하는 방법을 배우고, 건강한 바운더리를 세우고 관리하는 방법을 터득했다. 드디어 바운더리 주인이 된 줄스는 지오라는 남자를 만나 결혼하고, 12

년째 결혼생활을 이어오고 있다. 나도 잘 알고 있는 줄스의 친구 소개로 선을 봐서 결혼했으며, 지오의 두 딸에게도 멋진 엄마가 되어주었다. 지오의 두 딸을 지극히 사랑하는 줄스는 새 가족이 생긴 것에 대해 복권에 당첨된 기분이라고 한다.

줄스가 어린 시절에 습득한 역기능적 행동 양식을 극복한 것은 우리도 대인관계를 맺는 건강한 방법을 습득할 수 있다는 사실을 증명해 준다. 당신도 줄스처럼 자신뿐 아니라 주변 사람들을 위해 바운더리 기술을 개선하고 싶다는 생각이 들었을 수도 있다. 아직도 늦지 않았다는 사실을 기억하기 바란다. 과거에 미처 되지 못했던 당신의 모습, 앞으로 되고 싶은 당신의 모습으로 변화할 수 있다. 이제 당신이 소망하는 삶을 사는 일에 매진하자.

> **핵심 정리**
> 건강한 바운더리는 당신이 감정적으로 상처받지 않도록 보호해주고, 당신의 존엄성을 지켜주며, 자신과의 관계를 포함하는 모든 관계를 굳건하게 해 준다.

바운더리 주인 실전 과제

1. 기본 과제
바운더리의 영역과 유형을 유심히 살펴보자. 현재 당신이 당면하고 있는 관계들 속에서 각각의 바운더리는 어떻게 유지되고 관리되는가? 어느 영역(신체, 성, 물질, 정신, 정서)의 바운더리가 가장 자주 침해되는가?

2. 심화 과제
무엇이 괜찮거나 괜찮지 않은가? 당신의 삶 전체를 돌아보며 순항 중인 영역과 그렇지 못한 영역을 살펴보자. 이 책 뒷부분에 실려 있는 심화 학습에 있는 '괜찮다/괜찮지 않다' 목록을 완성해 보자. 이것은 변화 훈련의 핵심이다. 그러니 그냥 넘어가지 말자!

Chapter 3

|

좀 더 건강한 방식으로
인정과 사랑을 얻는 방법은 없을까?

지나친 베품, 과도한 역할수행, 자동적 충고의 결말

잘나가는 미용잡지 편집자 에스더는 자리에 앉기도 전에 나를 찾아온 이유를 설명하기 시작했다.

"스트레스를 좀 줄여야 할 것 같아서요." 그녀는 진지한 어조로 단숨에 이렇게 쏟아놓았다. 에스더가 직장에서 책임자의 자리에 있음을 알아챌 수 있었다.

에스더는 자리에 앉더니 깊은 한숨을 쉬고 말했다. "내 말은 그러니까, 물론 별 문제는 없어요. 그냥 마음 편히 긴장을 풀지 못한다는 거예요. 그러다 보니 이제 신체적으로 문제가 나타나기 시작하고요. 어제는 생전 처음 직장에 병가를 내야 했어요.

그럴 상황이 도저히 아닌데 말이죠! 날 도와줄 수 있어요?"

불안에 시달리는 에스더의 심리상태는 상담 전문가인 나에게 아주 익숙한 상황이다. 의뢰인들은 대부분 당장 어떤 조처든 취해야 할 필요가 있다고 느낄 때 상담실을 찾는다. 대부분의 사람들은 바운더리에 문제가 있으면 왜 아무리 노력하고 애써도 행복하고, 건강하고, 성공적인 삶을 살 수 없는 건지 이해하지 못한다. 그럼에도 분노와 좌절의 고통은 너무나 현실적이어서 그냥 지나칠 수가 없는 것이다.

당장 뭐든 해달라는 듯한 에스더의 태도를 보면 가능만 하다면 그녀는 주말 동안 집중적으로 상담을 받아 문제를 해결하고 싶어 할 것 같다는 느낌을 받았다. 해야 할 일 목록에서 '상담 받기'를 지우고, 속전속결의 일상으로 돌아가기 위해서 말이다. 가능하면 빨리. 그러나 전문적인 경험을 바탕으로 내가 했던 생각은 우선 속도를 늦출 필요가 있다는 것이었다. 그래야 체계적으로 스트레스의 원인을 파악하고 그녀를 지금까지 버틸 수 있게 한 적응기재를 찾아낼 수 있기 때문이다.

에스더는 불안정도가 너무 높아서 여러 가지 신체적 병증이 나타나기 시작했다고 한다. 무엇보다 극심한 두통과 턱관절 장애로 고생하고 있다고 했다. 자는 동안 이를 악물고 있기 때문이라고. 그렇게라도 매일 잘 수 있으면 좋겠지만, 그녀는 지난 3년 간 불면증을 앓고 있다고 했다. 최근에는 바이러스 감염으로 인한 대상포진도 시작되었는데 피부 발진이 너무 고통스러워 일을 제대로 할 수 없을 정도라고 했다. 내가 보기에 그 모든 증상들이 스트레스와 불안에 기인한 것 같았다.

에스더와 좀 더 만나면서 나는 그녀가 한국인 이민 2세라는 걸 알게 되었다. 에스더의 부모님은 영어를 잘하지 못했기 때문에 그녀가 언제나 부모님을 도와야 했다고 했다. 어린 아이였던 그녀가 어른 무게의 책임을 감당해야 했던 것이다. 부모님이 선생님과 면담을 하거나 의료 서비스를 받을 때도 함께 가서 통역을 해야 했다. 자라는 동안 줄곧 부모님의 문화적 기준에 맞는 성공을 해야 한다는 압박감에 시달렸는데, 그중 하나가 의과대학에 들어가는 거였다. 그러다 보니 이제는 편집자로서 인정을 받으면 받을수록 마음의 갈등이 심해진다고 했다. 자신의 성공에 기쁘면서도, 동시에 절망했는데, 그 이유는 절대로 부모님의 인정을 받지 못할 것이라는 생각이 그녀를 괴롭혔기 때문이다.

모든 것을 다 잘해야 하는 그녀의 성격은 애정관계에서도 나타났다. 에스더가 사랑하는 남자는 계약제로 일하는 배우였는데 종종 저녁 식사를 사오는 일도 에스더에게 시켰으며, 휴가를 갈 때도 에스더가 검색하고, 예약하고, 모든 것을 계획해야 하는 것은 물론, 반씩 부담하기로 한 휴가 비용도 몇 번이나 '깜박'하고 지나갔다. 처음 사랑에 빠졌을 때의 설렘이 가라앉은 후, 에스더는 종종 자기가 남자친구와 상냥하지만 욕심 많은 그의 어머니 사이에서 중개자 노릇을 하고 있다는 사실을 알아차리곤 했다. 에스더는 남자친구가 자신과 너무도 다르다는 사실에 어이없어 하면서도, "반대인 사람끼리 끌린다지?" 하며 넘어가곤 했다. 그러나 진심을 말하자면, 그녀는 스트레스가 극에 달해 있으며, 자기 몫의 책임을 감당하지 않는 남자와 함께 사는 데 지쳐가고 있었던 것이다.

에스더에 대해 알고 나니 여러 가지 신체적 증상이 나타나는 게 당연하다는 생각이 들었다. 에스더 같은 유형의 사람은 능력 발휘를 제대로 하지 못하면 불안감이 치솟기 때문이다. 에스더에게 있어 정체성이란 자신을 둘러싼 외부의 세계를 얼마나 훌륭히 관리하는가에 근거한다. 오래지 않아 에스더가 과기능 상호의존자라는 사실이 명확해졌다.

과기능 상호의존자 이해하기

나를 찾아오는 의뢰인 중 다수는 에스더처럼 사회적인 기준에서 볼 때 성공한 사람들이다. 기업의 최고 경영자, 엄마이자 기업가, 브로드웨이에서 활동하는 배우. 이들은 모두 좋은 사업 파트너가 되기 위해, 또는 좋은 엄마, 지도자, 친구가 되기 위해 고군분투한다. 가치 있는 사람이 되기 위해서는 모든 것을 해내야 한다는 믿음에 이끌려 매일 너무나 많은 것을 성취한다. '도움'이라는 단어는 그들이 도움을 주는 입장일 때에만 의미가 있다. 끊임없이 무엇인가를 해나가는 동안 매우 중요한 한 가지를 놓친다. 그러는 동안 자신의 존재는 점점 불안정해진다는 사실. 이런 상황은 생각만 해도 지치는 느낌이 들지 않는가? 역할 수행을 이렇게 과도하게 하는 사람들 중 99.9 퍼센트는 상호의존적이다. 이런 경우 여성은(물론 남성도 상호의존적일 수 있지만) 주변 사람들이 마땅히 해야 할 일도 자기가 맡아서 해주어야 한다는 강박적인 생각을 가지고 있다.

상호의존적이라는 말을 들으면 몇 가지 부정적인 이미지가 떠오른다. 예를 들면 알코올 중독인 남편이 사고를 내고 뒷감당을 못할 때 이를 대신 처리해 주는 의지박약한 여성이라든지, 홀로 서는 법을 배워야 할 친구에게 많은 돈을 덥석 빌려주는 능력 있는 여성이라든지, 아니면 혼자 살게 될 것이 두려워 자신을 학대하는 파트너를 두둔하는 여성의 이미지들이다.

처음 심리 상담을 시작했을 때 내가 이런 이야기를 꺼내면 고도로 성취적이고 유능한 대부분의 의뢰인들은 몹시 불쾌해 하면서 화를 냈다. "그걸 말이라고 하는 거예요?", "모두가 나에게 의존하고 있다고요. 힘들고 어려운 일이 생기면 나를 찾아온다는 말이죠." 내가 너무 많이 들어왔던 말이다.

여기서 분명히 해두어 할 것은 상호의존적인 사람들이 결코 약한 사람들이 아니며, 오히려 약한 것과는 거리가 멀다는 사실이다. 하지만 예전부터 알고 있었던 상호의존성이라는 단어의 어감을 수용하고 싶어 하지 않는 의뢰인들이 많았기 때문에 나는 새로운 용어를 구상해서 사용하기 시작했다. 바로 과기능 상호의존자(HFC, high-functioning codependent)라는 용어다. 과기능 상호의존자는 특정 주변 사람의 감정이나 행동에 지나친 책임감을 느끼며, 과도한 기능을 행사하거나 지나치게 베풀려고 한다. 또한 자기 일이 아닌데도 결과를 통제하고자 조언을 하기도 한다. 이렇게 다른 사람들의 삶에 초점을 맞추는 동안 자신의 필요나 욕구는 옆으로 제쳐둘 수밖에 없다.

하나부터 열까지 철저한 과기능 상호의존자였던 에스더의 경우 신체적으로 나타나는 병증들은 좀 더 노력하자는 신념으로 일관된 그녀의 '성공 원칙'에 제동을 걸었다. 그러니 에스더가 그렇게 조급하게 만병통치 처방을 받아 '상담 받기'라는 항목을 해치우고 예전의 삶으로 돌아가고자 했던 것은 당연하다. 그녀가 오로지 알고 있는 삶의 방식은 모든 것을 통제하고 이끌어가는 것이었기 때문에 그렇게 할 수 없는 상황이 닥칠지 모른다는 예견은 매우 공포스러웠을 것이다.

과기능 상호의존자들이 겪었던 어린 시절의 경험은 다양하다. 무질서하고 가학적이며, 방임형 가정에서 자랐을 수도 있고, 약물이나 알코올 중독자가 있는 가정에서 자랐을 수도 있다. 아니면 에스더처럼 어린 아이면서 부모 노릇을 해야 하는, 말하자면 다른 가족을 보살피면서 어른의 책임을 떠맡아야 하는 상황이었을 수도 있다. 이러한 경험들은 당신이 다른 사람의 필요를 자신의 필요보다 우선하여 돌보도록 길들였다. 여기서 한 가지 확실한 것은 과기능 상호의존자는 어떤 형태로든 역기능적 유년을 보냈으며, 그로 말미암아 쉽게 떨쳐버릴 수 없는 과도한 책임의식을 갖게 되었다는 사실이다. 과기능 상호의존자에게 있어 남을 돕고, 그의 문제를 해결하고, 일을 대신 해 주고, 어려움에서 구해주는 것은 의식 깊이 새겨진 거의 무의식적인 충동이다.

만약 이 중 어느 부분이 낯설지 않게 들린다면 축하할 일이
다! 당신이 변화를 원한다면 먼저 역기능 자체를 인지해야 하
기 때문이다. 문제를 인식하는 순간 성장과 안녕에 이르는 길이
열린다.

상호의존성은 근본적으로 생존 욕구에서 출발한다. 안전과
사랑을 확보하려는 노력인 것이다. 스스로 도움을 줄 수 있는
사람, 꼭 필요한 사람이 됨으로써 무의식적으로 거절당하지 않
을 수 있는 근거를 마련한다. 이것은 매우 인간적인 본능이다.
상호의존성은 이렇게 정당한 동기에 근거하고 있지만, 당신이
궁극적으로 추구해야 할 것은 좀 더 건강한 방식으로 인정과 사
랑, 안전을 얻는 방법이다.

자아의식은 당신의 상호의존적 성향이 은밀하고 끈질기게
당신의 생각과 행동을 지배하려고 할 때 이를 감지할 수 있는
가장 좋은 장치다. 자아의식이 제대로 작동하지 않으면 당신은
스스로에게 전혀 도움이 되지 않는 낡은 행동 양식을 따라가고
있다는 사실을 깨닫지 못한 채, 올바른 선택에 의한 행동이라
고 착각할 수 있다. 친구가 배우자와 싸우고 집을 나와서 머물

곳이 없으면 데리러 가야 한다. 그러면서 그것이 당신의 의지적 선택이라고 생각한다. 사촌이 공공장소에서 술에 취해 소란을 피우다가 경찰에 잡혀가면 보석금을 지불하고 데려와야 한다. 한두 번이 아니다. 그것도 의지적 선택이라고 생각한다. 자녀의 일학년 때 담임교사가 늘어놓는 골치 아픈 가정사를 들으며 함께 분개하고 속을 끓이는 것도 당신이 선택한 일이라고 생각한다. 선택과 충동은 이렇게 같은 것처럼 생각될 수 있지만 다르다. 다른 사람의 문제를 해결하는 일을 떠맡게 되었을 때 이를 거절 할 수 없다면, 그것이 어떠한 이유에서든, 과기능 상호의존성에서 비롯된 충동일 수 있다.

바운더리 주인이 되고자 하는 당신에게 들려주고 싶은 이야기가 있다. 나도 그런 시절이 있었으니까. 감사하게도 이제 모두 과거사가 되었지만, 한 때 바운더리 장애 때문에 겪어야 했던 황당한 몇 가지 사건들이다. 예를 들면 사촌을 대신해서 그의 대학 입학시험을 치른다든가 하는 일이다. 대학 시절 남자친구의 철학 리포트를 대신 써 준적도 있다. 나중에 발각되었지만. 또 다른 남자친구가 자동차를 압류 당했을 때는 내가 600불을 지불하고 그 차를 찾아오기도 했다. 그 남자친구는 바로 다음 날 또 다시 주차 위반 딱지를 받았다. 이 모든 일들이 전혀 내 소관이 아니었지만, 지나고 나서야 깨닫는다는 말처럼 그때는 그걸 몰랐었다. 간단히 말해서 상호의존성이란 다른 사람의 인정을 받거나 쓸모 있는 사람으로 여겨지기 위해서 지속적으로 다른 사람의 필요나 원하는 바, 또는 문제에 우선적으로 마음을 쏟고, 그 결과를 통제하려고 하는 마음의 상태를 말한다.

과기능 상호의존성을 나타내는 대표적인 징후는 항상 모든 일에 지나치게 책임감을 느껴서 당신이 나서야 하는 것처럼 생각하는 것이다. 당신이 거절하거나, 마음을 바꾸거나, 어떠한 이유에서든 도와주지 못하면 뭔가 몹시 나쁜 일이 일어날지도 모른다고 생각한다. 이는 어린 시절에 다른 사람들의 기대에 부응하지 못하거나 그들을 실망시킬 것에 대한 두려움에서 기인한다. 그리고 대수롭지 않은 일도 생사가 달린 듯 위급하게 느낀다.

과도한 역할 수행 성향을 지닌 의뢰인과 상담을 하면서 현실 확인을 해야 할 때, 나는 종종 다음과 같은 가상의 상황을 제시한다. 당신은 내일 외계인에게 납치될 것이다. 그러면 세상은 어떻게 될까? 진실 게임: 해는 여전히 떠올랐다 질 것이다. 친구들은 여전히 자기 갈 길을 갈 것이다. 당신의 상사는 당신이 하던 일을 다른 사람에게 위임할 것이다. 잔디는 여전히 푸르게 자랄 것이다. 당신이 없어도 세상은 돌아가고, 당신이 해야만 할 것 같았던 일들은 이리저리 분담되어 진행될 것이다. 그러니 당신도 매사에 과도하게 열정을 쏟으며 자신의 가치를 확인하고자 애쓰지 않아도 된다. 고유한 당신의 모습 그대로 살아 있다는 그 자체로 당신은 충분히 가치 있는 존재다.

위의 징후만큼 두드러지지는 않지만 과기능 상호의존성을 나타내는 또 한 가지 특징은 인정하고 싶지 않은 감정을 다른 사람에게 투영하는 것이다. 투영은 원치 않는 특성이나 감정을 다른 사람에게 돌림으로써 자신으로부터 끊어내려는 행위다. "당신 왜 그렇게 화를 내는 거지?" 당신은 성난 목소리로 상대를 향해 이렇게 물을 수 있다. 정작 상대방은 침착하고 안정되어 있는데 말이다. 이럴 때 당신은 자신이 화를 내고 있다는 사실을 차마 인정할 수 없어서 이를 상대에게 투영하는 것이다. 이러한 원리는 당신이 누군가를 무척 싫어할 때 나타날 수도 있다. 그럴 때 당신은 마치 그가 당신을 싫어하는 듯한 느낌을 경험한다.("신디가 왜 나를 싫어하는지 모르겠어!" 사실은 불과 1분 전에 당신이 신디에 대해 못마땅한 점들을 친구에게 문자로 쏟아놓았으면서 말이다.) 마음속에 쌓여 있는 감정들을 말로 풀어내지 않으면 그 감정들은 의식적으로, 또는 무의식적으로 행동을 통해 표출된다.(내가 늘 말하듯이, 우리는 말로 풀어내거나, 아니면 행동으로 풀어낼 수밖에 없으니까) 자신의 솔직한 감정을 더 많이 인지하고, 수용하고, 표현할수록, 이렇게 복잡한 방어 기재를 작동시킬 필요가 점차 줄어든다.

【자기 돌아보기】
당신은 과기능 상호의존자인가?

건강하고 자상한 사람의 행동과 상호의존성의 차이는 아주 작다. 후자는 친밀하고 돈독한 관계를 형성하고자 하는 제한된 동기에 근거하며, 궁극적으로 당신은 자기에게 아무 것도 남은

게 없는 것 같은 허탈감을 경험하게 된다. 또한 상호의존성은 건강한 바운더리를 세우고 관리할 수 있는 능력을 약화시킨다. 다음의 항목들은 당신이 상호의존성을 가지고 있는지 확인하는 데 도움이 될 것이다.

- 다른 사람의 선택과 그에 따른 결과, 감정 상태에 책임감을 느끼는가?

- 누군가에게 나쁜 일이 생기면, 마치 당신에게 생긴 것처럼 느껴지는가?

- 다른 사람이 '필요'로 하는 사람이 되어야 한다고 생각하는가?

- 다른 사람을 위해 자신의 필요와 욕구를 제쳐두는가?

- 다른 사람에게 도움이 됨으로써 자신의 가치와 정체성을 확인하는가?

- 다른 사람의 문제를 해결하는 데 한 몫을 해야 한다고 생각하는가?

- 요청 받은 것보다 더 많은 것을 해주는 편인가?

- 다른 사람이 스스로 할 수 있거나, 해야 하는 일들을 대신 해주는가?

- 싫다고 거절하고 싶을 때도 좋다고 말하는 편인가?

- 다른 사람의 문제를 대신 짊어지는가?(예를 들면 아이가 다음 날 제출해야 하는 과학 숙제를 깜박 잊고 하지 않아서 숙제를 대신 해주느라 새벽 두시까지 못자고 있는가?)

- 다른 사람의 나쁜 행동을 대신 변명해 주는가?

- 지나치게 베푸는 자신에 대해 화가 나거나 못마땅한 느낌을 갖고 있는가?

□ '내가 자기들을 위해 그렇게 많은 것을 해 주었는데 어떻게 저렇게 말하지?'와 같은 생각을 혼자 할 때가 있는가?

여러 항목에 체크를 했을수록 상호의존적 성향이 강하다고 볼 수 있다. 바운더리 문제도 마찬가지다. 그러나 걱정하지 말자. 설사 모든 박스에 체크를 했다고 해도, 그래야 할 만한 이유가 있었던 거니까. 비판이나 비하를 할 필요는 없다. 이 연습문제들은 자신에 대해 좀 더 알아가기 위한 과정이며, 여기서 알아낸 사실은 2부의 내용을 따라가는데 매우 중요하다.

과기능 상호의존자의 공통적인 행동 양식

과기능 상호의존자가 가지고 있는 끊임없이 뭔가를 하려는 충동은 의식적으로 노력을 하지 않고는 멈추기가 힘들다. 상호의존자가 통제 욕구를 표출하는 세 가지 대표적인 방식을 살펴보자. 자동적으로 충고를 한다. 모든 사람의 감정을 함께 겪어 준다. 완벽주의적 성향을 보인다.

문제 해결사

이런 장면을 떠올려 보자. 친구가 최근 가족 간에 있었던 불미스러운 일을 털어 놓는다. 그 친구의 이야기가 끝나기도 전에 당신은 친구의 기분을 달래줄 방법을 머릿속으로 찾고 있다. 구글 검색을 통해 친구의 상황에 도움이 될 만한 자료를 찾는다. 당신이 도와줄 수는 없지만 지원자의 역할을 자원한다. 친구의 어려움이 마음 깊이 와 닿았고, 그녀를 힘들게 하는 상황을 해결해 주어야 할 것만 같다. 지금 이 상황에서 당신의 반응을 살펴보자. 당신은 친구를 위한 최선이 무엇인지 스스로 안다고 가정했다. 그리고 무의식적으로 그 상황의 결말을 통제하고자 했다. 이 상황의 주인공은 결국 당신이 아니라 친구인데 말이다.

한편으로는 죄책감 때문에 친구의 상황에 뛰어든 것이기도 하다. 임상 심리 치료의 선구자인 해리엇 러너(Harriet Lerner)는 다음과 같이 쓴 적이 있다. "우리 사회는 여성의 마음속에 죄책감을 자라게 한다. 특히 자기가 다른 사람에게 정서적 구원처가 되어주지 못할 때, 많은 여성이 죄책감을 느낀다." 당신도 모든 사람을 걱정해주는 습관이 너무 깊이 배여 있어서 그러한 행동이 죄책감에서 비롯되었다는 사실조차 인지하지 못하는지도 모른다.

과기능 상호의존적 행동 양식은 특히 '문제를 해결'해야 한다고 느낄 때 나타나는데, 이때 대부분의 사람들은 자신의 그러한 행동을 부채질하는 정서를 인지하지 못한다. 왜냐하면 상호의존적인 사람은 자신의 내면에서 일어나는 일에 대해서는 주의를 기울이지 못하는 편이기 때문이다. 그러므로 당신이 사랑하는 사람이(또는 겨우 알고만 지내는 사람이라도) 화를 내고 있을 때 해결책을 제시하려는 충동은 갈등을 피하고 고통을 최소화하려는 본능에서 발원된 것이다. 여기서 고통이란 당신의 고통을 말한다. 다시 말해서, '당신의 고통이 나를 고통스럽게 해. 그러니 이로부터 벗어나기 위해 어떻게 해야 할지 내가 말해줄게.' 하는 식이다. 충동적인 문제해결에 따르는 주된 부작용은 두 가지가 있다. 자신의 정서 문제를 해결할 기회를 회피하게 된다. 당신이 찾는 문제의 해답은 늘 당신 안에 있는데도 말이다. 이는 당신의 친구들, 가족, 사랑하는 사람, 그밖에 이 세상을 살아가는 모든 사람에게 똑 같이 적용된다.

물론 나도 다른 사람의 문제를 해결하겠다고 뛰어드는 심리에 대해 익히 알고 있다. 몇 년 전 내 남편 빅이 부당한 대우를 받은 적이 있었다. 나는 본능적으로 내가 그걸 바로잡아줄 수 있다고 생각했다. 그러고는 눈 깜빡할 새도 없이 모성적 보호 본능을 가동시켰다. 변호사를 물색하고 실천 계획을 세웠다. 그런데 다행스럽게도 그때까지 바운더리 개선을 위해 많은 노력을 기울인 상태여서 내가 과기능 상호의존적 행동을 하고 있음을 스스로 알아챌 수 있었다. 하마터면 내 입장뿐 아니라 빅의 입장까지 온통 내가 휘저을 뻔 했던 것이다. 빅의 허락도 구하지 않은 채 말이다. 그건 빅의 문제 해결에 도움이 되지 않았을 것이다. 더구나 상황을 통제하려는 내 욕구 때문에 빅이 자괴감을 느꼈을 수도 있다. 나는 스스로를 돌아보며 내가 느끼는 감정의 정체를 살폈다. 그것은 전적으로 무력감이었다. 나는 무력감에 싸여 있었던 것이다. 내 감정을 파악하고 나서 빅에게 물었다. "여보, 괜찮아? 지금 내가 어떻게 도와주면 좋겠어?" 그러자 빅은 자기를 믿고, 자기 방식대로 일을 처리할 수 있도록 지켜봐 달라고 했다. 마침내 빅은 변호사의 도움 없이 공정하고 만족스러운 결과를 얻어낼 수 있었다. 내 불편한 감정을 가라앉힌 덕분에 빅이 자신의 별자리인 물고기자리답게 차분하고 효과적으로 일을 해결하는 모습을 지켜볼 수 있었다. 우리 관계도 더욱 굳건해졌다. 이만하면 노력해 볼만하지 않은가?

다른 사람의 문제를 해결해주려는 충동을 자제하는 노력은 친밀하고 건강한 관계를 유지하는데 매우 중요하다. 당신은 구원자가 되지 않고도 다른 여러 가지 방법으로 대응할 수 있다. "당신은 어떻게 할 생각이야?" 또는 "나는 당신을 믿어. 내가 어떻게 도우면 좋을 지 말해 줘."

다음에 또 다시 해결사의 충동이 일어날 때는 잠시 멈추고 심호흡을 하자. 충동이 가라앉기를 기다린 다음, 당신의 제안을 내놓기 전에 먼저 상대의 의견을 물어보자.

그렇게 하지 않으면 상대방에게 어떤 일이 일어나고 있는지 알 기회를 놓칠 수 있다. 자기에게 익숙한 방식에 집착하느라 상대방의 생각과 감정을 파악하지 못하기 때문이다. 사랑하는 사람이 힘들어 하는 것을 지켜보는 일은 매우 고통스러운 일이다. 그러나 그들의 독특한 대응 방식을 거리를 두고 지켜보는 것은 그들을 위해 꼭 필요한 공간을 만들어 주는 일이기도 하다. 내 친구이자 ≪슬픔을 이겨내는 법(The Grief Recovery Handbook)≫의 공동 저자인 러셀 프리드먼(Russell Friedman)은 나에게 이렇게 말한 적이 있다. "청하지도 않은 충고나 비판을 전하는 것은 상대방의 자존감을 강탈하는 행위다."

보상받지도, 인정받지도 못하는 일
당신의 과기능 상호의존성이 어느 정도이든, 여성으로 살아가다 보면 소위 정서노동이라는 것에 치이는 듯한 느낌을 받을 때가 있다. '정서노동'이라는 용어는 2017년에 작가인 젬마 하틀리(Gemma Hartley)가 〈하퍼스 바자(Harper's Bazaar)〉에 실은 그의 글에 사용해서 널리 알려지기 시작했는데, 여기서 젬마는 정서노동을 '감성 관리와 일상 관리가 통합된 개념이며, 우리가 주변 사람들을 편안하고 행복하게 하기 위해 하게 되는 보상받지 못하고, 인정받지 못하는 노동이다'라고 정의했다. 나는 이 말을 약간 비틀어서 이렇게 말하고 싶다. '정서노동이란 티도 나지 않고 언제나 과소평가되는, 그러면서도 우리의 심신을 소진시키는 노동이다.' 생각해 보자. 당신은 가족을 위해 휴가 계획을 짜고, 연말에는 자녀의 선생님들을 위해 선물 쇼핑을 생각한다. 그 일을 충분히 잘 할 수 있는 배우자가 있는데도 말이다. 친구들과 저녁식사를 한 후에는 식사 값을 분배하는 일도 도맡는다. 그 정도 간단한 산수는 다른 친구들도 충분히 할 수 있지 않은가.

정서노동을 멈추는 일에 성공한 사례 중에 내가 가장 감동을 받았던 이야기가 있다. 바로 작가이자 엄마이고, 아내인 아이젠하트의 이야기다. 아이젠하트의 결혼생활이 흔들리기 시작한 것은 그녀가 남편을 위해 너무 심한 정서노동을 하고 있다는 사실에 불만을 갖게 되고부터였다. 어느 날 문득 그러한 자각을 하게 되었던 것이다. 남편이 쉽게 할 수 있는 여러 가지 일들을 자기가 하고 있었다. 강아지 산책시켜줄 사람에게 오지 않아도 된다고 전화하는 일까지도 말이다. 그녀의 남편은 엔지니어였다. 전화 한 통화 거는 정도는 당연히 할 수 있었다. 아이젠하트는 화이트보드를 사서 생활을 꾸려가기 위해 해야 할 일들을 모두 적었다. 그녀가 혼자서 해오던 일들이었다. 그런 다음 남편에게 목록의 절반에 대해서는 책임을 지라고 했다. 그때까지도 남편은 아내의 정서 노동이나 그에 대한 불만을 전혀 인지하지 못하고 있었다. 처음엔 잠깐 분위기가 어색해지기도 했지만 언제까지나 은밀하게 남편에게 화를 내고 있지 않으려면 그 정도 충돌은 감수해야 한다고 생각했다. 결과적으로 정서노동을 남편과 공평하게 나누려는 아이젠하트의 시도는 성공했고, 두 사람의 관계는 훨씬 좋아졌다.

다른 사람이 해야 할 일을 대신 해주는 상황이 지속되면 화의 감정이나 그 밖의 부정적 감정들도 쌓일 수밖에 없다. 이렇게 합당한 방법으로 해결되지 않은 채 쌓여가는 정서노동은 심각한 부작용을 일으킨다. 제한된 에너지 자원을 다른 사람을 위해 '봉사'하느라 소진해 버리면 자신을 개발하는데 사용할 수 있는 에너지가 고갈되기 때문이다. 당신이 진정으로 원하는 것이 무엇인가를 생각할 기운도 남지 않게 된다. 그러므로 과다한 역할 수행은 뻔한 결말을 예고한다. 쓸쓸하고 불만족스러운 삶이다. 어떻게 그렇지 않을 수 있겠는가? 주변 사람 모두를 당신의 특급 서비스에 길들여 놓느라 정작 자신을 위해서는 아무 것도 남겨두지 않았으니 말이다.

내 친구 사라의 이야기를 예로 들어보자. 사라의 동생이 암으로 시한부 진단을 받았을 때, 사라는 다른 가족들은 모두 멀리 떨어져 살고 있으니 자기가 전적으로 동생을 도와야 한다고 생각했다. 그건 칭찬할만한 생각이다. 그러나 사라는 아무도 청하지 않았는데 혼자서 상황을 극단으로 끌고 갔다. 하루 종일 동생을 보살피는 일에 매달리면서 자기 가족들에게까지 연락을 해서, 시한부인 동생 때문에 슬퍼하는 동생의 친구들을 위로하고 보살피게 했다. 사라는 그렇게 정서노동과 열정을 모두 쏟아부으면서도 동생 친구들 중 한 명이 그에 대해 치하의 말을 할 때까지도 그 사실을 자각하지 못하고 있었다. 어느 날 동생의 친구가 이렇게 말한 것이다. "정말 놀라워요. 사라 언니는 동생만 보살피는 게 아니라 저희들까지 보살피고 있으니 말이에요."

> **핵심정리**
> 사회적으로 거절당하는 상황을 피하려는 것은 인간의 본성이다. 이는 또한 생존본능이기도 한데, 그에 대한 두려움은 무의식적인 동기가 되어 과기능 상호의존적 행동을 부추긴다. 예를 들면, 지나치게 베푼다거나 진실을 말하지 않는 행동들이다.

그 순간 사라는 정신이 번쩍 들었다. 이런 열정을 나 자신에게 쏟았더라면 수백만 불짜리 기업을 운영할 수도 있었겠구나. 동시에 자기가 경계를 한참 넘어갔다는 사실도 깨달았다. 사라와 같은 유형의 정서노동은 '자동 수용'으로 분류할 수 있다. 다른 사람이 기대 하지도 않은 일을 스스로 떠맡아 하느라 자기 역할의 한계를 벗어났던 것이다.(하지만 어떤 가족체제에서는 정서노동이 강요되기도 한다) 그때부터 사라는 좀 더 분별력 있게 행동하고자 노력했고, 남은 시간을 동생과 행복하게 보내는데 주력했다.

완벽주의

과도한 야망과 금전 중심으로 돌아가는 우리 사회에서 완벽주의는 승인된 마약과도 같다. 그러므로 웬만해서는 장애 요인으로 간주하지 않는다. 일중독으로 늘 바쁘고 스트레스가 많은 상태도 우리에게는 익숙하다. 나를 찾아온 의뢰인 중에는 만족이라는 걸 모르는 자신의 완벽주의적 성향을 두둔했던 사람도 있었는데, 그녀는 쉬지 않고 일만하는 자기 삶에 대해서 이렇게 말했다. "뭐 그래도 마약 중독 같은 것보다는 낫지 않나요?" 그렇다, 완벽주의가 마약 주사를 맞는 것보다 낫다는 데는 동의한다. 하지만 그러한 합리화는 '주어진 모든 일을 완벽하게 해내야만 내가 행복하고, 가치 있고, 사랑 받는 사람이 된다'는 고지식하고 위압적인 신념에 이끌려 살아야 하는 엄청난 대가를 간과하고 있다.

완벽주의는 잘하고자 노력하는 것과는 다르다. 왜냐하면 완벽주의는 당신이 모든 일을 해야 하고, 모든 일을 한 치의 실수도 없이 해야 한다는 비현실적이고 가차 없는 신념이기 때문이다. 이러한 신념은 종종 과기능 상호의존성을 동반하는데, 둘 다 예측할 수 없고, 권위적이며, 혼란스러운 환경에서 보낸 어린 시절의 경험에 기인한다. 이때 어린아이가 떠올릴 수 있는 최고의 해결책은 자기가 모든 일을 잘하면, 부모의 병이 재발하거나 부모가 실직을 하는 것과 같은 나쁜 일이 일어나지 않을 것이며, 비난을 받거나, 거절을 당하거나, 더 나쁜 상황을 피할 수 있을 것이라는 생각이다. 어린 시절에 가졌던 그 생각이 원동력이 되어 우등생이 되거나 뛰어난 운동선수가 될 수도 있다. 하지만 성인이 된 후에도 자신이나 다른 누구에게 비현실적인 기대를 하다보면 실망과 좌절, 그리고 바운더리의 갈등을 초래할 수밖에 없다.

【자기 돌아보기】
당신은 완벽주의자인가?

당신의 완벽주의적 성향은 어느 정도인지 잠시 살펴보는 시간을 가져보자. 당신의 행동과 마음가짐에 해당되는 항목에 체크한다.

□ 매우 비판적이다: 자신과 타인에게 굉장히 비판적이다.

□ 노력하지 않으면 결과를 누릴 수 없다고 믿는다: 일중독인 당신이 자랑스럽고, 성공하기 위해서 필요하다고 생각한다.

□ 다른 사람에게 인정받고자 지나치게 신경을 쓴다: 어린 시절부터 뭔가를 잘하면 칭찬 받는다는 사실을 터득했다. 그런데 잘하고자 하는 욕망이 점점 실패할 것에 대한 두려움을 동반하면서 끝없이 자신을 압박한다.

□ 그저 그렇게 하느니 하지 않는다: 보통 수준 밖에 되지 않을 것을 두려워하는 마음이 완벽성을 추구하게 한다. 어떤 일에 노력을 해서 성공할 것이 보장되지 않으면, 차라리 시도하지 않는 편을 택한다.

□ 완벽하거나, 아니면 전혀 하지 않거나: 최고가 되어야 한다는 생각 때문에 그렇게 되지 못할 위험 부담을 감수하는 것이 두렵다. 이런 마음 때문에 새로운 것을 배우려는 의지가 좀처럼 생기지 않는다.

□ 거절당하지 않도록 보호하기: 거절당하거나 실패할 것에 대한 강렬한 두려움 때문에 자신의 진정한 모습을 남들에게 보여주지 못한다.

□ 과거가 현재로 이어진다: 과거의 실패를 자주 떠올리고, 최선을 다했다는 생각보다는 '이렇게 했어야 했는데' 하는 생각으로 자신을 괴롭힌다.

□ 모든 것을 사적인 감정과 연관시켜 생각한다: 다른 사람이 당신을 비난한다고 여겨지거나, 또는 실제로 비난할 때 매우 예민하게 반응한다. 당신 사전에 '건설적인 비판'이란 없으며, 어떠한 형태의 비판도 당신에 대한 공격으로 받아들인다.

□ 수치심에 취약하다: 실패나 실수를 했을 때 무엇보다 죄책감이나 수치심 때문에 괴롭다.

□ 분석하느라 시작을 못한다: 실패를 피하기 위해 지나치게 많은 생각을 하느라 결국 일을 미루게 된다.

위의 목록에서 다섯 항목 이상 체크했다면 당신은 완벽주의적 성향을 가지고 있다. 바운더리 주인이 되는 과정은 누구에게나 똑 같은 일차원적 여정이 아니다. 여기서 얻는 결과는 우리가 앞으로 함께 하게 될 좀 더 포괄적이고 복잡한 여정에 길잡이가 되어줄 것이며, 자신에게 좀 더 관대하도록 일깨울 것이다. 천천히 편안하게 하면 된다!

우리는 아직 바운더리 주인이 되는 여정에서 자각하는 단계에 있다는 사실을 기억하자. 습관적으로 해오던 행동을 의식하기 시작하면 당신은 내면으로 시선을 돌리게 된다. 당신 내면에서 일어나는 일에 좀 더 주의를 기울인다는 뜻이다. 당신이 정서 노동, 문제 해결, 완벽주의적 성향, 그밖에 과기능 상호의존적 성향을 안고 고군분투하는 덕분에 당신은 초인적인 능력을 발휘할 수 있다. 그런데 한 가지 경고해 둘 것이 있다. 당신의 그러한 능력과 재능, 예민함, 그리고 당신의 생활을 보호하려면 건강한 바운더리를 세워야 한다. 그래야 당신의 소중한 시간과 열정을 어떻게 사용할 것인지 지혜로운 선택을 할 수 있다.

투쟁-도피-경직, 또는 생존 방식 배우기

과기능 상호의존자는 자신의 행동이 사랑에서 비롯되었다고 생각할 수 있다. 그러나 사실 그러한 역기능적 행동의 촉발제는 두려움이다. 어린 시절의 경험을 통해서, 사랑과 보살핌을 받고, 인정받으려면 어린 아이가 할 수 있는 수준을 넘어서는 뭔가를 보여줘야 한다고 배운 것이다.

에스더가 그랬듯, 우리 모두는 가족의 고유한 특성과 문화 속에서 자란다. 그러한 요소들은 우리가 진실을 말하는 능력, 다른 사람과의 관계에 적절한 바운더리를 세우고 관리하는 능력, 그리고 궁극적으로 자기가 원하는 삶을 가꾸는 능력에 영향을 미친다. 어떤 문화적 배경을 가졌든, 우리 모두는 호모사피엔스, 동굴인의 후예다. 무리에서 거절당하는 것은 곧 죽음을 뜻했다.

이렇게 원초적인 생존본능은 유전자에 새겨져 있다. 그러므로 생존에 대한 원초적 두려움은 판단력을 흐리고 현실을 객관적으로 볼 수 없게 만들기도 한다. 동시에 현실이 어떻게 달라질 수 있는가를 내다볼 수 없게 한다. 이렇게 우리는 스스로 깨닫지 못하는 사이에 거절당하거나 추방되지 않아야 한다는 생각에 지배된다.

거절당하지 않으려는 원초적 본능과 관련된 또 다른 생존 본능으로 투쟁-도피-경직(FFF, fight-flight-freeze) 반응이라는 게 있다. 위협요인을 감지했을 때 스스로를 보호하기 위해 장착된 자동반응장치이다. 야생동물의 무리나 적의 부족과 맞닥뜨린 상황을 상상해 보자. 이 반응장치 덕분에 잠정적인 위험요소를 감지하면 혈액으로 코티솔과 아드레날린이 분비된다. 산호유입량을 늘이기 위해 호흡이 빨라지고, 빛을 더 많이 받아들여 위험 대상을 관찰하기 위해 동공이 확장된다. 위로 흘러들어가던 혈액은 방향을 바꾸어 허벅지, 팔과 같은 큰 근육으로 몰린다. 싸우거나, 달아나거나, 정지 자세를 취하기 위해서이다. 자기 보호를 위한 이 정교한 장치는 실제로 생명을 위협하는 위기 상황에 처했을 때 매우 유용하다. 그러나 맨해튼 5번가를 걸어가다가 날카로운 이빨을 가진 호랑이를 만날 가능성은 없다. 그렇다면 다음과 같은 의문이 생긴다. 투쟁-도피-경직 반응이 여전히 무의식에 남아 있어서 실재로 위험에 처해 있지 않은데도 생사를 위협하는 상황인 듯 행동하게 한다면 어떻게 될까? 짐작할 수 있듯이 그런 경우는 무수히 많다.

작가이자 심리치료사인 하퍼 웨스트(Harper West)에 따르면, 현대인의 투쟁-도주-경직 반응은 일반적으로 정서적 위험요소를 감지했을 때 작동한다. 예를 들면 거절, 비난, 비판 같은 것들이다. 인간은 사회적 동물이기 때문에 대인 관계와 상호작용에서 거부당한다는 것은 심각한 문제다. 그러한 심각성이 상상 속에서 생명을 위협하는 위험 상황을 만들어내고, 만성적인 두려움을 안고 극도로 예민해진 상태에서 살게 한다. 하버드대학교 의과대학의 연구에 따르면, 반복적으로 스트레스 반응을 작동시키면 신체적 손상을 초래할 수 있다고 한다. 만성적인 스트레스가 혈압 상승을 비롯한 이상 증상을 일으키고, 뇌에 화학적 변화를 일으켜 불안이나 우울, 중독으로 이어질 수 있다는 것이다.

　　스트레스에 반응하는 형태는 사람에 따라 다르다. 어떤 사람은 도로에 차가 밀리거나, 대인관계의 갈등에 휘말리거나, 직장에서 소소한 갈등을 겪는 정도의 상황에도 몸이 과도하게 반응한다. 우리 친구나 가족 중에도 끊임없이 미래의 재앙을 걱정하며, 최악의 상황을 예측하고, 준비하는 사람이 한 명쯤은 있다. 그 무섭고 끔찍한 재앙은 단지 상상속의 일인데도 그들의 몸은 가짜 위험이라는 메시지를 받지 못한 채 스트레스 반응 호르몬을 뿜어내는 것이다. 많은 경우 두려움은 습관으로 굳어져 작동 명령이 떨어지지 않았는데도 자동으로 반응한다. 이렇게 습관으로 굳어진 정서 반응은 너무도 강력해서 상식의 작동을 제압할 수 있다.

다행스럽게도 이렇게 습관적인 반응체계를 개선할 방법이 있다. 무의식적인 스트레스 반응에 제동을 걸면 된다. 그러기 위해서는 내면에서 일어나는 반응을 자각하는 능력을 기르고, 매일 꾸준히 심신의 건강을 향상시켜야 한다. 좋은 수면 습관과 운동, 명상과 호흡법을 통한 마음챙김 훈련은 신체적 증상을 완화시켜준다. 5분 호흡 훈련만으로도 심신 안정에 놀라운 효과를 경험할 수 있다.

【자기 돌아보기】
4x4 호흡법

여기 내가 늘 하는 4x4 호흡법을 소개한다. 단 몇 분밖에 걸리지 않기 때문에 어디서나 할 수 있으며 안정감을 얻는데 도움이 된다. 지금 잠깐 배워보자. 아주 쉽다.

방법은 아래와 같다.

1. 의자에 편한 자세로 앉아서 두 손을 무릎에 얹는다. 고개를 들어 정면을 본다.
2. 넷을 세는 동안 숨을 들이마신다.
3. 숨을 들이쉰 상태에서 넷을 센다.

4. 넷을 세는 동안 숨을 내쉰다.

5. 숨을 내쉰 상태에서 넷을 센다.

6. 이렇게 네 번을 반복한다.

기분이 훨씬 좋아지지 않았는가. 간단하게 스트레스를 날려 버릴 수 있는 이 호흡법을 필요할 때마다 활용해 보자.

건강한 생활 습관을 실천하면 정신도 맑아진다. 스트레스가 쌓이면 상황을 정확히 볼 수 있는 능력이 저하되므로 이는 매우 중요하다. 스트레스 반응이 작동하면 대화 상대를 향해 언성을 높이거나(투쟁), 더 이상 대화를 하는 것이 두려워 먼저 회의실을 빠져나오거나(도피), 누군가 당신에게 부적절한 말이라도 하면 머릿속이 하얘지면서 아무 것도 생각나지 않을 수 있다.(경직) 이렇게 위험을 감지하는 감각이 극도로 예민해지는 방어 반응은 특히 여성에게 매우 일반적인 현상이며, 기능적인 바운더리를 형성하는데 결정적인 장애가 된다.(경직 반응을 극복하는 효과적인 방법에 대해서는 9장에서 다루게 될 것이다.)

어떤 상황에서든, 자신의 생각을 전달하려는 욕구보다 거절당할 것에 대한 두려움(죽음에 대한 두려움과도 통한다)이 더 크다면 당연히 자신의 생각을 말하지 않을 것이다. 자신을 이해시키려는 욕구보다 살아남으려는 본능이 훨씬 더 절실하니까.

순간적인 스트레스 반응은 또한 의식적 사고 작용을 방해한다. 내 의뢰인이었던 베스의 이야기를 예로 들어보자. 은행 창구 직원인 베스는 상속자 없이 세상을 떠난 고객의 계좌에서 돈을 훔치자는 남편의 계획에 마지못해 동참했다. 그때까지 어떠한 위법 행위도 해 본 적이 없었던 베스는 남편의 지시에 따라 움직였으며, 결국 감옥살이를 하는 신세가 되었다. 남편에게 버림받을 것이 두려워 자기 자신은 물론 자신의 도덕성까지 완전히 버린 것이다. 옳은 선택이 아니다. 거절당할 것에 대한 두려움 때문에 자기 파괴적인 행동을 한 극단적인 예다. 우리 모두가 그렇듯이 베스도 그러한 선택을 할 수 밖에 없었던 무의식적 요인이 무엇이든 간에 자신의 선택에 대한 책임은 자기 몫이다.

핵심 정리
투쟁-도피-경직(FFF) 반응은 우리 안에 내장된 보호체계로 비난, 거절, 비판 같은 정서적 위협에 직면했을 때 작동되며, 지각과 현명한 판단을 저해한다.

위협 요인을 감지했을 때 감정을 폭발시키거나, 장벽을 치거나, 무시하거나, 공격적 행동을 하거나, 달아난다면, 효과적이고 투명한 바운더리를 세울 수 없다. 자기가 가지고 있는 투쟁-도피-경직 반응의 양식을 자각하고 그것이 삶에 어떠한 영향을 미치는지를 파악하고 나면 자신의 참모습과 고유의 표현 양식을 좀 더 효과적으로 개선할 수 있다. 자신을 알아야 어느 부분에 노력을 집중할 것인지 정확히 판단할 수 있다. 거절당할 것에 대한 두려움을 마주하고 언제 투쟁-도피-경직 반응이 나타나는지 파악하면, 당신이 삶의 전반에 걸쳐 건강한 바운더리를 세우지 못하는 이유를 이해하게 된다. 생명을 건 투쟁을 하는 듯한 무의식적 환상을 내려놓으면, 건강한 바운더리를 세우고 관리하는 일이 훨씬 쉬워질 것이다.

에스더는 나와 상담을 이어가면서, 자신이 선택한 진로에 대해 부모님이 실망하고 비난할 것을 두려워하는 마음이 마치 생명의 위협을 받는 듯 크고 심각했다는 사실을 깨달았다. 이러한 위협이 정서적인 괴로움을 유발했고, 자신의 일중독적인 생활습관을 부추겼으며 결과적으로 신체적인 병증을 악화시켰던 것이다. 과기능 상호의존적 성향을 가진 에스더는 자신이 선택한 분야에서 충분한 성공을 거두면 결국 부모님도 자신의 선택을 인정하고 딸을 자랑스러워 할 것이라 생각했다. 말하자면 자기가 속한 집단에서 쫓겨나지 않으면서 거절당하거나 소멸되는 위험을 피할 수 있는 것이다.

일에 대한 집착과 추진력이 성공하겠다는 순수한 야망 외에 또 다른 동기에서 비롯되었다는 사실을 깨달음으로써, 에스더가 현실을 바라보는 관점은 급진적으로 변했다. 에스더는 실패와 거절에 대해 자기가 가지고 있는 두려움을 점검해 볼 수 있었다. 두려움을 인정하자 더 이상 두려움에 휘둘리지 않게 되었다. 그때부터 우리는 에스더의 삶을 제한하는 고정관념을 점검해 볼 수 있었다. 우선 직업에 대해 부모님의 인정을 받지 못하면 행복할 수 없다는 생각부터 재고해보았다. 이 과정을 거치면서 에스더는 활기 있어지고, 편안해졌으며, 비로소 열린 새로운 가능성에 설렌다고 했다. 나도 얼마나 기뻤는지 모른다!

시간이 지나면서 에스더는 자기에 대한 부모님의 바람은 수용하되, 자신의 삶에 관한 선택은 독립적으로 할 수 있으며, 그럼에도 행복하게 살 수 있다는 사실을 이해하게 되었다. 그리고 스스로를 자랑스럽게 생각했다. 내면의 평화를 위해 또 다시 뭔가를 성취해야 할 필요가 없다는 사실을 편안하게 얘기할 수 있었다. 부모님을 사랑하고 자식의 의무를 다하기 위해 무조건 복종을 하거나 자기 삶을 포기해야 하는 건 아니라는 사실을 깨달은 것이다.

그 다음에는 에스더가 자신의 대인관계에 대해 어떠한 생각을 가지고 있는지 살펴보았다. 그렇게 좋은 편은 아니었다. 이미 간파한 바와 같이 거절당할 것에 대한 두려움이 그녀의 행동을 지배하고 있었고, 특히 남자친구와의 관계에서는 더 그랬다. 에스더는 그의 여자 친구이면서 동시에 어머니나 매니저 노릇까지 해야 하는 존재에서 오로지 여자 친구가 되기 위해 천천히, 그러나 분명하게 뒤로 물러서기 시작했다.

효과적인 소통, 비효과적인 소통

개인 바운더리를 지키기 위해서는 진실을 말할 수 있는 용기가 필요하다. 과기능 상호의존적 성향이 있는 사람이 진실을 말하기 어려워하는 이유는 앞서 언급한 바와 같이 진정한 자아로부터 단절되어 있기 때문이다. 그래서 자각이 필요하다. 의식을 고양시키는 일은 소통을 위한 준비작업과 같다.

바운더리를 세우고 관리하는 방식이 어린 시절에 보고 경험했던 것에 의해 형성된 것처럼 소통의 방식도 가족의 생활방식이나 문화를 통해 배운다. 문화마다 각기 화제에 올릴 수 있는 내용과 배제해야 하는 내용이 다른데 이는 구성원 간에 명시적으로, 또는 묵시적으로 맺어진 합의에 의해 정해진다.

내 경험을 예로 들자면, 나는 부정적인 감정에 대해서는 말하지 않는 것을 원칙으로 하는 앵글로색슨계의 백인 신교도 집안에서 자랐다. 정서적 긴장감 같은 것은 주로 "달걀을 삶아 줄까, 스크램블로 해 줄까?", "오늘 날씨 참 좋지 않니?"와 같은 전혀 악의 없는 질문들 속에 버무려져 간접적으로 표현되었다. 그러다 보니 여러 가지 감정들이 묵살될 수밖에 없었다.

이십 대에 연애를 하면서 나는 남자친구가 내 마음을 알아차리지 못하면 몹시 짜증을 내곤 했다. 나를 사랑하지 않아서 텔레파시가 통하지 않는 거라고 짐작하고, 속단했던 것이다. 그런데 사실은 내가 스스로를 표현할 줄 몰라서 답답했던 거였다. 그런데도 남자친구 탓이라 여겼고, 과기능 상호의존적 성향을 가진 만큼 불만이 쌓이는 속도도 빨랐다. 어느 시점에선가 나는 좀 더 효율적으로 소통을 해야 한다는 생각을 하게 되었다. 남자친구를 포함해서 다른 사람이 어떤 가는 중요하지 않았다. 당신도 그런 결정을 할 준비가 되어 있기 바란다. 내가 좋아하는 간디의 말을 인용하자면, "관계가 변하기를 바란다면, 먼저 내가 그 방향으로 변화하자."

사실 소통의 유형은 두 가지 뿐이다. 효과적이거나 효과적이지 않거나. 건강한 바운더리를 갖는 것이 목표라면 효과적인 소통이 필수 조건이다. 정서 지능이나 통찰, 공감과 같은 요소도 중요하지만, 가장 중요한 것은 효과적인 소통이다. 효과적인 소통이야말로 건강한 바운더리를 세우는데 없어서는 안 될 시멘트와 벽돌 같은 것이기 때문이다.

먼저 비효과적인 소통을 살펴보자. 당신은 상대의 말에 속으로는 '왜 그래야 하는데?'라는 의문을 가지면서도, '좋아. 문제없어!'라고 말한 적이 있는가? 그러면서 한숨과 함께 짜증스러운 몸짓으로 진심을 대신 전했던 적이 있는가? 남이 나를 봐주고 이해해 주길 바라는 것은 인간의 본능이다. 그러므로 두려움 때문에 말로 직접 표현하지 못하면 결국 다른 은밀한 방법으로 표현하게 된다.

소극적인 공격, 분노의 간접 표출은 은밀한 소통 중에서도 가장 파괴적인 형태다. 문을 쾅 닫는 행위, 냉소, 한숨, 눈알 굴리기, 벽 쌓기, 그리고 짧고 차갑게 단답형으로 대꾸하기 등을 생각해 보자. 미국 남부를 여행해 본 적이 있는가? 사회적으로 공인된 소극적 공격이 거의 고유의 방언처럼 느껴질 정도다. 예를들어 누군가에 대해 신랄한 비난을 하고 나서 끝에 '정말 안됐지만'이라는 말을 덧붙이는 것은 비난의 대상이 바보 멍청이에 골치 덩어리, 중독자, 부랑자며 머리가 돌이라는 뜻이다. "너 지금 농담하니?"라는 훨씬 더 직설적인 미 북동부의 표현에 젖어있는 내가 보기에도 그들이 일상적으로 입에 달고 사는 '안됐지만'이라는 말 속에는 정말 상대를 안쓰러워하는 마음은 전혀 들어 있지 않다.

비효율적인 소통은 간접적이다. 수동적이거나 소심하게, 또는 은밀하게, 말을 잘 하지 않음으로 나타낼 수도 있다. 화를 낼 수도 있고, 적대감을 드러내거나 괴롭히거나 공격적인 태도를 보일 수도 있다. 하지만 어떠한 형태로 표현하든, 간접 소통으로는 당신이 원하는 바를 상대방에게 전달할 수 없다. 다만 상대방을 혼란에 빠뜨리고, 화나게 하며, 오해하게 한다. 간접 소통 방식을 택하는 것은 대화를 혼란의 도가니로 빠뜨릴 위험을 불사하는 것이다. 한 쪽, 또는 양쪽이 아무런 해독 장치도 없이 상대방의 암호와도 같은 메시지를 풀어야 하는 당혹감을 느낄 수 있다. 아무에게도 득이 되지 않는다.

이 중에 당신에게 해당되는 부분이 있어도 실망하지 말자. 어느 누구의 대화도 100퍼센트 효율적이거나, 비효율적일 수는 없다. 다만 3단 초콜릿 케이크를 만드는 방법이나 연구 논문에 참고 자료를 인용하는 방법, 또는 살사 댄스 동작을 배우듯, 효과적인 소통의 기술도 배우면 된다.(미리 조금 맛을 보고 싶다면, 9장에 실린 실전 문제들을 참고하기 바란다. 원하는 바를 명확하게 말하는데 자신감이 생길 것이다.)

효과적인 소통은 직접적이며 요점을 정확히 말함으로써 당신의 의도에 의심의 여지를 남기지 않는 것을 말한다. 자기주장을 분명하게 하지만 공격적이거나 수동적이지 않는 태도다. 원하는 바를 말할 때 거절에 대한 두려움을 가라앉히면 간단명료하게 요청할 수 있다. 예를 들면 "밀리 이모, 부탁이 하나 있는

데, 날 더 이상 방해하지 말아주세요.”라고 말할 수 있다. 다정하고 명랑한 목소리로 휴가를 요청할 수 있다. 수도 없이 되풀이되는 ‘미안하지만’이라는 말 속에 당신이 정작 하려는 말을 묻어 버리거나, 말을 빙빙 돌리면서 요점을 흐리지 않을 수 있다. 명확하게 의사를 밝히고 상대방이 어떤 반응을 보일 것인가에 연연하지 않으며, 무엇보다도 살아가며 마주하게 되는 모든 상황에 마음에서 우러나는 대로 솔직하게 반응할 수 있다. 물론 당신이 그렇게 하기로 마음을 먹었을 때 말이다.

효과적인 소통이란 대화가 쌍방향으로 이루어지는 것을 말한다. 온 마음으로 관심을 가지고 듣는 훈련을 해야 한다. 당신의 관점을 말할 기회를 기다리는 대신, 상대방의 필요와 관점에 주의를 기울이자. 자기 말할 기회만 엿보는 사람은 한 눈에 봐도 알 수 있다. 끊임없이 자기가 던질 화제를 생각하느라 당신의 말을 제대로 듣지 못한다. 효과적인 소통을 할 수 있는가의 여부는 당신이 자신의 감정을 얼마나 잘 인지하는지, 그리고 반응이 아닌 호응을 하는 법을 배울 것인지에 달려 있다. 그렇게만 할 수 있다면 당신이 상상조차 하지 못했던 멋진 삶이 당신 앞에 열릴 것이다.

진실에 눈뜨기

상담을 이어가는 동안 에스더는 자신의 감정을 좀 더 깊이 들여다볼 수 있었으며, 그동안 남자친구와 비효율적인 소통을 하고 있었다는 사실을 깨달았다. 그의 음식 값을 치르고, 보석금을 내주고, 상담자 역할을 해주는 것이 늘 기쁘지만은 않다는 진심을 말해본 적이 없었던 것이다. 그 대신 싫은 표정으로 눈알을 굴린다든가, 한숨을 쉰다든가, 화제를 바꾼다든가, 아니면 행사를 못하게 되서 분개하는 그의 말을 귀담아 들어주지 않는 식으로 못마땅한 감정을 표현했었다.

다른 사람의 문제를 해결해 주는 성향이 굳어져 있었던 에스더는 종종 남자친구의 말을 가로막고 무례하고 권위적으로 그의 문제에 끼어들곤 했다. 연극에 대해 거의 아는 것이 없었지만 필요한 존재가 되고 싶다는 무의식적 욕구 때문이었다. 불확실한 앞날과 버림받을 거라는 두려움이 에스터의 과기능적 성향을 부추긴 것이다.

자기 행동을 이해하자 에스더는 훨씬 수월하게 자기감정을 표현할 수 있었다. 두 사람 사이의 역동적 관계가 변하자 남자친구는 당황했다.(이에 대해서는 7장에서 좀 더 자세히 다루게 될 것이다) 그러나 결과적으로는 에스더가 자신의 행동을 자각하고, 원하는 바를 명확하게 표현하기 시작하면서 남자 친구와 적절한 거리를 유지하고, 비로소 그를 존중할 수 있었다. 에스더가 모든 것을 통제하려는 습성을 자제하니 그녀의 남자친구는 스스로 나서서 자기 문제를 해결했고, 그러한 변화는 두 사람의 관계에 도움이 되었을 뿐 아니라 남자친구의 삶에도 유익했다.

에스더는 자기 삶을 긍정적으로 변화시키는 주체가 되고 나서 다양한 감정들을 경험할 수 있었다. 때로는 놀라고, 때로는 안심하고, 실망하고, 또 다시 희망을 찾았다. 에스더는 이러한 변화를 '인식의 문을 정화하면,'이라는 시인 윌리엄 블레이크의 문구에 비유했다.

과기능 상호의존성이라는 안전장치를 내려놓기 위해서는 자기 의지대로 살겠다는 투지와 용기, 욕망으로 무장해야 한다.(마음이 나약한 사람은 시도하지 않는 것이 좋을지 모른다!) 이 말이 마치 지금까지의 삶을 결산하자는 말처럼 들릴지도 모르겠다. 사실 우리 대부분이 한 번쯤은 이런 날이 오기를 기다려오지 않았는가.

지금 당신의 솔직한 심정을 말해보라고 한다면, 당신은 바운더리 주인이 된다는 것이 높은 산을 오르는 것만큼이나 힘겹게 느껴진다고 할지도 모르겠다. 당신의 마음속에 어떤 두려움이 있다고 해도 그건 지극히 정상적인 반응이다. 궁극적으로 누리게 될 유익함이 지금 경험하는 모든 두려움과 불안을 상쇄하고도 남을 것이다. 바운더리를 재구축한다는 것은 총천연색의 새로운 세계를 창조하는 것과 같다. 민권 운동가이자 시인인 오드르 로드(Audre Lorde)의 말처럼, "강해지기로 마음을 정하고 그 힘을 내가 꿈꾸는 미래를 위해 쓰기로 결심하면, 두려움은 더 이상 중요한 문제가 아니다."

일단 물 한잔을 마시고 한숨 자두기 바란다. 그리고 다음 장에서 만나기를. 거기서 당신을 힘들게 했던 나쁜 바운더리 데이터를 좀 더 깊이 분석해 볼 것이다.

당신을 이해한다.

그리고 당신은 할 수 있다.

바운더리 주인 실전 과제

1. 기본 과제
누군가에게 자동적으로 충고를 하려들거나, 대화가 잠시 중단되었을 때 당신이 뭔가 말을 해야 한다고 느낄 때, 또는 간접화법을 쓰려고 할 때 그런 자신에게 주의를 기울이자.

2. 심화 과제
감성 노동 평가하기: 당신은 인정받지 못하고, 보상 받지도 못하면서 기력을 소진시키는 감성 노동을 얼마나 하고 있는가? 이 책 뒷부분에 있는 심화 학습을 참조하여 당신이 언제, 누구를 상대로 과도한 역할 수행을 하게 되는지 알아보자.

Chapter 4

|

모르고 있는 것들에
상처받기가 가장 쉽다

물려받은 바운더리, 손상된 바운더리 데이터

모르고 있는 것들에 상처받기가 가장 쉽다.

레이첼의 경우가 그렇다. 레이첼은 삶이 막다른 골목에 부딪힌 것 같은 막막함 때문에 나를 찾아왔다. 그녀는 프리랜서로 일하는 그래픽 디자이너였으며 꾸준히 찾아주는 단골 고객도 안정적으로 확보되어 있었다. 그런데 종종 '내가 이보다는 좀 더 잘 살 수 있는데'라는 생각을 한다고 했다. 마음속에 품고 있는 꿈의 프로젝트들이 몇 가지 있는데 도저히 그것들에 손을 댈 시간을 낼 수 없다고 했다. 뜨겁고 강렬하게 시작된 몇 번의 짧은 사랑도 했었지만, 서로에게 열중해서 얼마를 지내다가 피할 수 없는 극적인 파경을 맞이하곤 했다. 심리 상담을 시작했을 즈음에는 한 남자와 간헐적으로 이어지는 힘든 관계를 이어가고 있었다. 그 남자는 레이첼에게 정서적 결핍감을 안겨주었는데, 관계가 호전되어 강렬한 사랑을 나누고 나면 즉흥적인 통보를 하고는 훌쩍 멀리 떠나곤 했던 것이다.

레이첼은 그가 거리를 두는 것이 자신에게도 득이 된다며 스스로를 달랬다. 완벽주의자인 레이첼은 그 남자와 사랑을 나눌 자격을 갖추려면 자기가 좀 더 성공한 사람이 되어야 한다고 생각했던 것이다. 그녀의 남자친구가 엄청난 부자였기 때문에 레이첼은 자기도 어느 정도의 부와 전문적인 경력을 쌓으면 비로소 두 사람 모두 서로에게 좀 더 집중할 수 있으리라 믿었다. 그러니까 그 남자가 레이첼 곁에 없는 동안 레이첼은 경제적 안정을 확보할 시간을 얻는 셈이었다. 레이첼은 현재 나누고 있는 정서적 교감만으로도 충분하다고 스스로를 달랬으며, 내게도 그렇게 말했다. 이런 말을 확신에 찬 어조로 말하는 레이첼을 보면서 나는 그녀가 이런 식의 자기 합리화를 오랫동안 해왔음을 알 수 있었다.

"남자친구가 갑자기 자취를 감출 때 어떤 느낌이 들던가요?" 내가 물었다.

"화가 나죠." 레이첼이 시선을 아래로 향한 채 대답했다.

"그가 돌아왔을 땐 어떻죠? 당신이 어떤 기분이었는지 말하나요?"

레이첼은 고개를 저었다. 남자친구가 떠나 있는 동안은 그저

속을 끓이며, 친구들에게 끝없이 하소연을 하고, 일주일에 여섯 번씩 핫 요가 수업에 가면서 보낸다고 했다. 그러다가 마침내 남자친구를 다시 만나면 마치 아무 일도 없었다는 듯이 행동한다고 했다. 그러더니 조심스럽게 덧붙였다. "그렇지만 더 이상 참을 수가 없어질 때면 가끔 감정을 터트리기도 하죠."

레이첼은 그럴 때도 화를 표현하기보다는 슬픔을 드러낸다고 했다. 그러면 남자친구는 레이첼의 마음을 이해해 주는 듯했지만, 그럼에도 행동은 변하지 않았다. 그와의 관계에 깊이 빠져 있기는 했지만, 레이첼은 자기가 변화해야 한다는 사실을 알고 있었다. 그러기 위해서는 레이첼의 내면으로 들어가, 그녀의 바운더리 청사진을 펼쳐놓고 점검해 보아야 했다.

바운더리의 청사진

우리는 종종 바운더리 문제로 어려움을 겪으면서도 성인이 된 자신의 생각과 행동을 지배하는 것이 바로 이 바운더리 청사진이라는 사실을 깨닫지 못하는 경우가 많다. 바운더리 청사진을 집의 건축 도면이라고 생각해 보자. 그리고 그 집을 당신이 설계하지 않았다고 가정해보자.

어린 시절의 경험에 근거한 믿음을 재점검 하는 일은 진정한 자기 삶을 이루는데 매우 중요하다. 무의식 단계에 깔려 있는 이 믿음들은 삶 전반에 걸쳐 당신의 경험에 영향을 미치는

데 대개는 부정적인 경우가 많다. 의식을 개선하고 행동을 변화시키지 않으면 우리는 어린 시절에 보고, 느꼈던 것들을 재현한다.(이에 대한 내용은 5장에서 바운더리 양식의 반복이라는 주제로 다시 다루게 될 것이다)

이러한 현상은 지극히 자연스럽다. 어린 아이들은 끊임없이 주변을 살피고, 그로부터 정보를 받아들이고, 배우기 때문이다. 부모가 사는 모습을 관찰하고 그로부터 명확한 메시지를 받는다. 그 메시지는 아이가 세상을 살아가는 원칙이 된다. 아이의 믿음과 행동의 근거가 되는 것이다. 이제 성인이 되어 돌아보면 그때 나와 당신의 부모는 최선을 다하고 있었다는 것을 알 수 있다. 또한 부모의 한계와 무지가 우리의 경험과 믿음에 어떠한 악영향을 미쳤는가도 보인다. 자녀에게 보다 나은 삶을 열어주고 싶은 마음은 간절했을 것이나, 그것을 실현할 수 있는 도구나 능력이 없었던 것이다.

당신의 부모 또한 그들의 바운더리 청사진에 부모의 영향을 받았을 것이다. 가족 대대로 내려오는 음식의 비법이나 전통처럼 바운더리 청사진도 세대를 통해 전해진다. 그리고 우리가 재고할 틈도 없이 우리 현재의 삶을 결정한다.

이렇게 청사진의 뿌리를 찾아 점검해 보는 과정에서 가장 중요한 것은 누군가 수십 년, 또는 수백 년 전에 당신의 바운더리 청사진을 이미 그려놓았다는 사실을 확실하게 인지하는 일이다. 이 점을 다시 한 번 깊이 생각해 보자. 우리 대부분은 과거에 수집된 데이터에 근거해서 바운더리를 정하고 관리한다. 그렇다. 당신의 고유한 바운더리가 그 옛날의 청사진에 근거하고 있으며, 오늘 날 당신이 경험하는 소통의 문제들 또한 그 청사진에 기인한다.

> **핵심 정리**
> 당신의 바운더리 청사진은 어린 시절의 경험과 대대로 내려오는 가족의 문화, 신념을 반영하며 무의식적으로 당신의 현재 바운더리 행동 양식을 지배한다.

【자기 돌아보기】
당신의 바운더리 청사진은 어떤가?

먼지 가득한 지하창고를 기억하는가? 바운더리에 통달하기 위해서는 청사진을 만드는데 영향을 미친 어린 시절의 경험을 찾아내야 한다. 지하창고, 즉 무의식에 묻혀 있는 자료들을 찾아서 의식의 영역으로 끌어올려야 하는 것이다. 그래야 살펴보고 잘못된 곳을 수정할 수 있다.

과거 돌아보기

- ▫ 어린 시절에 살았던 집을 떠올려 보자. 가족들이 각자 자신의 생각과 대화, 인간관계를 가질 수 있었는가?

- ▫ 당신의 생각과 감정이 가족 내의 다른 사람들과 다를 때에도 표현할 수 있었는가?

□ 갈등이 생기면 가족들은 차분하게 대화를 하면서 문제를 해결했는가, 아니면 서로 소리를 지르며 화를 냈는가? 혹은 아예 말을 하지 않았는가?

위의 질문들에 대한 답을 생각하다보면 당신은 어린 시절에 가졌던 바운더리를 떠올리게 될 것이다. 그건 바람직한 일이다. 그러나 여기서 중요한 것은 전체 그림에서 빠진 부분들을 채워 넣는 일이다. 바운더리 청사진에 관한 훈련은 바운더리 주인이 되기 위한 여정에서 가장 기본적인 과정이다. 그러니 이 장을 마치고 나면 차 한 잔을 들고 당신의 안식처로 들어가 편안한 상태에서 그 훈련을 해 보기 바란다. 좀 더 깊이 들어가는 훈련은 이 책 뒷부분에 있는 심화 학습에 나와 있다.

저항의 실체를 이해하자

내면의 지하창고에 내려가 먼지 쌓인 상자를 열어봐야 한다는 말에 레이첼은 별로 달가워하지 않았다. 부모님의 소통방식은 어떠했으며, 바운더리 문제는 어떠했는지 묻자, 레이첼은 거북한 표정을 지었다.

"글쎄요, 부모님은 둘 다 그리 잘하지 못하셨어요. 지금 그 얘기를 하려면 몇 년이 걸릴지 몰라요." 레이첼은 이렇게 말하면서 눈알을 굴렸다. 레이첼이 물려받은 바운더리를 꺼내 살펴보는 단계에 들어가기 전에, 나는 먼저 그것들이 현재에 연결된 지점을 찾아보는 것이 얼마나 유익한지 그녀에게 확인시켜 줄 필요가 있다고 생각했다. 그리고 절대로 몇 년이나 걸리지 않을 것이라는 사실도. 그러기 위해서는 현재 남자친구와의 관계에 영향을 미친 과거의 상처를 찾아낼 필요가 있었고, 그러려면 레이첼의 철옹성 같은 저항을 통과해야 했다.

이런 저항은 자기 파괴의 한 형태다. 흔히 볼 수 있는 모습이다. 나를 찾아오는 의뢰인 중에도 변화의 가능성에 환호하면서도 정작 목표에 도달하기 위해 취해야 할 행동은 하지 않으려는 경우가 있다. 자유와 행복, 충족감을 가져다 줄 행동을 왜 하지 않으려는 걸까? 이런 의문이 생길 것이다. 저항을 하면 변화를 통해 겪게 될 불편함을 피할 수 있기 때문이다. 이러한 본능적 사고는 잘못된 것도 아니고, 나쁜 것도 아니며, 본인이 못나서는 더욱 아니다. 단지 우리가 인간이기 때문이다.

미지의 세계는 두렵다. 오랫동안 굳어진 행동 양식이나 믿음, 태도를 버리고 변화하려고 할 때 우리는 바로 그런 두려움을 마주하게 된다. 그래서 스스로 원한다고 주장해왔던 바로 그 행동들을 하지 않으려는 자신을 합리화하기 위해 온갖 이유를 생각해 내는 것이다. 예를 들어 당신이 건강한 바운더리를 구축하는데 저항감을 갖고 있다면, 당신보다 더 절실히 바운더리 주인으로 탈바꿈할 필요가 있다고 여겨지는 친구에게 이 책을 빌려주고 싶어 할 수도 있다. 회피의 형태로 나타나는 상호의존성이다. 그렇다, 바로 꾀쟁이 당신! 아니면 당신과 아무 상관없는 갈등에 뛰어 들어서 해야 할 일을 미룰 이유를 만들 수도 있다. 당신의 삶을 위해 반드시 필요한 일이라는 걸 진심으로 깨닫고 있으면서도 말이다.

부차적인 소득을 찾아내자

레이첼의 저항을 뚫고 그녀가 앞으로 나갈 수 있도록 도와주려면 자신의 감정에 대해 호기심을 갖도록 독려하는 것만으로는 충분치 않을 것 같다는 생각이 들었다. 그녀가 저항을 통해 얻게 되는 부차적인 소득이 무엇인지, 즉 자기 파괴적인 저항으로부터 무엇을 얻으려는 것인지 찾아내야 할 것 같았다.

한 달 후 그녀에게 말했다. "터무니없는 질문 같겠지만 궁금해서 그러는데, 남자친구가 말도 없이 사라지는 행동에 대해 그와 터놓고 이야기하지 않는 답답한 상황에서 당신이 얻는 것은 무엇이죠?"

그러자 레이첼은 무슨 말인지 모르겠다는 듯 나를 빤히 바라보았다.

"좀 더 구체적으로 말할게요. 지금처럼 아무 것도 느끼지 않고, 직면하지 않고, 경험하지 않으면서 얻는 게 뭐죠?" 내가 다시 물었다.

레이첼은 잠시 내 질문을 생각해 보더니 대답했다. "음, 갈등 상황을 피하는 거죠. 그런 대화를 어떻게 해야 할지 모르겠고,

그런 상태로 말을 꺼냈다가 어색해지는 게 싫은 거예요."

레이첼은 자신의 취약함을 드러낸 채 무방비 상태로 그를 마주하고 싶지 않았던 것이다. 그러나 솔직한 대화를 하기 위해서는 그래야만 한다. 레이첼은 남자친구에게 왜 며칠, 또는 몇 주씩 사라졌다가 아무 일도 없었던 듯 나타나느냐고 묻고 싶었지만, 자기가 그런 대화를 할 만큼 준비가 되어 있지 않다고 생각했다. 그래서 하찮은 존재로 홀대 받는 자신의 감정을 마주하고 고통스러워하기보다 차라리 외면하는 쪽을 택했던 것이다. 나는 그녀가 마주하길 두려워하는 그 고통의 감정이 어린 시절에 경험했으나 설명되지 않은 어떤 기억을 반영하는 것임을 감지할 수 있었다.

부차적인 소득이란 건강하지 못한 행동 양식을 고수함으로써 얻게 되는 실체가 명백하지 않은 소득이다. 일차적 소득은 나의 어떤 행위로 말미암아 내게 돌아오는 유익함이 선명하게 보인다. 운동을 하면 엔도르핀이 분비되는 것처럼 말이다. 그러나 부차적인 소득은 훨씬 더 은밀하게 일어나고, 대부분 무의식적이다. 예를 들면, 사랑 없는 결혼생활을 하는 여성이 밤마다 와인 축제를 벌이는 것과 같다. 그 결과 하루 중 나머지 20시간은 비참하게 보내야 할지라도 우선은 쓰라린 절망감을 마비시키고 보는 것이다. 하지만 당신이 그러한 사실을 인지하고, 역기능적인 행동으로 부터 '얻는 것'이 무엇인지, 좀 더 구체적으로 규명해서 부차적인 소득을 통해 피하려는 감정이나 경험이 어떤 것인지 정확히 파악하기 전에는 어떠한 노력을 기울여도 앞으로 나아가지는 못할 것이다.

역기능적 관계, 또는 건강하지 못한 바운더리나 소통의 양식에서 헤어 나오지 못하는 사람들을 관찰해 보면 그 주된 이유가 이 부차 소득 때문이다. 부차 소득을 인지하기만 해도 저항을 내려놓고 바운더리 주인이 되기 위한 노력을 시작하는데 도움이 된다.

핵심 정리
힘든 상황에 봉착했을 때 자신의 감정을 외면하고, 상황을 직면하지 않고, 경험을 부정한다면, 그렇게 해서 얻어지는 것이 무엇인지 스스로에게 물어보자. 이러한 질문은 내면의 저항을 내려놓는데 도움이 된다.

레이첼의 경우도 물론 그랬다. 현재 상태에 머물러 있는 것이 어떤 의미인지, 무엇 때문인지 깨닫고 나니 마음이 후련해졌다. 그동안 그런 상황에 처해 있는 자신을 계속 비난했다고 했다. 그런 관계를 유지하는 자신이 뭔가 대단히 잘못된 사람이라고 말이다. 당연히 레이첼도 그것이 자신에게 득이 되지 않을 것 정도는 알고 있었기 때문이다. 하지만 그렇게 역기능적 방식으로 자신을 보호하려드는 행동이 상당히 보편적인 인간의 본성임을 깨닫자 스스로를 진심으로 이해하고 연민할 수 있었다. 비록 작은 성과였지만 매우 중대한 발전이었다.

고통은 변화를 추구하게 하는 가장 강력한 동기다. 그런데 부차 소득이 은밀하게 당신을 고통으로부터 보호해 준다면 어떻게 될까? 변화를 추구할 이유가 없는 것이다.

내가 그림자 중독이라고 부르는, 사회적으로 용인되는 정도의 음주, 일중독, 운동중독은 개인의 성장을 저해하지만, 종종 정서적 고통을 피하는 부차 소득을 가져다준다. 느끼고 싶지 않은 감정을 마비시켜주기 때문이다. 그림자 중독은 병적인 중독처럼 즉각적인 재난 상황을 초래하지는 않으며, 때로는 끝까지 별 일 없이 지나가는 경우도 있지만, 정서적으로 혼란을 야기해서 개인의 성장을 가로막는다. 이러한 역기능적 행동 양식은 건강한 바운더리를 구축하려는 동기가 될 수 있는 고통을 일시적으로 완화시켜주지만, 결과적으로 건강이 악화된다든가 만취 상태에서 사고를 치는 등의 산발적인 고통을 초래하여 삶을 발전시키는데 써야 할 시간과 자원, 열정을 소진시킨다. 그렇게 되면 기억의 지하 창고를 살펴볼 심리적 여유도 사라지고, 실질적인 문제로부터 자신을 따돌리기 위해 스스로 불을 지르고 진압하는 일을 반복하게 된다. 물론 무의식적으로.

> **핵심 정리**
> 그림자 중독은 감정을 마비시키고 주의를 분산시켜서 역기능적이지만 익숙한 행동 양식과 환경에 머무르려는 대응 방식이다.

레이첼은 상담을 받으면서 무의식적으로 추구했던 부차적인 소득과 폭염 주의보가 내린 날에도 요가 학원에 갈 정도로 핫요가에 중독적으로 매달리는 자신을 볼 수 있었다. 이제 뭔가 시작할 수 있는 단계에 온 것이다.

다시 지하창고로

자신을 명확하게 돌아볼 수 있게 되자 레이첼은 지하 창고의 문을 열었다. 그리고 천천히 어린 시절에 보고 경험한 것들을 나누기 시작했다. 레이첼의 아버지는 명망 있는 변호사였으며 가정의 재정을 관리했고, 부부 관계에서 좀 더 힘이 있었다. 자연히 어머니는 식료품을 사거나 자녀들이 학교에 입고 갈 옷을 살 때마다 아버지에게 사정을 해야 했다. 매일 아침 어머니는 아버지가 출근하기 전에 그날 필요한 돈을 타내기 위해 아버지와 실랑이를 벌였다. 그 모습을 지켜보면서 레이첼은 '나는 절대로 저렇게 살지 않겠어.'라는 생각을 했다고 한다. 그렇게 곪아가던 갈등이 터진 것은 레이첼의 어머니가 레이첼을 데리고 아버지의 사무실에 갔던 날이었다. 어머니는 아버지의 의뢰인들이 보는 앞에서 아버지에게 소리쳤다. "집에는 아직 카펫도 못 깔았다고요! 여긴 카펫을 깔았으면서 왜 집에는 깔지 않는 거죠?"

어머니가 주체할 수 없이 분노를 폭발시키자 아버지는 의뢰인들을 돌려보내야 했다. 그날 저녁 식사를 하기 위해 가족들이 모여 앉았을 때 아버지의 반응은 의외였다.

"여보, 폭 찹이 아주 맛있네."

낮에 있었던 엄청난 사건에 대해서는 아무도 언급하지 않았다. 카펫에 대한 언급도 물론 없었다. 레이첼이 어린 시절에 겪었던 이 하나의 사건은 부모님이 갈등에 대처하거나 문제 상황을 해결하는 데 몹시 서툴렀다는 근본적인 사실을 말해준다. 문제를 외면하고, 부정하다가 어느 시점에 폭발시키는 현상은 학대나 중독, 그 밖의 문제들을 안고 있는 가정에서 흔히 볼 수 있다. 이러한 인식의 결핍 때문에 자녀들은 그 역기능을 내면화하게 되고, 때로는 자신에게 문제가 있는지도 모른다고 생각하게 된다. 정작 문제가 있는 부모는 마치 자기들의 역기능적 행동이 정상인 듯 행동하기 때문이다.

많은 가정의 부모들이 자녀에게 건강하지 못한 대인 바운더리의 데이터를 물려주고, 자녀는 이를 습득한다. 우리 중 대부분이 그런 과정을 거치며, 나 역시도 그렇다. 그리고 성인이 되어서 자기도 모르는 사이에 그 잘못된 정보에 근거하여 삶과 관계를 이어간다.

지하 창고에 쌓여 있는 무의식적 자료들을 살펴보고 나니 레이첼은 남자 친구와 자신이 처해 있는 상황이 낯설지 않았던 이유를 이해할 수 있었다. 어린 시절에 경험했던 아픈 사건을 들춰보는 일은 고통스럽다. 그러나 자신을 부정하는 상황에 머물러 있는 것이 진실을 직면하는 것보다 훨씬 더 고통스러운 일이라는 사실을 깨달은 후, 레이첼은 집에서도, 내 상담실에서도 눈물을 흘리며 펑펑 우는 것을 주저하지 않았다.

눈물은 시야를 맑게 해 주었다. 자신도 어머니처럼 자기가 원하는 바를 충족시키지 못하고 살다가 이따금 감정을 폭발시키곤 했으며, 결국 남자 친구의 행동을 변화시키는 데는 아무런 도움도 되지 못했다는 사실을 돌아볼 수 있었다. 레이첼의 어머니가 건강한 충돌을 회피함으로써 얻을 수 있었던 부차 소득은 재정적 지원 없이 혼자서 자식들을 기르지 않아도 되는 거였다. 어머니처럼 레이첼도 두려움 때문에 너무 많은 것들을 못 본 척 흘려버리다가 감정을 억누르는 것이 너무 힘들어지면 한꺼번에 분출시키곤 했던 것이다. 레이첼도 그녀의 어머니처럼 무력감을 느꼈다. 특히 남자 친구와의 사이에 재정적 불균형 때문에 레이첼은 자기에게는 두 사람의 관계에 영향력을 행사할 힘이 없다고 생각했고, 그 때문에 남자 친구의 옳지 못한 행동을 묵과했던 것이다.

> **핵심 정리**
> 바운더리 청사진을 점검해 보고 나면 무의식적으로 나타나는 역기능 행동 양식을 뒤집을 수 있으며 타인과 자신, 그리고 세상을 대하는 보다 나은 청사진을 설계할 수 있다.

자신의 바운더리 청사진을 좀 더 깊이 이해할 수 있게 되자 레이첼은 몹시 기뻐했으며 이제 가족의 과거가 아닌 본인이 원하는 미래에 근거한 새 바운더리를 구축하고 싶다고 했다.

은밀하게 작용하는 바운더리 구성 요소

이제 바운더리 청사진에 대해 충분한 이해가 되었을 테니 일상을 살아가면서 흔히 볼 수 있는 역기능적 바운더리 행동 양식 몇 가지를 살펴보기로 하자.

당신의 마음속에는 VIP 라운지가 준비되어 있는가?

당신이 특히 양보를 많이 하고, 그를 위해서라면 자신의 일정을 서슴없이 바꾸며, 기쁘게 해 주고자 노력하는 대상은 누구인가? 그 이유는 무엇인가?

여기서 VIP 라운지는 당신이 마음과 일상의 삶 속에 마련해 놓은 가장 경건한 자리며, 당신에게 활기를 주고, 살아 갈 수 있는 자양분과 에너지를 주는 사람을 들여 놓기 위한 자리이다. 그곳에는 아무나 들어갈 수 없다! VIP 자격을 갖춘 관계는 상호 호응적이고, 서로를 존중하며, 건강한 절충과 타협이 가능하다. VIP가 되기 위해서 완벽한 사람이어야 할 필요는 없다. 그저 우리 같은 평범한 사람이면 된다. 그렇지만 당신을 지속적으로 지치게 하거나, 이용당하거나 학대받는다는 느낌이 들게 하지는 말아야 한다.

만약 당신이 주변사람 모두를 기쁘게 해 주어야 한다는 병적인 강박에 시달리고 있다면, 당신은 가족 구성원 모두가 당신의 VIP 라운지에 입장할 수 있다는 의무 규정이 새겨진 무의식의 청사진에 영향을 받고 있는 것일지 모른다. 어쩌면 가족 뿐 아니라 학창 시절의 친구들, 옛 연인, 친구인 척하는 적들까지, 아니, 심지어는 누구든 자신이 당신의 VIP 라운지에 입장할 자격을 가졌다고 생각하는 사람이면 모두. 결국 당신의 VIP 라운지에는 문지기도, 울타리도 없는 셈이며, 따라서 마음의 평화 또한 지킬 수 없다.

그중 어떤 사람은 밤낮 없이 아무 때고 당신을 찾아도 된다고 생각한다. 당신이 과기능 상호의존자라면 솔직한 심정을 말하거나 잘못된 행동을 바로잡는 일은 절대 못할 것이다. 또 어떤 친구는 힘든 일이 있을 때마다 밤이고 낮이고 전화해서 당신의 A급 위로를 받고자 할 것이다. 그러면 당신은 소화가 안 되서 고통스러우면서도 마지못해 친구의 하소연을 들어줄 것이다. 그리고 나중에 정말 당신이 소중히 대해야 할 사람에게 "정말 믿을 수가 없어. 그 애가 또 나한테 전화를 하다니 말이야! 어떻게 그럴 수가 있지? 왜 그러는 거야?"하며 투덜거린다.

　그 친구가 왜 수도 없이 당신에게 전화하는지 누가 궁금하겠는가? 다른 사람의 관심에 근거해서 당신의 일을 판단하지 말아야 한다. 어차피 사람들은 당신에 대해 터무니없는 일을 궁금해 할 수도 있고, 기대할 수도 있다. 하지만 당신이 문제 삼지 않는 한 타인의 그런 행동은 전혀 중요하지 않다. 그런 일에 신경을 쓰는 것은 방해가 될 뿐이다. 당신 자신에게 주의를 기울이는 것이 좋다. 바운더리 주인이 되려면 자신에게 유익한 일이 가장 궁금하고 중요한 것이어야 한다. 위와 같은 상황에서 중요한 질문은, "왜 나는 계속 전화를 받아주는가?"하는 것이다.

　당신의 가치 기준, 진실성, 수용 한계는 VIP 라운지를 관리하는 근거가 된다. 당신은 정직과 진실성을 중요하게 생각하는데 주변에 수상하고 법을 지키지 않는 친구가 있다면 스스로에게 질문을 해 보자. 이 친구가 내 VIP 라운지에 들어올 자격이 있을까? 대답은 아마도 '아니다'일 것이다.

　마음 밑바닥에 깔려 있는 의리, 가족에 대한 애정들로 마음이 괴로운 수도 있다. 지극히 정상적인 반응이다. 하지만 어머니나 아버지, 자매들, 그 외 누구든 당신이 신뢰하고 존중할 수 없는 사람이라면 입장을 제한시켜야 한다. 그것은 자신에 대한 의무이기도 하다. 당신의 분명한 허락 없이는 누구도 VIP 라운지의 벨벳 라인을 넘을 수 없다.

건강한 바운더리가 구축되어 있으면 당신에게 우선순위가 높은 사람과 낮은 사람을 적극적으로 구분하게 된다는 점을 이해하기 바란다. 냉정하게 들릴지 모르지만 현실적으로 그럴 수밖에 없다. 당신 주변의 모든 사람에게 우선순위를 준다는 것은 가능하지도 않고, 합당하지도 않다.

같이 있으면 특히 활력을 주는 사람이 있거나, 유난히 지치게 하는 사람이 있는가? 만날 일이 기다려지는 사람이 있는가 하면, 은근히 두려워지는 사람이 있는가? 자의적인 선택이기보다는 의무처럼 느껴지는 관계가 있는가? 이러한 질문들에 대한 대답이 상대를 당신에게, 또는 당신의 삶에 얼마만큼 다가오게 할 것이며, 당신의 소중한 에너지와 시간을 얼마나 나누어줄 것인지를 결정하는 기준이 될 수 있다.

당신이 원하지 않으면 지금 바로 중대한 결정을 내리지 않아도 괜찮다.(어쩌면 앞으로도 그럴 필요는 없을지 모른다.) 누가 당신의 VIP 라운지에 들어오는 특권을 누릴 수 있는가는 당신의 선택에 달려 있다는 점을 명확히 이해하면 된다. VIP 고객 명단은 언제든 필요하면 수정할 수 있다. 친척이든, 친구든, 요구가 많은 직장 동료든, 당신이 특별히 원하지 않는 한, 한 순간에 퇴출시킬 필요는 없다. 바운더리 주인이 되는 과정은 환경에 의해 만들어진 사고방식('내 생일파티에 사촌을 초대하지 않으면 그가 몹시 화를 낼 거야.')을 버리고 주체적이고 개선된 사고방식('생일 축하를 함께 하고 싶을 만큼 내게 중요한 사람이 누굴까?')으로 전환하는 과정이기도 하기 때문이다. 중요한 것은 당신에게 선택권이 있다는 사실이다. 그러니 사촌을 초대해서 생일파티를 망치게 하는 것이 당신에게 너무 가혹한 일이라는 생각이 들면, 초대하지 말라.

당신은 언제나 '예스'라고 대답하는가?

당신의 '좋아'는 자율 의지에 의한 선택인가? 아니면 정해져 있는 대답인가? 후자라면, 당신의 대답은 자동으로 나오는 것일 확률이 높다. 자동적으로 나오는 말은 마음이 담긴 선택이 아니라 반응일 뿐이다. 나는 이러한 반응을 '인스타-예스'라고 지칭한다. 학부모-교사 면담을 주관해달라는 요청을 받으면, 이사를 해야 하고, 어머니 병간호도 해야 해서 도저히 면담 자료 등을 준비할 시간이 없는데도 당신은 일단 '알겠다'라고 대답한다. 마치 선택의 여지가 없는 것처럼.

생각해 보지도 않고 좋다고 대답하는 것은 평생을 두고 길들여져 온 결과다. 그 방향으로 떠밀리는 것처럼 느끼거나, 다른 사람들이 당신을 이미 그런 사람으로 보고 있다고 생각할 수도 있다. 그럼에도 마음속 깊은 곳에는 거절하고 싶은 마음이 있다는 걸 안다.

인스타 예스 습관을 고치는 일은 생각보다 쉽다. 잠시 생각할 시간을 가지면서 이 습관이 자동으로 튀어나오지 않도록 제동을 걸어주면 된다.

잠시 침묵의 시간을 가지는 것이 집에 불이 나서 타들어 가는데 소방서에 전화하기를 주저하는 듯한 느낌이 들 수도 있지만, 그런 순간에도 생각할 시간은 분명히 있다.(그리고 실제 불이 난 것도 아니지 않은가) 당신은 누구에게도 즉각적인 '예스'를 빚지지 않았고, 한참 생각한 후에도 반드시 '예스'라고 대답할 의무는 없다. 잠시 시간을 두었다가 "생각해 볼게"라고만 해도 된다. 진심을 거슬러서 누군가의 말에 자동적으로 수긍하는 습관을 고치는 것만으로도 당신은 커다란 해방감을 느낄 수 있다.

이때 잠시 시간을 두는 것은 습관으로 굳어진 행동 양식에 제동을 거는 효과가 있기 때문에 당신이 진심으로 원하는 것은 무엇인지, 어떤 느낌이 드는지 생각해 볼 여유가 생긴다. 한 번 시도해 보자! 어떤 방법을 쓰든, 진심으로 원하지 않는 의무에 자신을 얽어매는 일을 멈추어야 한다. 그래야 진심으로 원하는 일에 매진할 수 있다.

침묵을 효과적으로 활용하는 훈련은 다른 방법으로도 할 수 있다. 어색한 침묵을 깨기 위해 무슨 말이든 해야 한다고 느낄 때, 그 순간을 자신의 진심을 파악할 수 있는 시간이라고 생각해 보자. 우선은 어색한 침묵을 피하기 위해 무슨 말이든 하는 것이 더 바람직하다고 생각될 수 있지만, 그 역시 자신의 내면을 좀 더 깊이 들여다 볼 수 있는 기회를 잃어버리는 것이다. 물론 바운더리 주인이 되는데 도움이 되지도 않는다. 침묵의 시간을 갖는 것도 괜찮다고 마음을 먹으면, 주변 사람과 당신 자신에 대해 놀라울 정도로 많은 것을 알게 될 것이다.

> **핵심 정리**
> 역기능적 바운더리 행동 양식에는 당신의 VIP 라운지에 들여놓을 사람을 분별력 있게 결정하지 못하는 것과, 자신의 필요와 욕구, 감정을 고려하기 전에 자동으로 다른 사람을 받아들이는 행위도 포함된다.

당신은 너무 많이 주는가?

지나치게 내주는 행위는 인스타-예스의 사악한 양어머니와 같다. 당신이 너무 많이 주는 이유는 더 이상 줄 것이 없을 때까지 내주는 것이 당신의 의무라고 생각하기 때문이다. 당신이 과기능 상호의존자라면, 무슨 얘기인지 바로 알아들을 것이다. 모든 일에 자발적으로 지원하고, 건강의 위협을 받는 중이라도 직장 동료에게 선물 바구니를 보내기 위해 무리를 하며, 당신 책임이 아닌 전문적인 일에 도움을 주겠다고 나선다. 단지 누군가 도움이 필요하다는 사실을 당신이 알았고, 당신이 구원자가 되어줄 수 있을지 모른다는 생각이 들었기 때문에 말이다.

건강하지 못한 바운더리의 함정에 빠지는 것은 과기능 상호의존자 뿐이 아니다. 여성인 우리들은 세상을 살아가는 특정 방식을 주입받았다. 훌륭한 어머니, 좋은 자매, 좋은 딸이 되고, 그외 모든 사람에게 좋은 누군가가 되려면 자기를 버려야 한다고 말이다. 그래서 우리는 내 삶에 누가 어떤 짐을 밀어 넣든 수용하며, 종종 합당하지 않은 정도까지 애써가면서 우리 자신을 너그럽고 착한 사람의 범주에 집어넣어야 한다고 생각한다. 나도 한 때는 과기능자였고, 지나치게 내주는 사람이었다가 이제 회복되는 중이므로 충분히 이해할 수 있다. 다른 사람의 필요를 나 자신의 것보다 우선적으로 배려하는 사람이 좋은 사람이라고? 절대로 그렇지 않다.

다음에 또 그래야 할 것 같은 충동이 일 때면 스스로에게 물어보자. 내가 지금 내주려는 마음의 동기가 사랑인가, 아니면 두려움이나 결핍감 때문인가? 당신은 온 힘을 다하여 두려움이나 필요 때문은 아니라고 저항할지도 모른다. 그러나 많은 경우, 소위 너그러움이라고 불리는 부드럽고 점잖은 겉모습 아래는 두려움이나 결핍감이 깔려 있다. 지각없는 사람처럼 보일까봐 두려워하는 것일 수도 있고, 착하고, 차분하며, 절제된 사람으로 보이고 싶어서일 수도 있다. 또는 꼭 필요한 사람이 됨으로써 안정감을 느끼고 싶거나.

하지만 시간이 지나면 '착한 사람'이라는 훈장은 광택을 잃게 마련이며, 당신은 결국 억울하다는 생각을 하게 될 것이다. 아니면 사람 자체를 멀리하게 될 수도 있다. 이기적인 인간들, 날 이용만 하고!(이건 좀 과장된 표현이지만, 억울해 하는 마음속에는 이와 비슷한 감정이 들어 있다.) 일반적으로 이렇게 다른 사람의 염치없음을 탓하는 마음의 진실은 자신의 바운더리 문제를 바로잡아야 하는 상황을 피하기 위해서다. 베푸는 것은 사랑이지만,

과도하게 베푸는 것은 역기능임을 잊지 말자.

과도하게 내주거나 상호의존적인 행동은 공허감을 가져온다. 힘들고 바쁜 하루를 지냈음에도 당신에게는 남은 것이 아무것도 없기 때문이다. 살아가며 부딪치는 모든 문제에 '내가 좀 더 노력하자'라는 대응책으로 일관하는 것이 건설적인 문제 해결일까? 그렇지 않다. 언제까지나 그렇게 살 수 있는 사람은 없으니까.

이 무시무시한 자기 파괴의 함정에서 빠져나오려면 마음 챙김에 주력하면서 자신을 돌봐야 한다. 뿌리 깊이 배여 있는 행동 양식을 멈추려면 남에게 베풀기 전에 자신을 먼저 돌아봐야 한다. 의무감, 책임감에 몰입하기 전에 자신의 속마음과 먼저 상의해야 한다. 당신이 사용할 수 있는 자원과 에너지를 고려하고, 상대가 당신의 VIP인지, 아닌지를 고려해서 결정해야 한다. 당신은 그럴 준비가 되어 있는가? 연습이 필요할 수는 있겠지만 당신은 할 수 있다. 그렇게 함으로써 너그러움의 척도를 재조율하자. 그래야 기분 좋게, 진심으로 베풀 수 있다.

우선 동의하고, 나중에 분개하는가?

사랑하는 사람이나 직장 동료를 위해 뭔가 해주기로 해 놓고, 돌아서 나오면서 "이런 젠장, 내가 왜 해주겠다고 했을까?"라고 후회한 적이 있는가? 그렇다면 나중에 억울한 감정이 자랄 수 있는 씨앗을 심은 것이다. 일시적인 불편함을 피하기 위해 장기적인 문제를 만든 셈이다.

전형적인 예를 들어보자. 내 의뢰인 중 한 여성의 이야기다. 미국 중서부의 농가에서 자란 그녀는 당시 맨해튼에서 부동산 사업을 하는 부자와 결혼을 앞두고 있었다. 그녀는 진심으로 남자를 사랑했지만, 남자의 가족은 그녀를 탐탁하게 여기지 않았을 뿐 아니라 그녀가 남자의 돈을 탐내서 결혼을 하는 거라고 생각했다. 그 사실을 알게 된 내 의뢰인은 자신에게 매우 불리한 조건으로 혼전 합의서에 서명했다. 이혼 시 재산 분할에 대한 합의서였다. "괜찮을 거예요." 당시 그녀는 나에게 그렇게 말했다. 하지만 괜찮지 않았다.

그 후 십년 동안 세 아이를 낳고, 수차례의 걸친 남편의 불륜에 마음고생을 한 끝에 남자의 가족이 바라던 대로 두 사람의 결혼은 파경을 맞았다. 법의 보호를 받을 수 없었던 내 의뢰인은 집도 잃고, 결혼 지참금으로 가져갔던 돈도 잃고, 결혼 생활을 통해 얻은 대부분의 친구도 잃었다. 어쩌다 그렇게 되었을까? 그녀가 남자의 가족을 기쁘게 해주기 위해 혼전 계약서에 서명을 했기 때문이다. 자기 이익은 뒷전으로 하고 말이다. 남자의 가족들도 결국은 자신의 선한 마음을 알아보고 사랑으로 받아들이게 될 것이라는 순진한 희망을 가졌었지만, 그런 일은 일어나지 않았다.

나중에 후회할 일을 순간적으로 수락할 때는 나중에 후회하고 분개할 것임을 미처 깨닫지 못한 상태에서(또는 반쯤 깨달은 상태에서) 뭔가에 떠밀려서인 경우가 많다. 이런 경우 대부분은 이기적인 사람으로 보일 것이 두려워서다. 자신의 손해를 감수하면 상대가 나를 좀 더 좋아해 주거나, 내가 좀 더 나은 사람으로 보일 거라 생각하는 것이다.

내 의뢰인은 탐욕스럽게 보이고 싶지 않아서 이혼합의서에 서명했다. 이렇게 구시대적이고, 남의 인정에 목말라하는, 자기파괴적 행동은 심각하게 재고해 봐야 한다. 자기를 돌볼 줄 알고, 자신의 생각과 감정을 우선적으로 고려하고, 불공정한 거래를 알아볼 줄 아는 여성이 진정한 바운더리 주인이다. 멋지지 않은가.

당신은 남의 도움을 거절하는가?

"괜찮아, 내가 할 수 있어." 이 말이 낯설지 않다면 당신은 도움을 거절하는데 익숙한 사람일 수 있다. 설령 누군가 흔쾌히, 진심으로 도움을 주고자 할 때도 말이다. 대부분의 과기능 상호의존자 여성은 도움이 절실하게 필요한 상황에서도 정말 어쩔 수 없는, 최악의 경우가 아니면 도움을 청하지 않는다. 거의 모든 상황에서 "아니, 괜찮아."라는 대답이 자동으로 나온다면, 스스로 한 번 점검해 볼 필요가 있다.

그런 습관에 대해서는 나도 잘 안다. 지금은 남편인 빅과 연애를 시작했을 때 나도 모든 것을 혼자 해결하는 버릇이 있었다. 빅은 처음부터 여러 가지 친절을 베풀고 싶어 했다. 예를 들어 함께 오페라를 보러 가기로 한 날 비가 오면, 빅은 내가 입장권을 받기 위해 줄을 서서 기다리지 않도록 혼자 먼저 가서 예매한 입장권을 찾은 다음에 우리 집으로 나를 데리러 왔다. 그러나 나는 그가 나를 위해 뭔가를 해주겠다고 할 때마다 "아, 그러지 않아도 돼요."라며 거절했다. 그러면서 왜 그때마다 빅이 그렇게 실망스러운 표정을 짓는지 이해하지 못했다. 어느 날 어머니가 눈치를 채고 내게 물었다. "넌 빅이 너에게 뭔가를 해주고 나서 얻을 수 있는 기쁨을 왜 항상 빼앗는 거냐? 의무감에서 하겠다는 게 아니라, 하고 싶어서 해주겠다는 거잖아."

아, 나는 한 번도 그런 방향으로 생각해 본 적이 없었다.

어머니가 말했다. "그가 제안하는 것들을 예쁘게 포장된 선물이라고 생각해 보렴. 네가 거절할 때마다 너는 선물을 그의 면전에서 거절하는 거야. 나를 보고 배우면 되잖니. 도움을 청하지도 받지도 않고 혼자 하려다 보면 결국 빅도 더 이상 물어보지 않게 될 것이고, 너도 나처럼 모든 것을 혼자 감당하게 될 거다."

'이런 세상에, 그걸 생각지 못하다니.'

어머니의 진정 어린 말이 내 가슴을 아프게 때리는 것 같았다. 그때부터 빅의 호의를 받아들이기 시작했고, 도움은 물론 그 밖의 제안들도 받아들였다.(엄마, 고마워요.)

바운더리 주인이 되고자 한다면, 왜 당신이 자동적으로 호의를 거절하거나 도움을 청하지 않는지 주의 깊게 생각해 볼 필요가 있다. 스스로에게 물어보자. 왜 '네, 도와주세요.'라고 말하지 않는 거지? 내게 필요한 것을 왜 요구하지 않는 거지? 뭘 두려워하는 거야?

도움을 거절하는 것은 간접적으로 통제권을 유지하기 위해서인 경우가 많다. 상대에게 부담이 되거나, 빚을 지거나, 약점을 드러낼 위험을 피하려는 것이다. 이는 크고 작은 일에서 모두 나타날 수 있다. 스스로 모든 것을 할 수 있다는 생각에 너무 몰두한 나머지 택시 기사가 무거운 가방을 트렁크에 넣어주겠다고 해도 거절한다. 아니면 가족 중에 누가 심하게 아프고, 직장에서 골치 아픈 일로 힘들어도 모든 것을 혼자 감당하느라 애를 쓰고 있을 수도 있다. 하지만 이런 점을 생각해 보자. 건강한 나약함(또는 자율적인 나약함이라고도 하는데, 이에 대해서는 6장에서 다루게 될 것이다)은 진정한 친밀감을 형성하는 기반이 된다. 그러니 크든, 작든, 누군가 당신을 도와줌으로써 당신의 삶에 자신의 가치를 심고자 할 때 이를 거부하고 있지는 않은지 살펴보자. 당신은 다른 사람의 친밀감과 도움을 받을 자격이 있다.

당신은 긍정성 과잉인가?

친구에게 속마음을 털어놓았는데 친구가 당신의 마음과는 상관없이 "그랬구나. 다 그럴만한 이유가 있었을 거야."라고 응수해서 답답했던 적이 있는가? 이런 게 긍정성 과잉이다. 충격적이거나 몹시 불쾌한 이야기에 위의 친구처럼 억지로 설명을 붙이려고 하거나, "다 지나갈 거야."라는 값싼 위로를 하려는 것 말이다. 도움은 안 됐지만 아무튼 고맙다, 친구야.

오해는 하지 말기 바란다. 삶을 긍정적으로 바라보는 건 활기를 북돋아준다. 그건 가장 강력한 무기가 될 수 있으며, 나도 행복한 삶을 위해 긍정적인 마음을 가지려 노력한다. 그러나 다른 사람이 자신의 고민을 털어놓았을 때 '해결책'으로 긍정성을 사용한다면, 그건 당신이 할 일이 아니며, 상대의 말을 진심으로 들어주지 못하는 것이다.

과잉 긍정은 부정이나 거절, 현실 도피의 한 형태다. 불편한 감정을 마주하고 싶지 않을 때 사용하는 방법이다. 이혼이나 중병, 그 밖의 위기를 경험한 사람은 그들의 상황에 대한 다른 사람들의 반응에서 과잉 긍정을 경험했을 수 있다. 내가 처음 암 진단을 받았을 때, 한 친구가 "이건 어쩌면 너의 어두운 면을 살펴볼 수 있는 좋은 기회가 될 수도 있어."라고 말했던 적이 있었다. 건강의 위기를 맞은 나에게 딱히 도움이 되는 말은 아니었다. 아무튼 청하지도 않았는데 그런 위로나마 해 준 친구에게 감사한다. 그때 나는 어두운 면을 돌아볼 기회라는 친구의 말에 불쾌해졌다기보다는 자기가 대화를 통제하는 듯한 기분을 느끼기 위해 굳이 내 이야기를 가로챘던 그 친구의 집요함에 좀 언짢았던 것 같다.

과잉 긍정이 도를 넘으면 그것을 받아야 하는 상대는 불쾌할 수도 있다. 과잉 긍정을 하는 사람은 고통이나 불편함을 감당할 수 없어서 왜곡되고, 도피적인 자기 보호기재에 매달리는 것이다. 여기에 당신도 포함될 수 있다.

간단하고 품위 있게 바운더리를 구축하고 진실한 자신의 마음을 표현함으로써 스스로를 존중할 수 있게 되면 과잉 긍정으로 보호막을 칠 필요가 점점 적어진다. 당신이 긍정 과잉이라고 생각된다면, 잠시 시간을 갖고 지켜보자. 스스로 그런 행동을 자각할 수 있다면 진심이 담긴 균형 잡힌 긍정성을 표현할 수 있다. 이렇게 균형 잡힌 긍정성이야말로 진짜다.

자신에게 하는 거짓말 분석하기

자신에게 하는 변명이나 노골적인 거짓말은 자신의 행동, 또는 다른 사람의 행동을 합리화하고, 바운더리를 세워야 하는 상황을 회피하는 방편이다. 이는 또한 불편한 대화를 피하거나 잘못된 것을 지적하지 못하는 자신을 정당화하는 방편이기도 하다.

물론 의식적으로 거짓말을 하려는 것은 아니다. 하지만 사실에 근거하지 않은 변명이나 합리화는 진실을 말하고, 인정받는 데 커다란 장애가 될 수 있다. 집안일을 도와달고 가족들에게 청하는 것보다는 '그냥 혼자 하는 게 더 편해'라고 생각할 수도 있다. 그렇게 함으로써 갈등 상황을 피할 수는 있겠지만 마음속에 억울함이 남는다.

다른 사람의 좋지 못한 행동을 대신 변명해 준 적이 있는가? "그 남자가 지금 회사에서 스트레스를 많이 받아서 어젯밤에 나에게 소리를 지른 걸 거야."라든가, "그녀가 내 마음을 아프게 하는 말을 한 것은 진심이 아니었을 거야. 지금 여러 가지로 힘들어서 그래."라든가.

이런 행동 역시 보복을 두려워하는 마음에서 비롯되었을 수 있다. 자신의 경험을 무효화시키는 경우도 있다. "내가 대수롭지 않은 일을 너무 부풀리고 있는 건지 몰라." 또는 부정적인 시각으로 비춰질 것이 두려워 사실을 말하지 못할 수도 있다. "내가 인사과에 가서 말하면, '드라마 퀸'이나 '문제아'라는 별명이 붙을지도 몰라." 이렇게 자기를 저버리는 행위는 의식적으로 문제에 맞서는 태도가 아니다. 자신에게 거짓말을 하는 것은 내 삶과 경험에 대한 주체적인 입장을 내세우기보다는 갈등과 충돌을 최소화하려는 마음 때문이다.

> **핵심 정리**
> 합리화와 변명은 진실을 말하고 건강한 바운더리를 구축하는 능력을 저해한다.

【자기 돌아보기】
당신은 나쁜 행동을 변명해 주는가?

잠시 시간을 가지고 다음의 질문을 읽어보자. 당신이 언제 다른 사람들의 잘못된 행동을 변명해 주는지 알아내는데 도움이 될 것이다.

☐ 당신은 다른 사람의 용납할 수 없는 행동을 지나치게 이해해주는 편인가? 특히 상대가 힘든 시간을 보내고 있거나, 불우한 어린 시절을 보냈다는 걸 알고 있을 때?(과도한 감성을 가지고 있거나 과민성인 사람들이 여기도 있으니 속 시원히 말해보자.)

□ 당신은 충돌을 피하기 위해 옳지 못한 행동에 대한 변명을 해주는가?

□ 당신에게 무례한 행동이나 말을 한 사람들의 말도 안 되는 변명을 받아들여 그들이(그리고 당신이) 문제 상황에서 벗어날 수 있게 하는가? 결과적으로 그들은 자신의 행동에 대해 책임질 필요가 없고, 당신은 자신의 입장을 주장하지 않아도 되는 영원한 정서적 역기능 상태를 유지할 수 있다.

위의 질문 중 어느 하나에든 체크를 했다면, 이제 그러한 행동을 고쳐야 할 때다. 지금까지 당신이 하지 못했던 것에 연연하지 말고, 잠시 시간을 갖고 변화하려는 열망을 자축하자. 루이스 헤이(Louise Hay)의 말처럼, "힘의 중심은 언제나 현재 이 순간에 있다."

연결점 찾아내기

이 장에서는 여러 가지 중요한 내용을 다뤘다. 당신의 바운더리 청사진이 현재의 바운더리 문제에 어떻게 연결되어 있는지 알아보는 과정은 부담스러웠을 수도 있다. 그건 지극히 정상적인 반응이다. 가슴 속 깊이 숨을 들이 쉰 다음 후련하게 내쉬어 보자. 당신은 혼자가 아니다.

나는 의뢰인들이 마침내 자신을 위해 합당하고 건강한 통제권을 행사할 수 있는 바운더리 청사진을 설계할 수 있게 되었을 때 깊은 평안을 경험하고, 표현하는 것을 수도 없이 보아왔다. 우리 안에 굳어진 습관적인 행동 양식을 보다 의식적인 선택으로 변화시킬 수 있다는 사실이 그만큼 큰 위안을 주기 때문이다.

레이첼이 자신의 바운더리 청사진을 펼치고 진지하게 점검하면서 과거의 바운더리 체계가 현재의 삶에서 재현된다는 사실, 특히 자신의 대인관계에 영향을 미치고 있다는 사실을 확인하기 시작했을 때도 바로 그런 느낌이었다. 때로는 가족들로부터 물려받은 바운더리 역기능이 너무 엄청나서 머리가 아득해지는 느낌도 들었다. 그러나 이제부터 개선해야 하는 것이 바로 자신의 삶이라는 사실을 명확하게 인지하고 있었으며 이해하고 변화하기로 결심했다. 그 과정은 할 일 목록을 따라서 하기만 하면 어느 날 모든 것이 이해되는 그런 일이 아니었다. 대부분의 의뢰인들이 거쳐 갔듯이 레이첼도, 익숙하고 좋아하지만 더 이상 몸에 맞지 않는 옷을 한 겹씩 벗어 버리는 과정을 거쳐야 했다. 마침내 습관적으로 자신에게 해오던 가장 큰 거짓말을 더 이상 하지 않기로 마음먹었을 때 해방의 순간이 찾아왔다. 충족되고 상호 균등한 관계를 이루기 위해서는(또는 그럴 자격을 갖추려면) 정해진 수준의 경제적 안정을 얻어야 한다는 거짓말, 그리고 남자 친구의 무례한 행동이 그녀에게 도움이 되었다는 거짓말. 무의식의 수준에서는 그의 옳지 못한 행동이 도움이 되었을지 모른다.(그게 바로 부수적 소득이니까!) 하지만 좀 더 진솔하고 자율적인 의식의 수준에서 생각해 보면 도움이 되었다고 할 수는 없다.

레이첼은 용기를 내서 자신의 진심을 규명했으며, 내키지 않아도 무조건 수용했던 건강하지 못한 행동 양식에서 벗어났다. 이렇게 하는 것은 매우 중요하다. 당신도 그렇게 할 수만 있다면 다른 사람의 하찮은 본능적 요구와 행동에 무조건적으로 동조하지 않을 수 있다.

레이첼은 남자친구와의 관계를 정리하고 그에 따르는 아픔을 감수했다. 그 아픔은 자신을 해방시키기 위한 과정이었다. 그때부터 시간이 걸리긴 했지만 그때그때 진심을 말하는 연습을 하고, 대인관계에서 효과적인 바운더리를 설정하는 기술을 익혔다. 그 후 광고 제작감독과 사랑에 빠졌고, 처음으로 그녀 본래의 모습 그대로 인정받고 사랑받는 느낌을 경험했다. 내면의 심리 상태를 파헤친다는 것은 두렵고 벅찬 일처럼 느껴질 수 있다. 그러나 그로써 얻는 자기 해방의 희열도 그만큼 벅차고 강렬하다.

이 장에서 다룬 내용들을 다시 한 번 살펴보면 다른 사람의 행동에 연연하지 않고 당신 자신에게 집중할 수 있는 시간과 에너지를 얻는데 도움이 될 것이다. 역기능적 행동 양식에 매달리다 보면 삶의 활력을 잃게 된다. 그것만으로도 당신의 행동을 결정짓는 무의식적 믿음을 파헤쳐볼 이유는 충분하다. 자연 속을 거닐면서, 또는 좋아하는 차 한 잔을 마시면서 에너지를 충전하자. 이제 준비가 되었는가. 그렇다면 반복되는 바운더리 행동 양식에 대해 배워보기로 하자!

바운더리 주인 실전 과제

1. 기본 과제

바운더리를 방해하는 무의식적 요인들은 당신의 일상에 수시로 작용한다. 그러니 주의를 기울이자. 당신은 인스타-예스에 길들여져 있는가? 과도하게 내주는 편인가? 도움을 거절하는가? 옳지 못한 행동에 대해 변명을 해주는가? 자신의 이러한 행동 양식에 주의를 기울이다 보면 대인관계에서 가지고 있는 바운더리 장애 요인을 발견할 수 있을 것이다.

2. 심화 과제

바운더리 청사진, 전체 그림 보기: 바운더리 청사진의 전체 그림을 파악하려면 시간이 걸린다. 그러나 이 과정은 바운더리 주인이 되기 위한 과정의 초석이 된다. 그러니 건너뛰지 말자! 자기사랑의 날을 정해서 당신만의 명상 공간에 들어가자. 그리고 책의 뒷부분에 있는 심화 과제를 참고해서 이 중요한 작업을 실천해 보자.

Chapter 5

|

왜 동일한 문제가 계속 반복될까?

현재의 상황과 과거 사이의 연계성을 찾는 3가지 질문

씩씩하고 쾌활한 애슐리는 외상 전문 간호사다. 그런 애슐리가 처음 나를 찾아왔을 때는 밤에 잘 때 식은땀을 흘리는 증상과 불면증으로 고생하고 있었다. 게다가 갱년기여서 그런지 '모든 사람이 증오스럽다'고 했다. 애슐리는 스트레스를 줄이고 잠을 좀 충분히 잘 수 있는 방법을 알려달라고 했다. 한두 번 상담을 한 후, 그녀는 이제 더 이상 연애를 하지 않겠다고 했다. 자기는 '상대를 고르는 감각'이 고장 난 것 같다고 하면서 평생 역기능적이고 가학적인 관계에 시달려 이제는 연애라면 넌덜머리가 난다고 했다. 그리고 이어서 아버지는 애슐리가 생후 두 달

되었을 때 어머니와 자기, 오빠를 남겨두고 떠났다고 했다. 정확하게 말하자면 담배를 사오겠다며 나갔다가 그 길로 돌아오지 않았다고 했다.

그녀 어머니의 말에 따르면 아버지는 다른 주에서 '아주 좋은 직장'을 잡았다는 소식과 함께 가족이 살만한 곳을 얻게 되면 데려가겠다고 약속했다고 한다. 하지만 그 후로 아무 소식도 없었던 것이다. 나는 애슐리의 이야기를 들으면서 직감적으로 이 충격적인 일과 그녀의 현재 스트레스 상태, 그리고 바운더리의 장애를 나타내는 대인관계가 연관성을 가지고 있음을 알 수 있었다.

상담을 시작하고 두 달 정도 되었을 때였다. 애슐리의 바운더리 청사진에 대해 이야기를 나누던 중에 그녀는 아무렇지도 않게 자기 아버지가 가족을 떠난 이유가 자기 때문이라고 말하는 것이었다. 논란의 여지가 없는 진실을 말하듯 단호한 어조였다. '하늘은 파랗고, 내가 태어나는 바람에 가족이 파탄 난 거에요.' 라는 식으로.

"왜 그렇게 생각하죠?" 내가 물었다.

애슐리는 어깨를 한 번 들썩해 보이더니 말했다.

"음, 엄마가 그렇게 말했거든요."

이런 말은 단 한 번을 했더라도 마음에 상처를 남길 수 있다. 그런데 애슐리의 어머니는 애슐리가 살아오는 동안 반복적으로 그렇게 말했던 것이다. 애슐리가 가정 파탄의 원흉이었다는 원망을 섞어서 기회가 있을 때마다 되뇌었다고 했다. 그때마다 애슐리의 오빠도 어머니의 말에 동조하면서 힘을 보탰다. 애슐리가 태어나면서 아버지가 가족을 떠났다는 확인되지 않은 거짓 진실은 그녀의 집안에 내려오는 전설이 되어버렸다. 어른의 행동에 대한 책임이 어떻게 아기에게 있을 수 있느냐고 묻자 애슐리는 당혹스러운 표정을 지었다. "어머, 한 번도 그렇게 생각해 본 적은 없어요."

이 무조건적인 확신이 애슐리의 삶을 제약하고 있었다.

삶을 제약하는 믿음

애슐리의 경우처럼 삶을 제약하는 생각은 어린 시절에 심어진다. 하지만 성인이 된 우리는 어린 시절에 그런 씨앗이 심어졌다는 사실을 의식하지 못할 뿐 아니라 그것이 우리의 행동과 정체성에 영향을 미친다는 사실도 알지 못한다. 내 경우에는 그러한 생각이 무의식적으로 내 정체성의 일부로 자리를 잡으면서 깊고 친밀한 관계를 가질 수 없게 되었다. 삶을 제약하는 생각들은 자신을 정확하게 이해하는데 방해가 되며, 당신의 참모습을 다른 사람에게 보이고 인정받을 수 없게 한다. 우리 모두는 자신의 참모습 그대로 인정받을 가치가 있다.

앞 장에서는 나도 모르는 사이에 가족과 문화를 통해 물려받은 요인이 나를 화나게 하고, 혼란스럽게 하며, 만족스럽지 못한 인간관계, 상황, 바운더리를 갖게 한다는 내용에 대해 이야기했다. 이제 본격적으로 마음의 준비를 하자. 이번에는 지하 창고에서 좀 더 세세한 조각들을 살펴보아야 한다. 어린 시절에 겪었던 어떤 구체적인 경험이 바운더리 청사진에 어떤 특정한 생각을 집어넣어, 성인이 된 우리의 삶에 무의식적으로 고통스러운 경험을 반복하게 하는지 밝혀내기 위해서다.

우리가 시작하려는 심리적 해독 과정에는 용기와 호기심, 그리고 당신만의 안식처에서 보낼 수 있는 시간과 열린 마음이 필요하다. 그리고 약간의 경각심도. 내가 늘 말하듯이 어쩌다 한 번 헬스클럽에 다녀오고 당신이 꿈꾸는 건강한 몸을 기대할 수는 없다.(그리고 싶기는 하겠지만) 마찬가지로 지난날의 경험과 기억들이 가득한 지하 창고를 정리하려면 오랫동안 억눌려 있거나 재고되지 않고 밀쳐두었던 것들을 살펴볼 수 있는 지속적인 의지와 시간이 필요하다.

과도한 성취주의자인 애슐리는 기꺼이 직장 일에 몰입했다. 자기 하나 때문에 가족과 어머니의 인생이 파탄났다는 거짓 진실이 애슐리의 삶을 지배했다. 합당한 정도를 넘어서는 과도한 업무를 처리하고, 건강하지 못하고, 자신에게 독이 되는 애정관계에 끌리며, 고도로 예민한 상태에서 살아가는 등의 생활 습관이 스스로 존재할 가치가 없는 인생이라는 자기비하적인 생각과 일치했던 것이다. 의심의 여지없이 사실이라고 믿었던 믿음에 의문을 던지는 것 자체가 애슐리에게는 대단한 도전이었다. 애슐리는 스스로를 구속하는 삶의 방식들을 하나씩 자각하기 시작했다. 스스로를 해방시키기 위해서는 먼저 삶을 제약하는 그 생각이 어떻게 자신의 행동과 선택, 정체성을 규정지었는지 알아내야 했다.

삶을 제약하는 생각이나 어린 시절의 경험이 부모나 선생님, 보호자, 또는 사회가 우리를 대하는 태도에 의해서만 형성되는 것은 아니다. 어린 아이는 종종 힘든 상황을 이해하고 받아들이기 위해 스스로 인과 관계를 지어내기도 한다.

예를 하나 들어 보자. 수 년 동안 나도 모르게 마음에 품고 있던 생각이 있었다. 나는 아버지가 아들이 태어나기를 기다리면서 마지막 걸었던 희망이었으며, 그래서 내가 태어났을 때 아버지가 실망을 했을 것이라고 확신했던 것이다. 그러한 사실을 자각하게 되니 내가 성인이 되어서 가졌던 야망도 자율적인 선택이었다기보다는 내 존재 가치를 증명하고 싶은 충동에서 비롯되었다는 사실을 깨달을 수 있었다. 아버지는 이미 돌아가셨기 때문에 어머니에게 물어보았다. 어머니의 생각을 들어 보고 싶었기 때문이다. 어머니의 말에 따르면 아버지는 실망하지 않았고, 사실은 아들을 기다리지도 않았다고 했다. 나는 그 말을 듣고 몹시 기뻤다. 어린 시절의 나는 아버지의 감정을 내 나름대로 해석하고 그것을 진실이라고 믿음으로써 내가 실제 경험하는 것들에 대한 정서적 충격을 완화시키려 했던 것이다. 아버지가 단지 나에게 관심이 없다는 사실을 인정하는 것보다는 내가 딸이라서 그렇다고 생각하는 것이 훨씬 덜 고통스러웠으니까. 많은 어린이들이 나처럼 불쾌하거나 충격적인 경험을 조금 더 수월하게 이해하고 넘어가기 위해 자기들의 이야기를 스스로 지어내서 믿는다.

삶을 제약하는 생각이 스스로 만들어진 것이든, 환경을 통해 물려받은 것이든, 이를 자각하지 못한 채 오랜 시간이 지나면 우리는 이 생각이 진실이라고 믿게 된다. 이러한 거짓 진실은 현실적 유효기간이 훨씬 지난 뒤에도 우리를 해칠 수 있다. 자존감이나 자신의 존재 가치, 삶의 질, 그리고 대인관계에 부정적 영향을 미치기 때문이다. 애슐리의 경우가 그랬고, 내 경우도 그랬다. 그리고 당신에게도 해당될 수 있다.

【자기 돌아보기】
당신의 삶을 제약하는 생각은 무엇인가?

당신의 삶을 제약하는 생각들을 살펴보자. 잠시 시간을 갖고 당신이 과거에 경험했던 '괴로운 경험'을 떠올려 보자. 대인관계에서 건강한 바운더리를 구축하고 관리하지 못하게 하는 그 괴로운 경험은 당신의 가치, 능력, 또는 잠재성 중 어느 영역에 연결되어 있는가?

아래의 믿음들 중, 지난 이십 년 동안 당신이 가지고 있었던 생각이 있으면 체크한다.

- □ 나는 숫자에 약하다.

- □ 나는 너무 예민하다.

- □ 나는 언제나 상대를 잘못 고른다.(우리 엄마가 그랬듯이)

- □ 나는 연애 운이 없다.

- □ 내가 잘못된 선택을 했으니 그 대가를 감수해야 한다.

- □ 나 스스로를 믿을 수 없다.

- □ 나는 너무 망가져서 개선될 수 없다.

- □ 나는 주변 사람들이 모두 행복하게 살도록 할 의무가 있다. 산다는 게 그런 거니까.

위의 항목 중 당신에게 해당되는 사항이 있는가? 그렇지 않다면 잠시 시간을 갖고 당신의 삶을 제약하는 생각을 떠올려 보자. 그리고 종이에 적어보자.

당신의 잠재성을 십분 발휘하며 살 수 없게 하는 생각을 찾아냈다면, 왜 그런 생각을 갖게 되었는지 자문해 보고, 그 생각을 털어버리겠다고 결심한다. 그런 다음 당신 자신과 삶에 대해 어떻게 생각하는 것이 옳을지에 주의를 집중시킨다. 또한 자신의 강점과 잘한 일들을 당당하게 말하고, 칭찬을 편안하게, 감사하는 마음으로 받아들이는 습관을 기른다.

당신의 삶을 제약하는 생각이 무엇인지 생각할 때, 그 상황에서 '진실'은 무엇이었는지도 생각해 보자. 사람 사이의 상호작용과 감정에 관한 한, 진실은 어느 한쪽에만 있는 것이 아니기 때문이다. 돈 미구엘 루이즈(Don Miguel Ruiz)가 그의 유명한 저서 ≪4가지 계약(The Four Agreements)≫에서 말했듯이, "모든 것을 자기와 연관 지어 생각하지 말자." 루이즈는 우리가 지나치게 주관적인 현실에 몰입한 채 살아간다고 했다. 그 때문에 다른 사람이 하는 말들이 그의 문제가 아니라 내 문제가 되는 것이라고.

어린이는 이렇게 복잡한 통찰을 할 수 없기 때문에 거짓된 진실을 믿게 되며, 누군가 중재해 주지 않으면 그 믿음은 어린이의 내면에 뿌리를 내리고 자라기 시작한다. 심리학자 칼 로저스(Carl Rogers)에 따르면, 어린이는 보호자나 부모, 또는 선생님으로부터 가치 있는 존재가 되기 위한 조건, 즉 행동 기준을 배운다고 한다. 어린이는 사랑을 받고, 비난을 피하기 위해 그 행동 기준을 따른다. 그러니 당신이 어렸을 때 부모님이 "너는 소중한 사람이야."라고 말했다면 당신은 그대로 믿었을 것이다. 만약 부모님이 "너는 아무짝에도 쓸모없는 사람이야."라고 말했더라도 그대로 믿었을 것이다.

성장 단계에 있는 어린이는 자신의 생존을 책임지고 있는 어른들의 불공정한 대우나 의심스러운 말들을 거부하지 못한다. 따라서 어떤 말이든 들을 수밖에 없는 인질과도 같은 신세다. 일곱 살짜리가 방을 얻기 위해 월세 방 임대 광고를 뒤질 수는 없으니 말이다. 부모나 보호자가 완전한 통제권을 가지고 있다. 그러한 부모가 만약 자신들도 알지 못하는 역기능적 기억을 안고 있었다면, 그들의 자녀인 우리에게 암묵적으로, 또는 명시적으로 악영향을 미칠 수 있는 메시지를 보냈을 수 있다.

애슐리의 어머니는 젊은 나이에 두 아이를 데리고 혼자 남아서 극도로 스트레스를 받았을 것이다. 자기 삶이 한 순간에 엉망이 되어버린 것에 대해 누군가 탓을 할 사람이 필요했다. 그 상황에서 아기 때부터 엄마의 고통과 분노, 수치심, 실망을 풀어낼 대상이었던 애슐리가 또 다시 엄마의 분풀이 대상이 되었던 것이다. 애슐리가 어렸을 때는 보호자인 어머니가 자기에게 퍼붓는 말들에 의구심을 품지조차 못했다. 모든 어린이가 그렇듯, 기본적인 생존을 어머니의 손에 맡기고 있었으니까.

어린 시절에 믿었던 '진실'의 주관적 본질을 파헤쳐보고, 이해하는 것은 매우 중요하다. 왜냐하면 자신에 대한 더 나은, 더 소중한 이야기나 믿음을 가질 수 있는 가능성이 이러한 이해를 통해 열리기 때문이다.

우리는 희생양이었던 애슐리의 마음을 계속해서 들여다보고 분석했다. 전체를 위해 한 명을 강제로 지목하는 일에 대해서. 그러자 무의식 속에 덮어 두었던 분노와 슬픔, 상실감이 의식의 수면 위로 올라오기 시작했다. 우리는 함께, 자기가 원해서 태어난 것도 아닌 아기가 가족의 해체에 대한 책임을 질 수는 없다는 결론에 도달했다. 그리고 애슐리의 삶을 제약하는 자기 확신을 무너뜨리고, 행복할 수 없었던 어린 시절을 애도하면서 그녀가 어린 시절에 경험했던 아픈 기억을 인정하고, 그것을 치유하는데 집중했다.

당신의 주관적인 진실이었을 뿐이다.

자신의 존재가 아버지로 하여금 가족을 영원히 떠나게 할 만큼 불운했다는 무의식적인 믿음 때문에 애슐리는 자기가 쓸모없는 사람이라는 생각을 하게 됐으며 죄책감과 수치심을 느꼈다. 그러한 감정들은 애슐리 개인의 삶은 물론 직장 생활도 불행하고 파괴적인 상황으로 몰고 갔다. 애슐리가 선택한 구급의학이라는 분야는 하루에도 몇 번씩 혼란과 극도의 긴장을 경험해야 하는 일이었다. 맨해튼에서도 가장 바쁜 1급 외상센터에서 정해진 근무 시간의 2배 가까이 일을 했다. 애슐리가 마주하는 스트레스 상황은 보통의 수준을 훨씬 넘었다. 12시간 근무를 일주일에 세 번 하는 것이 기본이었으며 필요에 따라 시간 외 근무를 할 수 있었다. 그런데 애슐리는 하루 12시간 근무를 보통 일주일에 5, 6일씩 했다. 물론 우연히 그렇게 된 것은 아니다.

생사를 넘나드는 상황에 몰입하는 동안은 자기를 돌아보지 않아도 되었기 때문이다. 자기를 외면하려는 성향도 한 몫을 했다. 그만큼 애슐리는 자신의 정신적, 신체적 건강을 중요하게 생각하지 않았다. 총상과 교통사고, 끔찍한 뇌상 환자들이 애슐리가 자기를 돌아볼 틈을 주지 않았다. 애슐리의 직업은 그녀가 바랄 수 있는 최적의 일이었다. 그녀가 자기도 모르는 새에 저질렀다고 생각하는 범죄에 대한 대가를 치르는 것처럼 느껴졌기 때문이다.

그 범죄에 대한 죄책감과 수치심은 애슐리의 모든 판단과 대인관계에 영향을 미쳤다. 그래서 자기도 모르는 사이에 다가가게 된 상대의 가학적 행위에 동조했던 것이다. 자기는 그런 대우를 받아 마땅하다는 생각이 마음 깊이 자리 잡고 있었다. 거기다 갱년기의 증상까지 더해졌다. 불면증이 찾아왔다면, 그건 더 이상 버틸 수 없는 상태에 다다랐기 때문일 것이다. 그래서 나를 찾아 왔던 것이고. 애슐리는 그제야 자기가 아무리 자아비판을 하고, 과도한 성취를 향해 달려도 어머니가 과거의 일을 바라보는 관점이나 딸을 바라보는 관점을 바꿀 수 없다는 사실을 깨닫기 시작했다.

핵심 정리
어린 시절의 진실이란 것이 지극히 주관적이었다는 사실을 규명하고 이해하면 자신에 대해 좀 더 건강하고 포괄적인 이해와 믿음을 가질 수 있다.

바운더리 행동 양식의 반복
우리는 애슐리의 믿음이 그녀의 자존감을 크게 손상시키기도 했지만, 그보다 더 심각한 손상을 입은 부분은 바운더리와 관련해서라는 결론에 도달했다. 애정관계에 있어서도 그랬지만, 자기 환자에 대한 과도한 열정 역시 바운더리 행동 양식의 반복이었던 것이다. 어린 시절과 같은 상황, 즉 자기를 버린 아버지, 자기를 학대한 어머니에 둘러싸인 상황을 자기도 모르게 현새의 삶에서 재현하고 있었다. 성인이 된 후에도 무의식적으로 어린 시절의 경험을 되살려 줄 수 있는 관계와 생활방식을 추구하고 있었던 것이다. 의식적으로는 그런 삶을 전혀 원하지 않았음에도.

어쩌면 당신도 애슐리에게서 유사성을 발견할 수 있을지 모른다. 똑같은 방식의 잘못된 인간관계를 반복적으로 경험하고 있다는 생각을 해 본적이 있는가? 예를 들면, 연애를 할 때 만나는 남자마다 필요할 때 늘 곁에 없고, 권위적이며, 무책임하고, 하는 일이 변변치 못하거나, 관계를 통제하려는 사람(또는 그 외에 당신이 떠올릴 수 있는 한심한 애인의 모습)인 경우. 아니면 직장에서 종종 꼴통이거나 자기 밖에 모르는 상사를 만나거나, 가까운 친구에게 늘 배신당하거나. 그렇다면 당신도 위의 경우에 해당될 가능성이 있다.

> **핵심 정리**
> 삶을 제약하는 믿음이 청사진에 박히면, 성인이 된 후에도 어린 시절의 고통스러운 경험을 반복하는 행동 양식을 무의식적으로 택하기가 쉽다. 이를 바운더리 행동 양식의 반복이라고 한다.

이렇게 좌절감을 안겨주는 상황이 바운더리 행동 양식의 반복인 것이다. 당신은 어머니처럼 모든 짐을 혼자서 짊어지는 삶을 살지 않겠다고 맹세했을지 모른다. 아니면 끊임없이 싸우는 부모처럼 살지 않겠다고 결심했던 사람도 있을 것이다. 그러나 어느새 당신은 그런 상황에 서 있다. 평생 그렇게 피하고 싶었던 감정들을 반복적으로 경험하면서.

당신이 평생 불만이었던 행동 양식을 똑같이 주고받으며, 똑같이 피하고 싶었던 결과를 반복하고 있다는 사실은 알게 되면 혼란스럽고 우울할 것이다. 그렇지만 내 말을 믿어도 좋다. 당신만 그런 것은 아니다. 정신이 나가서도 아니고, 삶의 기술이 부족해서도 아니다. 괴로운 경험을 반복하려는 무의식적 충동은 흔히 나타나는 현상이며 분명히 멈출 수 있다. 필요한 정보와, 개선하려는 노력, 올바른 길잡이만 있으면 이러한 충동은 완치될 수 있다.

당신의 부모나 키워준 사람을 원망하라. 하지만 우리는 그들이 심어준 역기능뿐 아니라 그들이 가르쳐주고 보여준 좋은 것들도 반복하며 산다. 이 두 가지 현실, 즉 좋은 유산과 사악한 유산을 동시에 인정하기는 힘들다. 사실 배려하는 성향을 가진 우리는 부모에게, 그리고 그들의 부모에게 괜찮다고 말하고 싶다. 설사 그렇게 하는 것이 우리의 안녕을 위태롭게 하는 것이라 해도 말이다. 부정적인 경험과 감정을 인정함으로써 감정적인 해방감을 느낄 수 있다고 말하는 사람도 있다. 그 다음부터는 긍정적이고 사랑스러운 것들에 대해 진지하게 감사할 수 있다고 한다. 언제든 우울해지거나, 죄책감이 들거나, 감사하는 마음이 사라지려고 하면, 하던 일을 멈추고 당신만의 안식처에 들어가 심호흡을 하고, 촛불을 켠 다음, 당신이 어떤 마음인지 적어보자. 당신은 분명 그럴만한 경험을 했고, 따라서 당신은 당연히 그렇게 느낄 수 있다는 사실을 스스로에게 상기시켜주자.

사실 그런 느낌을 갖는 것은 매우 중요하다. 당신이 '집단적 사고'를 강조하며 서로를 얽어매는 가족의 분위기, 즉 개인적인 사고를 억압하는 환경에서 자랐다면, 어렸을 때부터 당신의 솔직한 감정이나 반응이 전체와 다를 경우, 그것들을 감추는 법을 배웠을 것이기 때문이다.

그 억압된 경험과 진실한 감정을 인정하는 것이 치유의 시작이다. 당신 안에 있는 성숙한 자아는 부모가 왜 그때 그렇게 했는지를 합리화 하고 변명해왔을 것이다.(그들도 우리처럼 미숙한 인간이기에 자기들의 행동을 스스로 인지하고 있는지 알고 싶지는 않다.) 지금은 당신의 진실이 더 중요하니까. 가족들 모두 그 당시 각자의 양심에 비추어 최선을 다 한 거라고 생각하기로 하자. 더 잘 할 수 있었다면 그랬을 거라고 너그럽게 가정하자.

어린 시절의 경험을 되짚어 보는 이유는 누구를 원망하기 위해서가 아니라 이해하기 위해서다. 부모가 생존해 계시다면 예전에 당신을 힘들게 했던 그 부모의 이미지와 지금 당신 곁에 있는 부모를 분리해서 생각해야 한다. 예를 들어 당신의 부모가 10년 전에 술을 끊었다면, 힘없는 어린 시절에 알코올 중독자인 부모와 살면서 힘들었던 기억은 옆으로 내려놓고 부모의 성취를 축하해 주어야 한다. 물론 10년 동안 술 마시지 않고 버텼다는 게 뭐 그리 대단한 일이겠는가? 열 살짜리 아이가 새벽 5시에 대문 앞에서 시동도 꺼지지 않은 차 안에 잠들어 있는 술 취한 부모를 발견했다면, 그래서 온 가족의 안녕이 자기 어깨에 달려 있다고 느꼈다면, 그 아이야말로 당연히 가여워해주고, 보살펴주어야 한다.

핵심 정리
바운더리 행동 양식의 반복 현상은 우리 안에 있는 어린아이가 절망스럽고 고통스러운, 또는 충격적인 어린 시절의 경험을 재현해서 이번에는 좀 더 나은 결과를 얻고자 하는 절박한 시도라고 볼 수 있다. 그러나 새로운 기술과 지식 없이 더 나은 결과를 얻기란 쉽지 않다.

여기에 지금도 여전히 당신의 심리에 남아 있는 어린 시절의 경험을 대입시켜 보자. 그 경험이 여전히 당신의 마음에 남아 있는 이유 중 하나는 인정받지 못한 채 시간이 지나가 버렸기 때문이며, 여전히 어떤 형태로든 당신의 행동에 영향을 미치고 있다. 무슨 뜻인지 이해할 수 있겠는가? 당신의 마음속에는 그에 대한 억울함도 남아 있으며 그 역시 인정해주고 흘려보내는 것이 매우 중요하다. 바운더리 주인이 되기 위해서는 당신의 모든 경험을 존중해야 한다. 왜냐하면 당신의 인생에서 한 때는 그것이 오직 당신만의 것이었기 때문이다.

데자뷰 - 처음부터 다시

바운더리 행동 양식의 반복이라는 개념은 프로이드의 반복 강박에서 힌트를 얻어 정리한 것이다. 프로이드는 반복 강박을 '처음의 상태로 돌아가려는 욕구'라고 설명했는데, 인간은 고통스러웠던 과거일지라도 익숙한 그 상태에서 편안함을 느낀다는 가설에 근거한다.

심리치료를 하다보면 역기능적 바운더리 행동 양식을 재현하려는 무의식적 강박을 자주 보게 된다. 어린 시절에 엄격하고 완벽주의적인 어머니가 무서웠던 여성은 자기가 도저히 만족시킬 수 없는, 통제욕구가 강한 사람을 만난다. 삼촌에게 성폭행을 당했던 여성은 자기에게 무례하게 구는 남성에게 끌린다. 그럼으로써 처음부터 자기에게 문제가 있었다는 생각을 확인하려는 것이다. 심리치료사인 나는 의뢰인이 현재 반복되는 문제를 가지고 있을 때, 이를 원래의 상처를 찾는 길잡이로 활용한다. 그 상처를 찾아내서 살펴보고 치유함으로써 파괴적인 바운더리 행동 양식으로부터 해방되어야 하기 때문이다.

의식의 수준에서 보면 과거의 경험을 재현하는 현상은 직관에 어긋나는 일이다. 어떻게 고통스럽지만 익숙한 상황에서 얻는 편안함이 아직 경험해 보지 않은 상황보다 낫다는 말인가? 하지만 무의식의 수준에서 보면, 반복강박이 놀라운 정도로 이유 있는 행동이란 사실을 알 수 있다. 그것은 더 나은 결과를 얻고자 하는 우리 마음의 작용인 것이다. 바운더리 행동 양식을 반복하려는 현상이 나타나는 것은 우리 마음속에 있는 어린 아이가 실망스러웠거나, 고통스러웠던, 또는 충격적이었던 자신의 경험을 재구성하려는 간절한 시도를 하기 때문이다. 따라서 반복의 형태는 파괴적이고 해로울지 모르나 그러한 강박 안에는 치유를 가능하게 하는 자기 사랑의 씨앗이 심어져 있다.

행복하지 못한 연애를 하면서 '이번에는 다를 거야'라고 생각해 본 적이 있는가? 그렇게 생각할만한 증거나 이유라고는 그렇게 되기를 바라는 당신의 바람 외에는 전혀 없는데도 말이다. 우리가 희망을 먹고 사는 존재들이기는 하지만, 당신의 내면 깊숙한 지하 창고에 넘실대고 있는 유해 요인들을 인지하지 못하면, 건강하지 못한 바운더리 행동 양식이 어느 경험에서 비롯되었는지 명확하게 이해하기는 힘들 것이다. 사실은 가능성이 거의 없다고 할 수 있다. 새로운 바운더리 관리 기술을 개발하고 더 나은 결과를 얻는 것도 마찬가지다. 그러나 안심하기 바란다. 지금 바로 당신이 재현하고자 하는 것은 무엇이며, 왜 그렇게 하는지에 대해 알아보려고 한다.

명확성을 위한 세 가지 질문(3Q)

반가운 소식이 몇 가지 더 있다. 과거의 경험이 현재의 상황과 대인관계에 어떠한 영향을 미치는지 알아보는 일은 상당히 단순하고 명확한 작업이다. 현재의 갈등에서 시작해서 자신의 감정선을 따라가면서 과거의 상처로 이어지는 기억들을 더듬어 가면 된다. 그렇다. 오늘 당신이 느끼는 유쾌하지 못한 감정은 과거에 인정받지 못한 채, 또는 보살펴지지 않은 채 묻혀 있던 감정에서 비롯된 것일 수 있다. 그 과거의 감정을 찾아내기 위해 세 가지 간단한 질문을 사용하기로 하자. 그 세 가지 질문을 나는 '명확성을 위한 세 가지 질문(3Q)'라고 부르는데 이에 대해서는 잠시 후에 설명하겠다.

내 의뢰인이었던 샌디의 이야기를 예로 들어 보자. 샌디는 준법률가로 일하는 28세의 여성이다. 그녀는 직장 동료와 갈등을 겪고 있었는데 그 정도가 점점 심해졌다. 샌디의 말에 따르면 그 동료가 자기를 '정말 심하게 괴롭혔다'라고 한다. 벼랑 끝까지 떠밀린 샌디는 고민을 하느라 몇 주 동안 잠도 못 잤다고 했다. 그 동료와 한바탕 싸우고 직장에서 쫓겨나는 사태가 벌어질까 봐 두려웠다고 했다.

샌디의 직장 경력을 살펴보는 과정에서 하나의 일관된 특징이 드러났다. 샌디는 여러 번 직장을 옮겼는데 그때마다 그녀의 에너지와 감정을 소진시키는 마녀 같은 여자 상사를 만났던 것이다. 그런 상황이 한두 번도 아니고 세 번이나 반복된 걸 보면 뭔가 이유가 있는 것 같았다. 무의식중에 그녀의 기대 속에 내재되어 있던 과거의 역동성이 재현되고 있는 것은 아닐까? 이러한 행동 양식의 반복에 대해 어떻게 생각하느냐고 묻자 그녀가 대답했다. "이것 봐요, 테리! 이건 누구나 직장 생활에서 경험할 수 있는 일이잖아요!"

아니, 그렇지 않다.

우선 나는 그 마녀 같은 상사들 중 과거의 누군가를 떠올리게 하는 사람이 없었는지 물었다. 샌디는 입술을 지그시 깨물며 생각하더니 대답했다. "모르겠어요."(첫 번째 질문: 그가 누구를 생각나게 하는가?)

그 다음에는 지금까지 살아오면서 지금과 같은 감정을 느꼈던 적이 있는지, 있으면 언제인지 물었다.(두 번째 질문: 언제 또 지금과 같은 감정을 느꼈는가?)

마지막으로 과거의 그 사람과 지금의 마녀가 닮은 점은 무엇인가? 행동 역동성이 예전과 어떤 점에서 익숙하게 느껴지는가?(세 번째 질문: 지금의 행동 역동성은 어떤 점에서 나에게 익숙한가?)

이 마지막 질문에서 샌디는 뭔가를 깨달았다.

"어머나, 세상에." 샌디가 대답했다. "세 명의 상사가 모두 리즈 언니를 닮았어요. 외모는 전혀 닮지 않았는데 모두 리즈 언니를 떠올리게 해요. 각자 다른 점에서 나를 불쾌하게 하는 게 말이죠. 자기가 원하는 것을 얻기 위해서 나를 못살게 구는 오만하고 못된 점들이 닮았어요."

바로 그거다! 3Q를 통해서 샌디의 현재 상황의 뿌리가 되는 과거 관계를 찾아낼 수 있었다. 샌디가 경험하는 현상은 심리학 용어로 전이(또는 감정 전이)에 해당된다. 어떤 사람이나 상황이 당신의 무의식을 자극해서 해결되지 않은 과거의 경험에 근거한 과민 반응을 보이게 하는 현상을 말한다. 이때 현재의 상황이 자극이 되는 이유는 해결되지 않은 과거의 경험과 유사하기 때문이다. 샌디가 현재 경험하는 것이 그녀의 상상 속에서 일어나는 것이라는 말이 아니다. 오히려 자신을 통제하고 괴롭히는, 또는 샌디의 입장에서 괴롭힌다고 여겨지는 상대에 대한 샌디의 반응이 리즈 언니와 갈등을 빚으며 힘들었던 어린 시절의 해결되지 않은 감정 때문에 증폭되었다는 뜻이다. 이는 과거를 수정하고 싶은 무의식적 시도이나 그 상대를 잘못 선택한 셈이다.

예를 들면 브로드웨이의 프로듀서가 배역을 선정하는데 실력이 출중한 배우를 단지 그녀가 이혼한 전처를 닮았다는 이유로 떨어뜨리는 것과 같다. 아니면 권위적인 상사가 엄격했던 부모를 떠올리게 해서 그가 가까이 오면 주눅이 든다거나. 그에 대한 당신의 반응은 과거의 상처로 인한 해결되지 않은 고통이나 감정에서 비롯된다. 마치 감정의 타임머신을 타는 것과 같다. 이러한 상황이 당신의 판단력, 효과적인 소통, 그리고 건강한 바운더리를 세우고 관리하는 능력을 얼마나 방해하고 병들게 하는지 이해하겠는가?

> **핵심 정리**
> 심리 치료가 성공을 거두려면 실제의 경험과 감정을 인정하고 존중해야 한다.

샌디의 감정 전이 반응의 뿌리를 이해하고 나니 그녀와 상담을 할 때 어느 부분에 시간과 노력을 기울여야 할지 알 수 있었다. 지배적인 언니와의 관계에서 받았던 어린 시절의 상처가 더 이상 현재의 사고와 감정에 영향을 미치지 않도록 하는 과정이 필요했다. 그 과정을 성공적으로 마치고 샌디는 더 이상 직장에서 불운을 겪지 않을 수 있었다. 믿기 힘들겠지만 정말이다. 단 세 번의 상담을 통해 샌디의 지하창고에 있는 '원조 마녀 리지'라는 상자를 열어 살펴보는 과정을 거친 후, 샌디는 더 이상 직장 상사인 베티가 자기를 못살게 군다는 등의 불평을 하지 않았다. 베티는 여전히 똑 같은 사람이었지만 샌디가 변한 것이다. 억눌려 있던 고통스러운 언니와의 경험을 이야기로 풀어내고, 인정해주고 나니 베티를 대리로 내세워 더 이상 행동으로 표현할 필요가 없어졌기 때문이다. 이 간단하고 진솔한 과정은 당신에게도 똑 같은 효과를 가져다 줄 수 있다.

【자기 돌아보기】
3Q는 어떻게 활용하는가

3Q 방식은 실전에 활용해서 효과를 거둔 방법으로 현재에 부정적 영향을 끼치는 과거를 짧은 시간에 규명할 수 있게 해준다. 그리고 매우 간단하다. 지금 해 놓으면 나중에 필요할 때 바로 활용할 수 있다. 반복되는 것 같거나 익숙하게 느껴지는 갈등 상황(즉 두 가지 형태의 전이)을 떠올려 본 다음 스스로에게 물어보자.

1. 이 사람, 또는 상황은 나에게 어떤 기억을 떠오르게 하는가?

2. 언제 이와 같은 감정을 느꼈는가?

3. 이런 행동이나 상황은 어떤 점에서 나에게 익숙하게 느껴지는가?

현재 겪는 어려움과 과거의 해결되지 않은 갈등이나 상처 사이의 연계성을 찾아내면 좀 더 타당성 있는 선택과 판단을 할 수 있다. 모두 정서적인 작용이다. 현재의 반복되는 갈등은 어린 시절의 상처로 느꼈던 감정을 반영하는 것일 수 있다. 전이가 일어나는 상황 속에서 당신은 오래전부터 쌓여 있던 감정으로 말미암아 증폭된 반응을 보인다. 우리의 목표는 그 경험에 대한 충분한 이해와 의식적으로 반응할 수 있는 내면의 공간을 확보하는 것이다. 그래야만 본능적으로 반응하기보다, 현재 내 의식에 기반하여 바운더리 판단을 할 수 있다.

자신에게 3Q 질문을 던져 보면 감정 전이 현상을 좀 더 깊게 살펴볼 수 있다. "지금 내가 누군가와 갈등을 겪거나, 상대 때문에 불쾌하거나, 힘들다면, 나는 누가 되고, 그는 누가 되는가?"

예를 들어 당신은 열 살 때의 당신으로 돌아가고, 상대는 엄격한 부모로 대체될 수 있다. 그렇게 되면 무의식적으로 마음에 담고(현실에 재현하면서) 살았던 과거의 상처를 좀 더 명확히 자각하고, 좀 더 근본적으로 치유할 수 있다.

보아야 치유할 수 있다

마침내 현실을 바로 보게 된 애슐리는 성인이 된 후 처음으로 시간 외 근무를 하지 않았다.(12시간 근무를 일주일에 5일씩 하다가 3번만 하니 마치 '휴가'를 즐기는 기분이었다고 했다.) 그런 다음 천천히 자신의 삶을 제약하는 믿음들을 내려놓고, 과거의 경험에서 비롯된 반응과 행동 양식을 완화시키는 방법을 배웠다. 이 과정을 통해 애슐리는 의식적으로 진정한 의미의 자기 돌보기를 실천하고 자기에게 가치를 부여할 수 있는 마음의 여유를 가질 수 있었다. 하루에 다섯 시간 이상씩 자기 시작했고, 요가도 시작했으며, 식사도 더 잘 할 수 있게 되었다. 애슐리는 또한 도예도 배우기 시작했는데 도자기를 빚는 동안은 마음이 정화되고 치유되는 것 같다고 했다.

애슐리는 삶을 제약했던 믿음을 재구성하고, 의문을 던지고, 거부하는 과정을 통해 스스로 자신에 대해 가지고 있었던 이미지를 변화시킬 수 있었다. 그러자 스스로 사랑과 보살핌을 받을 자격이 있는 존재임을 느낄 수 있었다. 애슐리는 갱년기 증상도 약을 먹지 않으면서 개선시켰다. 일주일에 한 번씩 나와 상담하는 것 외에도 매일 명상하면서 기를 강화하는 훈련을 받았다. 기 훈련은 애슐리가 심신의 건강을 되찾은 후에도 오랫동안 계속했다. 예방과 꾸준한 노력이 최고의 명약이었던 것이다. 아마 당신도 마찬가지일 것이다.

수십 년이 지난 지금도 나는 애슐리가 첫 도예 수업 시간에 만들어준 꽃봉오리 모양의 화병을 가지고 있다. 약간 기울고 물이 새는……. 하지만 나는 그 꽃병을 볼 때마다 무의식적인 믿음의 실체를 파헤침으로서 얻을 수 있는 진정한 변화를 떠올린다. 고통으로 부터 벗어나고, 지속가능한 변화를 얻는 것이 가능하다는 위대한 진실을 내 눈앞에 증명해주고 있기 때문이다.

핵심 정리
무의식의 지하 창고에 쌓여 있는 부패한 데이터와 삶을 제약하는 믿음들을 청소해 내면, 긍정적이고, 생산적인 생각과 행동을 싹틔울 공간이 생긴다.

시간이 지나면서 당신은 자신에게 선택권이 있다는 사실을 명확하게 인지하게 될 것이다. 어린 아이였을 때는 선택권이 없었지만, 우리 모두가 그렇듯이 감사하게도 이제는 더 이상 그 시절이 아니다. 만세!

성인이 되어 인식의 넓이와 깊이가 확장된 지금, 당신은 무엇을 생각할지, 어떻게 느낄지, 당신의 진실은 무엇이고, 어떤 결과를 가져올 수 있는지 선택할 수 있다. 이것은 아마도 당신의 삶에서 가장 자유롭고 감동적인 깨달음의 순간일 것이다. 지하 창고를 비워내면 긍정적이고, 생산적인 생각과 행동을 싹틔울 공간이 확보된다. 그리고 당신이 미처 깨닫기도 전에 당신의 의식이 설계한 새로운 삶의 기준이 생긴다. 이제 당신은 보호 장갑을 벗어버리고 신나게 인생을 즐길 수 있다.(축하 파티를 시작해도 좋다!)

여기서 잠시 쉬면서, 앞의 다섯 장을 읽는 동안 당신이 얼마나 많은 것을 터득했는지 돌아보자. 그리고 자신에게 축하를 보내기 바란다! 당신은 이제 건강한 바운더리와 상호의존성, 효율적인 소통과 비효율적인 소통, 그리고 물려받은 바운더리, 삶을 제약하는 믿음, 그런 것들로 부터 어떻게 놓여나는지를 이해하게 되었다. 이건 굉장한 발전이다. 당신의 의식 세계가 넓어졌으며, 이는 엄청난 성과다. 여기서부터는 진정한 삶의 변화를 실현하고 당신의 소중한 삶을 좀 더 주체적으로 이끌어 가기 위해서 지금까지 고양시켜 온 당신의 의식을 어떻게 활용할 것인가에 초점이 맞춰질 것이다.

바운더리 주인 실천 과제

1. 기본 과제

당신은 다른 사람과의 상호작용 중이나 그 직후에 주로 어떤 상황에 대해 순간적으로 심하게 상처를 받거나, 화가 나거나, 두려워 지거나, 짜증이 나는지 생각해 보자. 그러한 상황에 세 가지 질문을 적용하여 감정 전이 반응을 살펴보자.

2. 심화 과제

억울한 감정 돌아보기: 마음속에 쌓여 있는 억울함을 인정하고 존중해 주는 과정은 치유를 위해 매우 중요하다. 이 책의 뒤에 실린 심화 과제를 참고 해서 억울한 감정을 해소하는 연습을 해 보자.

분명한 선은 가장 강력한
자기 사랑의 표현

Chapter 6

|

나는 무엇이 괜찮고 무엇이 괜찮지 않은가?

좋아하는 것, 원하는 것, 양보할 수 없는 것 구분하기

"더 이상은 못 참겠어요." 막달레나는 상담실에 들어오자마자 소파에 쓰러지듯 앉으며 말했다. 30대인 막달레나는 매우 능력 있는 재정 자문인이었다. 자기 일에 대해서는 좀처럼 불평하는 일이 없었으므로 나는 그녀가 흥분한 이유가 일 때문은 아니라는 걸 직감할 수 있었다. 막달레나는 매우 육감적이고 풍만한 몸매를 가지고 있었는데 그 때문에 길에서 종종 남자들이 성희롱 투의 농담을 걸거나 쳐다보는 바람에 상담 시간에 고민을 털어놓기도 했다.

"무슨 일 있었어요?" 내가 물었다.

막달레나는 한숨을 쉬면서 이야기를 시작했다. 길을 가다가 공사 현장을 지나게 되었는데 큰 소리로 야유하는 소리가 들렸다는 것이다. "어이, 아가씨! 예쁜 엉덩이 좀 더 흔들어 보라고!"

"테리," 막달레나는 몹시 불쾌한 듯 고개를 저으며 말했다. "난 엉덩이를 흔들며 걷지도 않았다고요. 약속 시간에 늦어서 좀 급히 걸었을 뿐이에요. 왜 나는 남들처럼 그런 식의 관심을 끌지 않고 내 할 일 하면서 살 수 없는 걸까요?"

"이번 일이 특별히 거슬리는 이유가 뭘까요? 왜 '더 이상 못 참겠다'는 생각을 하게 된 거죠?" 내가 물었다.

"모르겠어요. 그냥 제 안에서 뭔가가 한계점을 넘어선 것 같아요." 그녀가 대답했다.

막달레나의 말에 따르면 공사장 인부들이 야유를 하는 바람에 급히 가까운 옷가게에 들어가서 무릎까지 내려오는 '노인 취향'의 스웨터를 샀다고 했다. 목적지까지 건물 네 블록만 지나면 되는 거리였는데 말이다. 즉흥적으로 헐렁한 스웨터를 사서 몸매를 가리기는 했으나, 그 때문에 약속 시간에 늦었다고 했다.

막달레나는 이런 일을 수시로 겪었다. 나도 개인적으로 그녀가 매력적이라는 생각을 하지만, 정작 막달레나는 그렇게 생각하지 않았다. 문제는 거기 있었다. 어렸을 적에도 그녀의 언니는 늘 날씬했는데 막달레나는 그렇지 않았다고 했다. 사촌이 입다가 물려주는 사이즈 2의 옷들이 소포로 도착하면, 사이즈 12를 입어야 하는 막달레나는 늘 혼자 민망한 입장이 되곤 했다.

가족들 중 누구도 그녀의 신체 크기에 대해 불쾌한 말을 하지는 않았다. 하지만 식사를 할 때 어머니가 "이제 충분히 먹지 않았니?"라고 물었다. 중학교에 다니면서 다른 아이들 보다 일찍 가슴이 발달하기 시작하자 친구들이 놀리기 시작했다. 이때부터 막달레나는 자기 몸을 숨기려는 버릇이 생겼고, 그것이 성인이 된 후에까지 계속되었던 것이다.

그리고 나와 상담을 시작할 즈음에는 자기가 '너무 크다'는 생각이 그녀의 머릿속에 확고하게 자리 잡고 있었다. 자신의 외모에 대해 나쁜 이미지를 갖고 살다보니 자존감 또한 낮았다. 그런 상황에서 길을 지나다 느닷없이 맞닥뜨리는 이런 불쾌한 순간들 때문에 자기가 뭔가 심하게 잘못된 사람이라는 생각이 더욱 확고해졌던 것이다. 누군가 그녀를 향해 "이봐, 섹시한 아가씨!"라고 소리칠 때마다 수치심은 점점 더 커져갔다. 고개를 숙인 채 공사장을 서둘러 지나고 나서도 한참 동안 가슴이 바늘로 찌르듯 아팠고, 말할 수 없이 불쾌했다.

야유를 참을 수 없어하는 건 당연히 이해할 수 있다. 하지만 그런 순간을 다른 각도에서 받아들일 수도 있다는 사실을 그녀가 깨달으면 좋겠다는 생각이 들었다. 그리고 무엇보다도 그녀가 자신의 고유한 가치와 이미지를 인정하고 수용할 수 있으면 좋겠다고 생각했다.

"좋은 방법을 찾아봐야 할 것 같아요!" 그녀가 단호하게 말했다.

막달레나를 비롯해서 누구든 좌절감을 느끼게 하는 상황을 더는 참을 수 없다고 느낄 때, 좋은 방법은 있다. 하지만 좋은 방법이라는 것에 다른 사람들의 말과 행위를 통제하는 것은 포함되지 않는다. 그럴 수 없을 때가 많기 때문이다. 그러나 대응하는 방식을 바꿀 수는 있다. 다른 사람의 비판을 내면화해서 받아들이지 않는 방법을 배우면 된다. '인식하기-해소하기-대응하기'란 우리가 어떤 상황, 또는 사람에 대해 고질화된 반응을 보일 때 이를 스스로 인식하고, 감정 전이나 신체적 징후가 있으면 이를 해소하고, 당신이 원하는 삶에 근거하여 깨어 있는 마음으로 대응하는 법을 배우는 3단계 과정이다. 3R 과정은 새로운 행동 기준을 형성하는데 도움이 된다.

이 3R 과정에 대해 좀 더 자세히 살펴보기 전에, 우리가 새로운 행동 기준을 만들 수 있도록 신경학적으로 연결되어 있다는 사실에 대해 먼저 이야기해 보자.(그렇다. 사실이다!) 그리고 바운더리 행동 양식에 대한 정보를 얻기 위해 신체의 지혜를 활용하는 방법에 대해서도 알아보자. 신체의 지혜란 당신이 바운더리 행동 양식의 반복을 나타내거나, 그러한 현상으로 들어가려는 순간을 알아차리는 통합적인 인식 체계를 말한다.

늙은 뇌에도 새 기술을 가르칠 수 있다

오랫동안 굳어져온 행동 양식을 바꾸는 일은 너무 힘들 거라 여겨질 수 있다. 앞 장에서는 당신의 습관과 행동을 부추기는 무의식적 요인을 알아차리는데 도움이 되는 내용들을 다뤘다. 그러나 알아차리는 것만으로는 충분하지 않다. 어쩌다 한 번 행동을 수정하는 것도 충분하지 않다. 반복적으로 수정할 수 있어야 한다. 수십 년간 습관화되어온 행동들을 완전히 수정하는 데는 시간이 걸린다. 그러나 당신이 원하는 결과를 위해서는 노력해 볼 만한 가치가 있다.

우리가 반복적으로 좀 더 건강한 선택을 해야 하는 이유를 신경과학의 힘을 빌려 좀 더 명확하게 설명해 보겠다.

1960년 후반까지도 뇌과학자들은 인간의 뇌가 아동기에 이미 발달을 끝내고, 그 상태로 성년기를 지나다가 노년기가 되어 노화가 시작되면 인지 기능이 쇠퇴하기 시작한다고 생각했다. 그러나 오늘날의 과학자들은 그렇지 않다고 말한다. 50년 전, 뇌과학자들은 그때까지의 믿음을 뒤집을 만한 중대한 사실을 발견했다. 뇌는 언제까지나 변할 수 있고 적응 가능하다는 사실이었다. 늙은 뇌에도 새 기술을 가르칠 수 있다. 우리 뇌에서는 대략 잡아 100조 개 정도의 신경 연결망이 우리의 일상적 경험을 통해 매일 형성되고, 변한다. 이를 신경가소성이라고 한다.

우리가 익숙해진 습관이나 행동 양식을 반복하면서 화내고, 낙담하고, 분개하고, 절망한다면 낡은 과거에 빠져 허우적거리는 꼴밖에 안 된다. 그래야 할 이유가 없다. 굳은 결심을 하고 꾸준히 노력하면 언제나 변화할 준비가 되어 있는 뇌를 보다 유연하고 창의적으로 사용해서 심신의 건강을 기하급수적으로 향상시킬 수 있다.

변화를 가져오는 행동 실천하기

막달레나는 변화가 필요했다. 세상에 극히 좁은 영역에 자신을 가두고 스스로를 미워하면서 하찮은 존재로 살아갈 수는 없었다. 어쩌면 당신도 막달레나와 닮은 점을 발견할 수 있을지 모르겠다. 뇌의 가소성을 십분 활용하려면 우선 변하고자 하는 의지가 있어야 한다. 그런 다음 새로운 행동으로 그 의지를 뒷받침해야 한다.

명상

내가 20대에 상담을 받았던 심리 치료사는 내게 명상을 권하면서, 꾸준한 명상 훈련을 통해 얻을 수 있는 신경학적, 치유적 효과에 대해 설명해주었다. 나는 언제나 지름길을 택하는 편이어서, 주말을 이용한 단기 완성 과정을 찾아냈다. 그것으로 해야 할 일 목록에서 명상 하나를 지울 수 있으리라 생각했다. 명상 훈련에는 지름길이 없다는 진리를 몰랐던 것이다. 명상을 일상의 수련으로 습관화하기까지는 오랜 시간이 걸렸다.

명상 훈련이 한 단계 발전했다고 느낀 것은 규칙적인 명상을 통해 정지상태로 침묵을 지키며 앉아 있는 훈련을 하면서 내가 사람이나 상황에 대응하는 시간이 3초 정도 느려졌다는 사실을 깨달았을 때였다. 큰 성취는 아니지만, 그 3초 동안 나는 마음의 여유를 찾고 직관적인 반응이 아닌, 이성적인 대응을 할 수 있게 되었다. 더불어 갈등 상황이 줄어들고, 기쁜 순간이 많아졌다. 명상의 혜택을 직접 경험하고 난 후, 나는 진심으로 명상의 효과를 믿게 되었다. 그리고 이렇게 실질적인 변화를 가져오는 훈련을 좀 더 널리 알리기 위해 의뢰인들을 상대로 명상지도 프로그램을 만들었다.(책 뒷부분에 있는 심화과제의 기본 명상 안내를 참고해서 시작할 수 있다.)

명상 상태에서는 내가 힘들어 하는 대상을 좀 더 명확하게 알아차리는 데에 집중하고, 마음에 여유 공간을 만든다. 이러한 마음 챙김 상태에서는 사고의 흐름이 느려져 어떤 작용이 일어나고 있는지 인식하고, 나를 힘들게 하는 낡은 반응 양식을 내려놓고, 좀 더 의식적으로 대응할 수 있다.

신체의 지혜 활용하기

명상을 하면 신체에 대한 의식이 좀 더 명확하게 깨어난다. 심신의 모든 작용이 느려지면서, 당신이 생각만으로 이루어진 존재가 아니며 뇌를 통해서만 모든 정보가 들어오는 것도 아니라는 사실을 깨닫게 되기 때문이다. 신체의 반짝이는 지혜에 귀를 기울이면 언제 당신이 편안하지 않은지, 언제 다른 길로 돌아가야 하는지 알 수 있다. 내 말을 믿어도 좋다. 본능적인 감각에 주의를 기울이면 당신이 해야 할 일이 무엇인지에 대한 중요한 정보를 얻을 수 있다.

신체의 지혜를 활용하기 시작하면 역기능적 바운더리 양식을 버리고 보다 건강한 바운더리를 구축하는데 유용한 비밀 병기를 가지게 되는 셈이다. 뭔가 다른 시도를 해야 하는지, 새로운 시도를 보류해야 하는지에 대한 지식적 정보도 얻을 수 있다. 뱃속이 부글거리는 소리에 주의를 기울이는 훈련을 하자. 가슴이 조이는 것 같은 느낌, 목구멍이 따끔거리는 증상, 지끈거리는 두통. 이러한 신체적 증상들은 당신을 도우려는 신호다. 이러한 신체적 증상들은 새로운 방향에서 당신을 향해 보내는 신호일 수 있다. 당신의 몸이야말로 치유와 힘을 얻을 수 있는 방향으로 당신을 인도하는 나침판이다.

이해를 돕기 위해 한 가지 실례를 들어보자. 내 친구 진의 이야기다. 과기능 상호의존자이면서 고감도의 감성을 지닌 진은 언제나 완전히 탈진된 상태로 퇴근했다. 진은 어디를 가든 무리 중에 가장 도움을 필요로 하는 사람이 그녀에게 다가왔다. 무례하고 싶지 않던 진은 뱃속이 부글거려도 꾹 참고 상대의 하소연을 들어주었다. 그러고는 상대의 이야기가 끝나면 그제야 양해를 구하고 자리를 뜨곤 했다. 어떤 때는 한 시간이 걸리기도 했다. 한계를 정하지 않았기 때문에 늘 지나치게 상대를 배려했고, 그런 다음 몇 시간, 또는 며칠씩 속상해했다.

현명한 한 친구가 진에게 간단한 인지 행동 요령을 가르쳐 주었다. 그 후 또 다시 고역스러운 상황에 처하게 되었을 때 친구가 가르쳐준 대로 두 손을 배 위에 얹었다. 진은 자기가 신체적으로 배가 부글거리는 증상을 겪고 있고, 그럼에도 자의에 의해 그곳에 머무는 것이며, 선택권을 가지고 있다는 사실을 스스로에게 각인시켰다. 많이 어색하기는 했지만, 아무튼 진은 새로운 시도를 했다. 이렇게 말한 것이다. "아, 정말 죄송하지만 가봐야 할 것 같아요." 진은 두 손을 배에 갖다 대는 행위가 가져다 준 효과에 감동을 받아 그 후에는 일상적으로 그렇게 했다. 일주일 쯤 지나자 진은 놀랄 만큼 마음이 가볍고 자유로워졌으며, 자신에게 집중할 수 있었다. 몇 년이 지나자 진은 신체의 지혜에 귀를 기울이고 존중하는 버릇이 제 2의 천성처럼 익숙해졌다.

신체의 소리에 주의를 기울일수록, 당신이 하지 말아야 할 것들이 명료해진다. 격앙된 상황에 휘둘리다보면 진실한 감정이나 생각을 가려내기 힘들 때가 많다. 지난 일을 회상하면서, '그때 내가 위험 신호를 알아차렸어야 했는데'라고 생각했던 적이 몇 번이던가? 그때 아마도 당신의 몸은 당신에게 위험신호를 보냈을 것이다. 다만 당신이 그 신호에 주의를 기울이지 못했던 것일 뿐.

【자기 돌아보기】
마음 챙김을 위한 알람과 호흡법

우리는 대부분 몸이 보내는 신호를 너무 오래 외면해 왔다. 신체의 지혜에 마음을 모아 집중한다는 것은 당신이 지금 무엇을 느끼는가에 주의를 기울이는 일이며, 몸의 소리를 듣고자 하는 의지를 갖는 일이다.

다음은 당신이 하루에 한 두 번 씩 시도해 볼 수 있는, 간단하지만 매우 효과적인 마음 챙김 훈련들이다.

1. 모바일 전화의 알람을 매 3시간, 또는 4시간마다 울리도록 설정한다.(은은한 벨소리가 좋다) 알람이 울리면 30초에서 60초 정도 하던 일을 멈추리라 마음먹는다.

2. 그 30초에서 60초 동안 당신이 어떤 기분인지 돌아본다. 눈을 감고, 심호흡을 한 다음 머리부터 발끝까지 몸 상태를 살핀다. 어딘가 조이거나 아픈 느낌이 있으면, 잠시 멈추고 심호흡을 하면서 그 부분의 감각을 알아차리려 노력해 본다. 숨을 내쉬면서 그 날숨에 의해 해당 부분에서 감지되는 불쾌감이 날아가는 상상을 한다.

3. 눈을 감은 채, 자신의 몸에게 무엇이 필요한지 묻는다. 몸의 반응을 귀담아 듣는다.

만약 30초에서 60초 정도 가만히 앉아 있는 것이 힘들다면, 잠시 일어나 물을 한 잔 따라 마시거나, 화장실에 다녀온다. 신체의 지혜에 주의를 기울이고 존중할수록 그것을 감지하는 능력도 향상된다. 그에 따라 효과적인 내면의 경계, 외부와의 경계를 구축하고 관리하는 능력도 향상된다.

나는 지금까지 몸이 의미 있는 신호를 지속적으로 보내왔던 사례들을 수없이 들어왔다. 한 의뢰인은 동거 중인 남자 친구가 바람을 피운다는 의심을 하던 차에 갑자기 질 감염이 되어 성생활이 힘들어졌다고 했다.(수호천사가 성병으로부터 지켜준 것일 수도 있다.) 의사는 확실한 진단을 내리지 못했지만 아무튼 항생제를 처방해 주었다. 하지만 아무리 약을 먹어도 낫지 않았다. "아무래도 넌 나한테 알레르기가 있는 가봐." 남자 친구가 농담을 했다. 그녀는 깔깔 웃으면서 속으로 생각했다. '맙소사. 네 말이 맞는지도 모르겠다.' 그녀는 점점 자기 몸에 집중하며 돌보기 시작했고, 그럼으로써 남자 친구와 심리적 거리를 두고 자신의 의구심을 분석해 볼 수 있었다. 그런 다음 남자 친구에게 정곡을 찌르는 질문을 할 수 있었고, 모든 의구심이 풀렸다. 결국 남자 친구는 두 사람 다 잘 알고 있는 친구와 성관계를 갖고 있다는 고백을 했다. 남자 친구와의 관계를 끝내고 그 집에서 나온 후, 일주일 만에 감염 증세가 깨끗이 사라졌다. 신체의 지혜가 얼마나 고마운 장치인가!(나쁜 남자여 잘 가라!)

핵심 정리
신체의 지혜를 길잡이로 삼으면 당신을 위해 바람직한 길이 어느 쪽인지 좀 더 쉽게 알 수 있다.

몸이 보내는 지혜로운 신호를 수용하지 않으면 마음가짐을 결정적으로 변화시킬 수 있는 기회를 잃게 된다. 그럼에도 신호에 주의를 기울이는 대신 수면제의 도움으로 잠을 청하거나, 밤마다 긴장을 풀고 쉬기 위해 칵테일을 한 잔, 또는 세 잔씩 마시기도 한다. 그 외에 현실 도피나 스트레스에 무감각해지기 위한 다양한 방법을 시도할 수 있다. 이렇게 몸의 신호를 외면하는 것은 자기 성장을 스스로 가로막는 일이다. 그러니 신호에 주의를 기울일 수 있도록 삶의 속도를 늦추자.

판단하려는 마음에서 호기심을 갖고 탐구하려는 마음으로 바꾸면 자아를 알아차리는 능력이 향상된다. 판단하지 않고 관찰하기 때문이다. 고정된 삶의 방식에 매여 있다 보면 당신을 힘들게 하는 상황도 지속적으로 반복될 수 있다. 그러므로 항상 표면에 드러나는 현상의 밑바닥에 주의를 기울이고 살피려는 노력이 필요하다.

【자기 돌아보기】
인식하는 훈련

자기를 알아차리기 위해서는 어떤 상황이 스트레스 반응을 작동시키는지 알아야 한다. 다음은 자기 내면에 어떤 일이 일어나고 있으며, 그 원인은 무엇인지 알아차리는데 도움이 되는 질문들이다.

- □ 지금 어떤 느낌인가?

- □ 몸의 어느 부분에서 그 감정이 감지되는가?

- □ 이런 감정이 일어난 것은 누군가와의 상호작용 때문인가, 아니면 나의 생각 때문인가?

□ 지금 내 안에서 바운더리 행동 양식의 반복이 일어나고 있는가?

다음은 위의 질문에 대해 당신이 떠올릴 수 있는 답변의 예다.

□ 압박감이 느껴진다. 두렵다. 불편하다.

□ 가슴, 배, 머리에서 감지된다.

□ 바비가 자기 근무 시간을 대신 메워달라고 했을 때부터 이런 느낌이었다. 베티와 대화를 하고나서 불안감이 들기 시작했다.

□ 지금 3Q의 세 가지 질문을 스스로에게 던져본다면, 바운더리 행동 양식의 반복과 관련하여 어떤 사실이 드러날까? 내가 현재 경험하고 있는 상황은 어떤 점에서 나에게 익숙한가?

누군가와 대화를 하거나 만나고 난 후 뭔가 이상한 느낌일 때, 이를 인지하는 것이 3R(인식-내려놓기-대응)의 첫 단계다. 3R을 어떻게 활용할 것인가에 대해서는 이 장에서 좀 더 다루어보기로 하자. 자신을 이해하겠다는 진지한 바람을 가지고 마음속에 변화를 위한 공간을 마련하는 과정이다. 그러면 변화가 일어날 수 있는 가능성이 확장되기 시작한다.

신체의 지혜를 길잡이 삼으면 당신에게 효과적인 방법이(아니면 효과적이지 못한 방법이) 어떤 것일지 쉽게 파악할 수 있다. 이는 바운더리를 설정하는데 매우 중요하다. 당신의 내면적 반응이나 대응에 대한 구체적이고 확실한 정보(예를 들면, 어떤 상호 작용이 스트레스를 유발하는지와 같은 정보)를 많이 얻을수록 어떠한 외부 바운더리가 당신에게 가장 적절하며, 어떤 상황에서 어떤 행동으로 대응해야 하는지 판단할 수 있는 근거가 안정적으로 확보된다.

좋아하는 것, 원하는 것, 그리고 양보할 수 없는 것

일단 바운더리를 구축하기 시작하면 그때부터는 자기가 좋아하는 것, 소망하는 것, 양보할 수 없는 것을 구분할 필요가 있다. 그래야 당신이 무엇을, 어디까지 허용할 수 있는지, 허용할 수 없는지 명확하게 알 수 있다. 그리고 당신의 진심에 근거해서 매사를 판단하는 습관을 기를 수 있다.

기호(좋아하는 것)

기호는 하나의 선택에 다른 하나의 선택보다 더 마음이 쏠린다는 뜻이다. 커피가 좋은가, 차가 좋은가? 줌바가 좋은가, 소울 사이클이 좋은가? 아침 형인가, 저녁 형인가? 이런 것들이 내면적이고 개인적인 기호다. 당신이 목욕을 좋아하는지, 샤워를 좋아하는지에 다른 사람이 끼어들 필요가 없다. 바쁜 일상을 살아가는 우리 대부분은 실제로 일부러 시간을 내서 자신의 기호에 대해 생각해 보지 않는다. 그렇기 때문에 2장에서 얘기했듯이 당신에게 무엇이 괜찮고, 무엇이 괜찮지 않은지를 정하는 것이 자기 이해를 심화시키는데 매우 중요하다. 아직 시도해 보지 않았다면, 지금 바로 책의 후반부에 있는 심화과제로 가서 실천해 보자.

당신의 기호지만 다른 사람이 관련되어 있는 경우라면 소통을 해야 한다. 예를 들어 당신은 저녁에 일찍 잠자리에 드는 것을 좋아하는데 배우자는 야행성이라고 하자. 그럴 때 당신은 "나는 당신이 9시에 나와 함께 잠자리에 들었으면 좋겠어."라고 말할 수도 있다. 당신의 기호는 중요하므로 상대에게 말해야 한다. 자기가 좋아하는 것을 일찍, 자주, 간단하고 품위 있게 말함으로써 삶이 만족스럽고 조화로워질 수 있다. 당신과 배우자는 예를 들어 '일주일에 두 번 정도는 함께 일찍 잠자리에 들기로 하자.'라는 식으로 절충안을 생각해 낼 수도 있다.

당신이 무엇을 좋아하는지, 싫어하는지를 분명하게 표현하는 것에 대해서 고마워하는 사람도 있을 것이다. "고마워! 문자 대신 전화로 연락을 주고받는 게 너에게 중요하다는 걸 알게 돼서 좋아." 하지만 어떤 사람들은 당신이 아무리 신중하고 공손하게 부탁을 해도 모두 요구하는 것으로 받아들일 수도 있다. 괜찮다. 걱정하지 말자. 중요한 것은 당신이 자신을 위해 뭔가를 했다는 사실이니까.

아, 요구에 관해 한 가지. 뭐든 요구하기를 좋아하는 사람들은 건강하고 상호보완적인 관계를 갖지 못한다. 요구하는 순간에는 기분이 좋을지 모른다.("나와 함께 친정에 가야 해!"라고 단호하게 말하는 식이다) 하지만 궁극적으로 요구는 권리 주장의 어감을 풍기기 때문에 사람의 마음을 멀어지게 한다. 당신이 선택을 하듯이, 주변 사람들도 선택할 수 있다. 다른 사람에게 요구하는 방식의 소통은 협조와 협동을 끌어내지 못하기 때문에 당신이 원하는 결과를 건강한 방식으로 얻어낼 수 없다.

당신의 기호를 표현하는 것은 원하는 것을 성취하기 위해 협상하는 방법을 배우는 과정이기도 하다. 당신은 대화를 시작하는 것이며, 대화는 쌍방향의 성격을 지닌다. 따라서 상대가 항상 당신의 기호를 수용하리라 기대할 수는 없다. 오랜 망설임 끝에 자신의 기호를 표현하기 시작했다가 상대가 수용하기를 거부하는 바람에 낙담하는 여성들을 많이 보았다. 이런 일이 생기더라도 마치 당신의 가치나 상대와의 관계가 영구적으로 외면당한 것처럼 받아들이지 말자. 이 점을 꼭 강조하고 싶다.

인간관계란 서로 주고받는 것이다. 그렇기 때문에 당신이 무엇을 좋아하고, 무엇이 절충 가능하며, 절충의 여지없이 고수해야 하는 것은 무엇인지 구분하는 것이 중요하다.

원하는 바를 충족시키려면 당신이 정말 원하는 것이 무엇인지 명확하게 말하고 열린 생각과 마음으로 절충, 대화, 협상, 찬성, 반대에 임해야 한다. 절충을 할 때에는 분별력을 가지는 것이 중요하다. 특히 당신이 무엇이든 늘 내주는 전력을 가지고 있다면 이 점에 더 주의를 기울여야 한다. 평안을 지키기 위해 내주는 것과 건강하고 공정한 느낌으로 양보를 하는 것은 다르다는 사실을 알아야 한다. 절충의 과정에서 항상 적은 몫을 차지한다면 그건 건강하지도, 공정하지도 않다.

상대방의 반대를 수용하고 존중하는 태도도 매우 중요하다. 바운더리 주인인 당신도 상대방의 제안에 반대할 수 있기 때문이다. 마음이 너무 여려서 한 번 거절당하면 다시는 무엇이든 청하지 않으리라 결심한다면, 상대에게 더 이상 아무런 여지도 주지 않겠다는 것이다, 그렇지 않은가? 상대방이 대응할 수 있는 방법이 하나뿐인 것도 아닌데 말이다. 물론 상대가 당신의 뜻에 동의한다면 가장 좋을 것이다. 하지만 그렇지 않은 경우가 많다. 그럴 때 당신은 이렇게 말할 수 있다. "좋아, 알아들었어. 그럼 너는 어떻게 하면 좋겠니?"라든가 "어떻게 하면 우리 둘 다 만족할 수 있는 결론을 내릴 수 있을까?"

핵심 정리
원하는 바를 충족시키려면 당신이 정말 원하는 것이 무엇인지 명확하게 밝히고 열린 생각과 마음으로 절충, 대화, 협상, 찬성, 반대에 임해야 한다.

욕구(원하는 것)

욕구는 기호에 비해 조금 더 적극적이어서 강렬한 바람을 나타낸다. 예를 들어 보자. 당신은 배우자나 친한 친구가 당신을 정서적으로 이해해 주거나, 최소한 이해하려는 노력이라도 해주었으면 좋겠다는 바람을 가지고 있다. 그러나 상대로부터 '너는 너무 예민해'라는 말을 듣는 다면, 그건 상대가 당신의 바람을 보고, 알아주고, 들어주기를 간절히 원하는 당신의 마음과 정 반대의 상황이 된다. 당신의 마음을 이해받고 싶은 욕구가 충족되지 않은 채 시간이 흐르다 보면 어느 시점에서 더 이상 관계를 지속할 수 없게 만드는 걸림돌이 될 수 있다.

기호나 걸림돌이 지극히 개인적인 결정이듯이, 당신이 원하는 바를 규명하는 것도 오로지 당신 몫이다. 때로는 사회나 가족의 영향으로 내가 원하는 것이 달라지기도 한다. 내 친구의 예를 들어보겠다. 그녀는 친구의 딸이 결혼하는데 거창하고 화려한 결혼식을 하고 싶어 하지 않는다는 말을 들었다. 그래서 내 친구는 자기 딸에게 '소박한' 결혼식을 하자고 압력을 넣었다. 더구나 그녀의 친구는 큰 딸도 설득해서 드레스를 무료로 대여해 주는 '웨딩드레스 프로젝트'에 참여하게 했다는 것이다. '결혼 서약은 친구들과 가족들 앞에서 하면 된다.'고 주장하면서. 하지만 내 친구의 딸은 결혼식을 그런 식으로 하고 싶지 않다고 분명하게 밝혔다. 자기주장이 분명한 신랑신부가 라스베이거스에서 결혼식을 올리고 사진을 엽서로 만들어 보내주었을 때 나는 내심 무척 기뻤다. 엘비스 프레슬리를 닮은 가수가 운전하는 차에 타는 두 사람의 모습이 담긴 사진이었는데, 두 사람의 웃는 표정에는 '당신이 여기 있으면 좋을 텐데.'라고 쓰여 있었다.

지나치게 예민하거나 과기능 상호의존적인 상태에서는 내가 원하는 것이 있어도, 그것을 추구하려다 마음을 다치거나, 사랑하는 사람의 비난을 받거나, 그를 화나게 할 수도 있다고 생각되면 포기한다. 공감도가 높은 사람이라면 그런 현상이 두 배로 증폭된다. 당신도 어린 시절에 부모가 드러내는 비언어적 거절을 종종 감지하던 기억이 있을 것이다. 당신이 어떤 경험을 했든, 그것이 과거의 일이든, 현재의 일이든, 당신이 원하는 것을 분명하게 밝히는 것이 자기를 존중하는 길이다.

최후의 보루(양보할 수 없는 것)

최후의 보루는 협상의 여지가 없는 지점이다. 외부를 향해 세워놓은 경계는 자기 내면의 기호에 근거한 것이기 때문에, 무엇을 양보할 수 없는가 하는 문제도 개인의 고유한 영역이다. 당신이 다른 사람과 관계를 맺는데 양보할 수 없는 것이 무엇인지를 아는 사람은 당신뿐이다. 그러니 당신이 마음속에 정해놓은 보루를 사랑하는 사람이 이해하지 못한다고 해도 상심하지 말자. 내 이야기를 예로 들어 보겠다. 나와 잘 맞는 남자와 오랫동안 연애를 한 적이 있었다. 하지만 그와 딱 하나, 중요한 부분이 맞지 않았는데 그것은 바로 생활 방식이었다. 그는 평온하고 정적인 걸 좋아했고, 나는 활동적인 삶을 원했다. 소파에 붙어서 살려는 그의 생활 방식은 둘이 함께 헬스클럽에 다니고 싶은 나의 바람과 맞지 않았다. 물론 친구들과 하이킹을 가거나 혼자 운동을 하러 갈 수도 있다. 하지만 요점은 그게 아니지 않은가. 어느 날 친구에게 이런 고민을 털어놓자 친구가 말했다. "그렇지만 너희 두 사람 아주 행복해 보여. 이 문제 하나만 포기할 수는 없어?" 그 친구가 내 입장이었으면 정말 그렇게 했을 수도 있다. 하지만 나는 그럴 수 없었다. 우리는 결국 그 문제 때문에 헤어졌다. 어떤 사람들에게는 정치 성향이 보루일 수도 있고, 결혼을 할 것인가, 자녀를 가질 것인가의 문제처럼 삶 전체를 설계하는 시각이 보루일 수도 있다.

물론 좀 더 극적인 경우도 있다. 불륜, 배신, 중독, 학대. 이렇게 삶의 방향을 결정지을 수 있는 중대한 사안이라면 특히 당신이 정한 보루에 대해 다른 사람의 영향을 받지 않으려는 자세가 중요하다. 내가 상담했던 의뢰인들 중에는 알코올 중독자나 바람둥이와 사는 일은 절대로 있을 수 없다고 생각하다가 실제로 그런 사람과의 관계에서 헤어 나오지 못하는 사례들도 있다. 이런 경우 자신의 행동을 합리화해서 넘어가고 싶은 마음이 들 수 있다. 그런데 사실 무엇을 보루로 삼을 것인지는 당신 내면의 문제다. 그것이 합당한지를 판단하기 위해 다른 사람의 검증을 받을 필요는 없다. 당신의 보루고, 당신의 인생이니까. 그러니까 절대로 양보할 수 없는 것이 있다면 명확하게 규명하자. 그러면 무엇을 버리고, 무엇을 취할 것인지 좀 더 쉽게 파악할 수 있다. 책 말미의 심화과제가 당신이 좋아하는 것, 바라는 것, 양보할 수 없는 것을 파악하는데 도움이 될 것이다.

진실을 말하지 않으면 공기도 통하지 않는 내면의 밀실에 갇혀 사는 것과 같다. 그 안에서 상대의 마음속에서 일어나는 일, 그리고 당신과의 관계에서 상대가 알아야 할 것들을 혼자 가정하고 예측한다. 자신감을 가지고 스스로를 표현하기 위해 3R(인식-내려놓기-대응) 활용법을 살펴보기로 하자.

3R 활용하기

3R(인식-해소-대응)을 활용하면 좀 더 효과적으로 갈등 상황을 헤쳐 나가고, 자신감 있게 자기를 표현할 수 있으며, 새로운 신경 연결 회로를 구축할 수 있다. 이는 원하는 삶을 살아가기 위한 기틀을 마련하는 바운더리 주인 전략의 하나이다.

1. 인식

당신이 수용할 수 없는 것이 무엇인가? 그에 대해 당신의 몸은 어떻게 반응하는가? 현재 그 상황은 과거의 어떤 상황을 떠오르게 하며, 그로 말미암아 몸에 어떤 신호가 오는가? 상대방을 판단하거나 나쁘게 생각하는 대신 당신 자신과 감정에 집중하자. 자신을 좀 더 이해하고 무엇이 도움이 되며, 무엇이 그렇지 못한지 깨달아야 한다. 몸의 신호에 귀를 기울이면 당신의 현재 상황을 좀 더 진지하게 돌아보고 습관적인 대응으로 부터 벗어나 좀 더 발전적으로 문제에 다가설 수 있다.

2. 해소

용기를 내서 안이하고 습관적인 방식에서 벗어날 각오를 하자. 몸에 이상 증상이 느껴지는 부위를 찾아 증상이 완화될 때까지 그곳을 향해 심호흡을 하자. 삶을 제약하는 믿음이든, 아니면 과거로부터 굳어져온 행동 양식이든 당신에게 익숙한 것들을 내려놓자. 당신의 일상에서 감정 전이, 또는 바운더리 행동 양식의 반복이 일어나고 있는지 살펴보고, 만약 일어나고 있다면 그것을 규명한다. 지금은 과거의 그 시절이 아님을 기억하자. "그건 지난 과거의 일일뿐이야."라고 스스로에게 말한다. 과거의 잔재를 털어버리고 신중하고 전략적인 마음을 갖도록 하자.

3. 대응(Respond)

마음을 집중하여 의식적으로 말하고 행동한다. 요청을 할 때는 간단명료하게 하며, 당신이 선호하는 것과 원하는 것, 양보할 수 없는 것을 말한다. 새로운 대응 방식을 실천한다.

이제 새로운 행동 양식을 익히는 것이 중요하다는 사실도 이해했고, 익히는 방법도 알았으니, 주변으로부터 원치 않는 관심을 받고 수치심을 느꼈던 막달레나는 3R 전략을 어떻게 활용했는지 알아보자.

막달레나의 마음 깊은 곳에는 자신이 쓸모없는 존재라는 생각이 어린 시절부터 새겨져 있었다. 그렇게 뿌리 깊은 믿음을 품고 있으면 항상 주변에 촉각을 세우고 자기의 믿음을 뒷받침하는 증거를 찾게 된다. 이런 면에서 무의식은 가장 충실한 지원자라고 할 수 있다.("자, 보세요. 주인님 생각이 맞잖아요. 저들이 주인님을 조롱하고 있다고요.") 이렇게 자신을 무력하게 만드는 내면의 소리를 잠재우는 계기가 된 것은 막달레나가 몸이 보내는 신호를 통해 자신에게 문제가 있음을 인식했을 때였다. 그때부터 원치 않는 행동 패턴을 수정하기 시작할 수 있었다.

막달레나는 제일 먼저 거리를 걸을 때 가슴이 조여 오는 증상을 느꼈다. 규칙적인 명상을 통해 마음을 깨우니 본능적인 직감에 좀 더 주의를 기울일 수 있었다. 그렇게 해서 막달레나는 거리에서 남자들이 야유하는 소리를 듣기 전부터 자기가 불안을 느낀다는 사실을 알게 되었다. 물론 야유하는 소리를 듣고 나면 100배는 더 불안해 지지만, 그런 불쾌한 상황이 벌어지기 전부터 불안감은 이미 생긴다는 사실을 깨달은 것이다. 결국 막달레나는 반갑지 않는 관심을 받을 것에 열정적으로 대비했고, 실제 상황이 벌어지면 준비되어 있던 에너지가 그 경험을 증폭시켰던 것이다.

막달레나는 자기가 왜 자신의 몸을 소중하게 여기지 않았는지 탐구하기 시작했고, 몸에 대한 수치심을 일으키는 모든 감정들도 규명하기 시작했다. 길에서 야유를 보내는 남자들 중 누구와도 관계를 맺어본 적은 없지만, 그래도 막달레나의 문제는 바운더리의 문제였다. 마치 세상 밖으로 걸어 다니는 것이 자기에게는 금지조항인 것처럼 느꼈다. 이는 바운더리 주인의 행동 양식이 아니었으며, 그렇게 살 수도 없었다. 바운더리를 지킨다고 하면 많은 사람들은 자기가 원치 않는 행동이나 사람을 내 안에 들이지 않는 것이라 생각한다. 어느 정도는 맞는 말이다. 하지만 그보다 더 중요한 바운더리의 역할은 내 안에 있는 소중한 세계를 보호하는 것이다.

막달레나가 야유하는 사람들을 통제할 수는 없었지만, 자기 내면에서 오고가는 생각들은 바꿀 수는 있었다. 불쾌한 경험으로부터 자신을 보호할 수 있도록. 5장에서 배운 것처럼 사람은 누구나 자기 이야기를 만들어 갈 때 언제나 의식적으로, 또는 무의식적으로 자신의 해석을 덧붙인다. 우리 마음이 느끼는 현실, 자아 개념, 자아 정체성은 모두 이 이야기에 근거한다. 막달레나가 바꿀 수 있는 것은 스스로를 하찮게 여기는 자신의 생각이었다.

나와 상담을 하면서 막달레나는 자기 몸을 진심으로 수용하고 사랑하는 마음을 키웠다. 몸으로 할 수 있는 즐거운 일들, 좋아하는 일들을 모두 나열해 보았다. 그녀는 살사댄스를 출 수 있었고, 로즈메리를 얹어 구운 닭고기와 감자 그라탱의 맛을 음미할 수도 있었으며, 자연의 아름다움을 감상할 수도 있었다. 몸이 없으면 이 중 어느 것도 즐길 수 없었다. 자기를 사랑하게 되면서 막달레나는 점차 부정적인 생각들을 해소하고 같은 상황에 대해 좀 더 여유 있고 주체적인 입장에서 대응할 수 있도록 마음을 열었다. 그러자 행복이란 다른 사람이 어떤 행동이나 말을 했는가, 하지 않았는가에 달려 있는 것이 아니라, 자기의 생각에 달려 있다는 사실을 이해하기 시작했다.

막달레나는 문제의 상황에 새로운 방식으로 대응하기로 했다. 그 후로는 길을 가다가 "우와, 아가씨. 정말 섹시해!"라는 소리가 들리면 그녀도 미소를 지으며 똑 같은 말을 자신에게 해 주었다. '맞아. 나는 정말 풍만하고 아름다운 엉덩이를 가졌어.'

그녀의 엉덩이도, 거리도, 야유도 그대로였지만 막달레나는 완전히 새로운 경험을 할 수 있었다.

마음 하나 바꾼 것뿐인데 자기 앞에 벌어진 상황을 훨씬 더 자유롭고 여유 있게 받아들일 수 있었던 것이다. 한 번 그런 경험을 하고 나니 그 효과가 강렬했다. 몸에 대해 처음으로 긍정적인 대응을 했던 경험은 삶 전체에 대한 열정을 자극했고, 시간이 지나면서 거리를 지나는 그녀의 걸음에는 자신감이 흘러넘쳤다.

> **핵심 정리**
> 3R을 활용해서 낡은 대응 방식을 찾아보고, 그에 따르는 신체적 증상과 감정 전이를 해소하고, 당신이 원하는 결과를 가져올 수 있도록 깨어 있는 마음으로 대응해 보자.

이러한 의식의 변화는 삶의 다른 영역에도 엄청난 파급 효과를 나타냈다. 직장에서도 솔선수범하는 모습을 보이고, 데이트 상대도 찾아보기로 했다. 나와 상담을 하러 와 있는 동안에도 그녀의 모든 동작과 몸가짐이 눈에 띄게 달라졌다. 허리를 곧게 펴고 앉아 있는 모습에는 자신감과 활기가 넘쳤다. 드디어 막달레나는 자기가 오래전부터 이미 여신이었음을 실감하게 된 것이다. 이 모두는 그녀가 자신을 대하는 방식을 개선하기 위해 노력하기로 마음먹었기 때문에 가능했던 것이다.

막달레나의 바운더리 문제는 사랑하는 사람이나 직장 동료가 관련된 것은 아니었지만, 가까운 관계에 있는 사람과의 문제에도 같은 원칙을 적용시킬 수 있다. 예를 들어 배우자가 독단적으로 부부 동반 모임에 가겠다고 약속해놓고, 가고 싶지 않은 당신에게 함께 참석할 것을 요구할 때에도 똑 같은 3R 전략을 활용할 수 있다.

1. 인식하기

그럴 때 당신이 어떤 느낌인지 인식하고, 그 정보를 당신의 습관적인 반응을 멈추어야 한다는 신호로 활용한다.(예를 들면 말없이 화가 나고 배가 아파지는 것과 같은 반응.)

2. 해소하기

과거의 사건이나 무력감을 느끼게 하는 경험에서 비롯된 긴장감이나 불안감을 해소한다.(어린 시절 아버지나 언니, 코치와 함께 있을 때처럼 투명 인간이 된 것 같은 느낌이었다. 하지만 과거의 경험이 현재의 삶에 영향을 미치게 할 수는 없다.)

3. 대응하기

앞으로는 약속을 하기 전에 당신과 상의해 달라고 간단명료하게 말한다. 예를 들면 '파트너 바꾸기'를 한 적이 있다고 고백한 부부와 온천욕을 하기로 할 때, '제발 대답하기 전에 먼저 물어보란 말이야!'처럼.

우리 대부분은 일상에서 부딪치는 상호 작용과 경험들에 부정적 의미를 부여하려는 성향을 지니고 있다. 그러한 해석들은 정서 반응을 지배하여 우리의 삶에 영향을 미친다. '진실'은 언제나 주관적임을 기억하라. 관점을 어디에 두느냐에 따라 진실은 달라질 수 있다.

과도기: 당부의 말(그리고 격려의 말)

당신은 지금 바운더리 주인이 되는 과정에서 매우 중요한 단계에 와 있다. 어쩌면 조금 의기소침해지거나, 벌거벗은 느낌이 들 수도 있다. '테리, 당신은 왜 내가 가진 무기들을 모두 빼앗아 가는 거죠?'라고 묻고 싶을지도 모른다. 하지만 내 말을 들어주기 바란다. 지금까지는 간접적이고 회피적인, 그 밖의 비효과적인 소통을 통한 작업 방식에 익숙해 있을지라도, 이 시점부터는 시야를 넓혀 나가기로 하자. 과거의 방식이 당신의 신경 회로를 길들여 놓았을 수도 있지만, 결국 당신을 행복하게 하지는 못했지 않은가. 이제 당신은 많은 것을 배우고 깨달았기 때문에 과거의 방어 기재와 역기능적 전략으로 돌아갈 수 없다. 그렇지만 아직 새로운 기술을 완전히 습득한 것은 아니다. 나는 이 단계를 개인의 변화 과정에서 과도기라고 부른다.

지금까지 당신은 비유적 표현으로 지하 창고까지 내려가 불을 밝혔다. 거기서 당신이 발견한 것들을 안 본 것으로 돌릴 수는 없다. 설령 당신이 원한다고 해도 다시 과거의 방식으로 돌아갈 수 없다는 뜻이다. 그리고 당신은 절대로 돌아가기를 원하지 않는다.

일반적으로 과도기에는 저항이 쌓인다. 새로운 행동 방식이 안정적으로 자리 잡기까지는 마치 두더지 잡기 게임을 하듯 저항이 솟아오를 것이다. 괜찮다. 새로운 것들은 불편할 수 있는 법이니까. 그러니 저항해도 좋다! 당신의 바운더리 주인 기질을 시험해 볼 좋은 시간이다. 당신이 생각하는 것보다 당신은 훨씬 강하다는 점을 기억하라.

> **핵심 정리**
> 자기주장을 분명하게 하려는 작은 노력을 꾸준히 하다 보면 어느새 과도기를 지나는 시간이 단축된다. 역기능을 넘어서는 시점이 더 빨리 다가온다는 뜻이다.

과도기를 헤쳐 나가는 동안 당신 주변에서 우선순위의 아래에 속하는 사람들을 상대로 새로운 바운더리 기술을 시험해 볼 수 있다. 관계에 쏟은 정성이나 시간이 상대적으로 적은 사람들, 말하자면 일 년에 한두 번 만나는 사람이나 우편 배달원을 예로 들 수 있을 것이다. 우편 배달원이 실수로 전에 살던 사람의 우편물을 당신의 비좁은 우편함에 넣었을 때, 그런 일이 계속 반복될 때, 짜증이 나면서도 우편함에 그대로 남겨 두면 알아들을 것이라 기대하지 말고 직접 말하라. "한 가지 말하고 싶은 게 있는데요," 또는 "한 가지 부탁할 것이 있는데요," "한 가지 유의해 주셨으면 하는 게 있는데요,"라고 말을 시작하자.(그래야 한참 후에 "샌드라 기안칼로는 5년 전에 이사 갔다고요! 어떻게 그걸 모를 수 있죠?"라며 소리치지 않을 수 있다.) 부담이 적고, 당신에게 미칠 영향이 가벼운, 말하자면 당신의 인생에서 덜 중요한 관계부터 시작하자.

당신 주장을 할 수 있는 기회를 찾는 것도 과도기를 좀 더 빨리 지나갈 수 있는 효과적인 방법이다. 당신에게 중요한 사람과의 관계에 시도할 때는 소소한 변화부터 시도하는 것이 좋다. 예를 들면 순한 음식을 좋아하는 배우자에게 가끔은 매운 버펄로 치킨윙을 먹고 싶기도 하다고 말하는 거다.(당신 주변에 있는 사람들의 기호나 취향에 대해 당신이 얼마나 알고 있는지 생각해 보라. 반면에 그들은 당신의 기호나 취향에 대해 알고 있는 것이 별로 없다는 것도.) 이 세상에 당신의 자리를 좀 더 확실하게 만들 수 있는 기회는 얼마든지 있다. 당신이 그런 시도를 할 때마다 중요한 진실이 좀 더 확고해진다. 당신이 중요한 사람이라는 사실.

한 단계씩 나아갈 때마다 스스로 이를 인정해 주는 것도 스스로에게 희망을 주는 방법이며, 힘든 상황에 부딪혔을 때 회복할 수 있는 힘이 된다. 지속성과 성실함이 이 과정에 꼭 필요한 요소다. 힘든 순간이 올 것이다. 그만두고 싶어질 수도 있다. 하지만 지금처럼 힘들여 많은 생각을 하지 않고도 새로운 바운더리 기준을 실천할 수 있는 때가 반드시 올 것이라는 사실을 기억하기 바란다.

당신이 익숙하고 편안해 하는 생활 방식이 사실은 감옥이 될 수 있다. 이제 그 밖으로 나와야 할 때다. 당신이 진정으로 원하는 모든 것은 밖에 있으니까. 새로운 존재 방식이 신경 연결망에 새로운 회로로 자리 잡을 때까지 지각의 범주를 넓히고 새로운 행동 양식이 잘 실천되고 있는지 살펴야 한다. 당신이 그 과정을 가고 있다는 사실이 정말 기쁘다!

바운더리 주인 실천 과제

1. 기본 과제
몸에서 보내는 신호에 주의를 기울이자. 하루를 보내면서 스스로 물어본다. "지금 내게 필요한 게 뭐지? 배가 고픈가, 목이 마른가, 아니면 피곤한가? 스트레칭을 하거나 좀 움직여야 할까?" 그러고 나서 시간을 내서 몸이 필요로 하는 것을 한다.

2. 심화 과제
당신이 좋아하는 것, 원하는 것, 양보할 수 없는 것을 인지하자. 자기 이해는 바운더리 주인 기술을 습득하는데 기초가 되는 요소들 중 하나다. 자기 이해를 좀 더 깊이 있게 하고 싶다면 이 책 뒤에 실린 심화 과제에 있는 훈련 과제를 활용하면 된다. 당신이 좋아하는 것, 원하는 것, 양보할 수 없는 것을 명확하게 이해하는데 도움이 될 것이다.

3. 영감 받기
타인의 긍정은 중요하지 않다. 마음에 와 닿는 긍정의 말을 생각해서 스스로에게 해 주는 것도 변화의 의지를 고취시키는데 강력한 효과를 발휘한다.(그리고 재미도 있다!) 이 책의 뒤에 실린 심화 과제에 단계별로 자세히 설명되어 있다.

Chapter 7

|

거절당하는 것에 대한 민감함, 나를 포기할 때의 느낌과 감각

외적 바운더리, 내적 바운더리

마리아가 나와 상담 치료를 시작한 이유는 성인이 된 후로 지속되는 과체중 때문이었다. 정상 체중보다 늘 50에서 80 파운드가 많았다. 온갖 시도를 다 해보았지만 성공적으로 체중을 줄이고 지속할 수 없었다. 마리아는 아무리 노력해도 소용이 없다고 했다.

"몸이 아파요. 늘 피곤하고. 내가 남편을 사랑하는 만큼, 그이도 내가 지금 그대로 있길 바라는 것 같아요." 마리아는 이렇게 말하면서 수치스럽다는 듯 고개를 숙였다.

나는 그녀의 용기가 대단하다고 생각했다. 그리고 어디서부터 시작해야 할지 알 것 같았다.

거스라는 남자와 20년째 결혼생활을 해오고 있는 마리아는 집에서 두 아이, 클레오와 디미트리를 키우면서 아르본이라는 상표로 식물성 화장품과 영양제를 파는 미용 사업을 하고 있었다. 결혼생활은 만족스럽고 남편과도 서로를 지지해주는 관계라고 했다. 마리아와 거스는 힘을 모아 좋은 부모 역할을 하고 있었으며 천성적으로 아이들과 가족을 무엇보다 중요하게 생각하는 사람들이었다. 음악 공연에 함께 가는 것도 좋아했고, 친척, 친구들과도 자주 모임을 가졌다. 여름에 바베큐도 하고, 북클럽도 하고, 함께 식사를 하며 유쾌한 대화를 즐겼다. 거스는 가족 모임이나 친교 생활에 적극적이기도 했지만, 남의 말을 참을성 있게 경청할 줄 아는 사람이라고 했다. 모든 면에서 두 사람의 결혼생활은 이상적인 것 같았다.

나는 마리아에게 문제가 있다고 생각되는 부분에 대해 말해보라고 했다. 그러자 마리아는 체중 조절을 시작할 때마다 처음 3, 4주 동안은 거스가 자기를 격려하고 지지해 준다고 했다.(마리아가 그걸 알아차렸다는 건 고무할 만한 일이다.) 그러나 2, 3 파운드 정도 빠지고 나면 그때부터 거스의 태도가 변한다고 했다. 예를 들면, 마리아가 좋아하는 크럼케이크를 구워놓고 '어쩌다 한 번 정도는 먹고 싶은 걸 먹어줘야 한다.'며 권한다는 것이다. 아니면 잘 가는 이태리 식당에 예약을 하고 가족 모두를 불러 회식을 한다거나.

상담이 좀 더 진행되면서 마리아는 좀 더 많은 이야기를 해주었는데, 하루에 20분씩 걸으려고 하면, 거스는 격려를 해주는 대신 넷플릭스에서 함께 보던 프로를 마저 끝내자고 제안하거나, 다음 날 함께 걸어주겠다고 약속을 하고는 지키지 않는다고 했다. 거스가 평상시에 협조적인 남편이라는 점을 생각해 볼때, 그의 상반되는 행동은 마리아가 체중 조절에 성공할까 봐두려워하는 마음이 있기 때문이라는 생각이 들었다. 물론 무의식에서 일어나는 일이겠지만 말이다.

그런 상황을 초래하게 된 감추어진 심리적 동기를 포함해서마리아와 거스의 현재 관계를 좀 더 살펴볼 필요가 있었다. 그리고 마리아가 건강한 바운더리를 설정하고 그것에 기준해서거스에게 필요한 요청을 하도록 독려해야 했다. 그래야 마리아가 건강을 위한 목표를 고수하고 그것에 대해 거스와 진지한 대화를 나눔으로써 두 사람 사이의 바운더리 문제를 성공적으로변화시킬 수 있을 것 같았다.

묵시적인 바운더리 합의

마리아의 말을 들어 보면 그녀와 거스 사이에는 갈등을 피하고, 두 사람의 관계를 위협할 수 있는 각자의 성격은 억제하여서로를 편안하게 해 주기로 묵시적인 합의가 있었던 것처럼 보였다. 혹시 마리아의 이야기가 남의 일 같지 않다는 생각이 드는가?

　어쩌면 당신도 배우자나, 사랑하는 사람이 감정적으로 불편해질 수 있는 대화는 피한다는 생각을 한 적이 있을지 모른다. 정면으로 문제를 마주하기보다는 조심스럽게 그 주변을 배회하는 듯한 느낌이었을 것이다. 묵시적인 바운더리 합의의 예는 많은 가정에서 찾아 볼 수 있다. 지배적인 부모나 형제가 은연중에 돈이나 청하지도 않은 충고로 당신을 통제하려 드는 상황도 그러한 예에 해당된다. 당신은 통제당하는 것이 싫으면서도 그렇게 말하지 못하고 미소를 지으며 고개를 끄덕인다. 속으로는 화가 끓어오르는데도 말이다.

　이러한 묵시적 합의도 바운더리 청사진처럼 종종 간과하고 지나가기가 쉽지만, 실상 이러한 묵시적 합의는 그늘 속에 가려진 채 파괴적인 힘을 행사할 수 있다. 묵시적 합의가 발효되면 그것에 대해 논의할 수 있다는 생각조차 하지 못하기 때문이다. 그러나 기억해주기 바란다. 지금쯤 당신도 알고 있겠지만, 어떤 상황에서도 당신에겐 선택의 여지가 있다.

【자기 돌아보기】
합의는 언제나 명시적으로 하자

　묵시적 합의란 서로 말하지 않은 채 관계에 적용시키는 규칙이다. 이러한 묵시적 합의는 상대방의 마음을 넘겨짚는 행동 방식에 의해 이루어진다. 다음의 질문들을 통해 당신이 어떤 상황에서 진지한 대화를 피하고 상대방의 마음을 넘겨짚는지 알아보자.

- 당신이 절실하게 원하는 것을 상대가 해주었으면 좋겠다는 생각이 들 때, 당신의 입장에서는 그런 바람이 너무 당연한 것이니 그 사람도 당신의 마음을 직감적으로 느끼거나 이해하거나, 아니면 당연히 알아야 한다고 생각한 적이 있는가?

- 누군가 당신에게 불쾌한 말을 했을 때, 당신은 그 사람이 별 뜻이 있어서 한 말은 아닐 거라 생각하고 지나친 적이 있는가?

- 당신 생일보다 조금 먼저 친구가 생일을 맞았을 때, 당신이 친구의 생일을 대단하게 축하해주면 친구도 당신 생일에 똑같이 해줄 거라 생각했던 적이 있는가?

- 누군가에게 하고 싶은 말이 있을 때, 굳이 내가 말하지 않아도 될 것 같다든가, 그도 지금쯤 알고 있을 거라고 생각한 적이 있는가?

바운더리 주인답게 명확하고 투명한 합의를 할 수 있으려면, 먼저 당신이 어떤 상황에서 소통을 하는 대신 짐작으로 넘어가려는지 규명할 수 있어야 한다.

마리아는 자신의 결혼생활에 묵시적 바운더리 합의가 문제가 되고 있다는 사실을 전혀 생각하지 못하고 있었다. 그리고 두 사람 모두 지금까지 잘 지켜온 바운더리 양식을 바꾸는 것을 두려워하고 있는 것 같았다. 두 사람의 전반적인 관계가 긍정적이었기 때문에 더 그런 것 같았다. 사실 모든 사람이 가지고 있는 이 변화에 대한 두려움이 적극적인 바운더리 전략을 세우려고 할 때 첫 번째 장애가 된다.

그럼에도 우리가 희망을 걸 수 있는 유일한 해결책도 변화뿐이다. 명상과 마음 챙김의 대가인 내 친구 데이브지의 말에 따르면 변화는 호흡과 같아서 과정의 일부가 아니라 그 자체가 과정이다. 삶의 날숨과 들숨에 나를 온전히 맡길 때 깊은 해방감을 경험할 수 있다. 미지의 것에 다가가려는 의지가 있으면 효과가 크게 달라진다. 그 미지의 세계에 무한한 변화의 가능성이 살고 있으며, 당신은 지극한 평화 속에 그 세계를 포용할 수 있기 때문이다.

우리 대부분에게 이론적 개념을 이해하는 것과 실제로 변화의 흐름에서 안정감을 경험하는 것은 별개의 문제다. 특히 개인 바운더리를 구축하는 문제에 있어서는 더 그렇다. 3장에서 언급했던 것처럼 변화를 두려워하는 것은 인간의 본성이다. 조상들처럼 매순간 생명을 위협하는 상황에 살고 있지 않다고 하더라도 우리는 여전히 변화를 두려워한다. 본성에 새겨진 원초적 두려움이 작동하기 시작하면 우리는 좀처럼 이를 떨쳐버리지 못한다. 그렇지만 다행스럽게도 이제 우리에게는 3R(인식-해소-대응)이라는 바운더리 전략 무기가 있어서 이러한 생리학적 기초 반응을 멈출 수 있다. 불안을 느끼는 상황에서도 좀 더 사려 깊은 대응을 할 수 있는 것이다.

이 3R 전략을 늘 염두에 두기 바란다. 개인 바운더리 기술과 지식을 습득하는 과정을 걸어가다 보면, 다시 한 번 말하지만,

장벽에 부딪힌 듯한 느낌이 들 때가 있을 것이다. 어쩌면 성공적인 결과에 대한 두려움이 생길지도 모른다. 건강해진다는 것은 어떤 면에서 보면, 문제를 안고 있었으나 익숙해진 생활이 주는 편안함을 버려야 한다는 의미이기도 하기 때문이다. 아니면 실패에 대한 두려움이 생길 수도 있다. 건강한 바운더리를 가진다는 것은 거절, 불편함, 불완전함을 전보다 자주 겪어야 한다는 의미이기도 하기 때문이다.

> **핵심 정리**
> 변화에 대한 두려움 때문에 과거의 익숙한 행동 양식에 더욱 집착할 수도 있다. 그렇게 하는 것이 우리가 바라는 결과를 얻는 길과 다른 방향으로 이끈다 하더라도.

성공에 대한 두려움과 실패에 대한 두려움은 동전의 양면과 같다. 그 동전은 바로 변화에 대한 두려움이다. 양파의 껍질을 벗기듯 불안의 껍질을 벗기면서 하나씩 살펴보면 변화에 대한 두려움이 사실은 상실에 대한 두려움임을 알 수 있다. 미지의 세계로 들어가기 위해 익숙한 것을 잃어야 하기 때문이다. 하지만 마음가짐을 달리하면, 변화는 두려운 것이기보다는 환희의 과정임을 알 수 있다.

안정적인 관계에서 변화를 시도하는 것이 두 사람 모두에게 커다란 위협 요인으로 여겨지는 건 당연하다. 그 변화가 꼭 필요한 것임을 마음으로는 알고 있다 해도 마찬가지다.

기존의 바운더리 양식을 바꿀 때 경험할 수 있는 두려움을 좀 더 수월하게 헤쳐나가기 위해, 반응하는 바운더리에서 주도적으로 대응하는 바운더리로 옮겨가는데 거치게 될 주요 단계들을 살펴보기로 하자. 이 단계들을 숙지한다고 해도 두려움은 여전히 남을 수 있다. 하지만 필요할 때 당당히 나서서 진실을 얘기할 수 있을 정도로 두려움이 완화될 것이다.

이 단계별 과정은 바운더리 갈등을 초기에 알아차리고, 간접 소통 습관을 변화시키며, 자신감 있게 자기주장을 할 수 있도록 당신을 준비시켜줄 것이다. 성공적인 결과를 얻기 위해서는 앞 장에서 얘기했듯이 당신이 좋아하는 것, 원하는 것, 양보할 수 없는 것들을 파악하고 있어야 하며, 당신이 누구를 상대하고 있는지도 알고 있거나 예측하고 있어야 한다. 그리고 삶의 전반에 걸쳐 당신이 어떠한 대인관계를 맺고자 하는지도 진지하게 생각해 봐야 한다.

예를 들어 회사 동료인 밥이 수시로 집으로 영상 통화를 걸어오는 것이 싫다고 하자. 당신의 의사를 알아차릴 수 있는, 간단히 힌트가 되는 말을 하면서 눈알을 굴리는 등의 간접 신호를 보내는 것은 반응적인 바운더리 행동 양식이다. 당신이 좋아하지 않는다는 사실을 그가 알아채고 그만해 주기를 바랄지 모른다. 하지만 그는 알아채지 못할 뿐 아니라 당신도 지속적으로 같은 반응을 보일 수는 없다.

밥이 마법처럼 변하기를 기대하는 대신, 그의 나쁜 습관을 뿌리 뽑을 적극적인 계획을 세워야 한다. 새로운 행동과 반응은 일반적으로 저항을 야기하므로 당신이 밥에게 '영상 통화는 사무실에서만'이라는 전제를 달면 그는 당연히 좋아하지 않을 것이다. 그건 이해할 수 있다. 그런데 여기 한 가지 중요한 사실이 있다. 당신이 어떠한 변화도 불편함을 야기할 것이라 예상한다는 것은 이미 당신과 밥 사이에 묵시적 합의가 있다는 뜻이다. 그에게 직접적으로 "그만 해, 밥."이라는 말을 하지 않음으로써 당신은 그의 침략적 바운더리 행동 양식을 수용하는데 동의해 온 것이다.

대인관계에서는 주도적이고 투명한 합의를 하는 것이 매우 중요하다. 동료 관계든, 사업가와 고객의 관계든, 사업 파트너 관계든 모두 마찬가지다. 그래야 방향을 예상할 수 있고, 향후의 갈등을 피할 수 있으며, 건강하고 생산적인 관계로 발전될 가능성이 높아진다. 이는 친구 관계에서부터 가족 관계, 이웃 간의 관계, 그 밖의 모든 관계에서도 마찬가지다. 주도적인 바운더리가 성공을 보장한다.

여기 주의할 점이 있다. 지금 당신을 힘들게 하는 것이 누구와의 관계든 묵시적 합의를 변화시키기 위해 직면해야 하는 두려움은 당신 몫이다. 적극적인 바운더리 계획을 실현시킬 사람도 당신이다. 그러기 위해서는 먼저 자신과의 관계를 반영하는 내적 바운더리를 확인해야 한다.

내적 바운더리

다른 사람과의 바운더리는 외적 바운더리라고 하며, 당신이 그들과 어떤 방식으로 상호작용을 할 것인지, 또는 하지 않을 것이지를 말해준다. 반면에 내적 바운더리는 당신이 자신과 어떻게 상호작용 하는가를 말해준다.

마리아가 거스와 주도적인 바운더리 계획을 세우기 전에 우리는 먼저 그녀의 내적 바운더리를 명확하게 규명할 필요가 있었다. 이는 자기 안에서 허용할 수 있는 경험과 감정들을 정하는 기준이 된다. 나는 마리아의 내적 바운더리가 그다지 건강하지 못할 것임을 예측할 수 있었다. 그렇지 않았다면 거스가 내미는 크림 케이크를 좀 더 쉽게 사양할 수 있었을 것이다. "난 됐어. 고마워, 여보."

내적 바운더리가 건강하려면 자기 이해는 물론 자기와의 약속을 기억하고 지킬 수 있는 의지가 있어야 한다. 바로 이런 이유 때문에 2장에서 '괜찮은가/괜찮지 않은가'에 관한 연습문제를 다루었던 것이다. 연습문제를 건너뛰었다면 지금이라도 돌아가서 시도해 보기 바란다. 예를 들면, 건강을 위해 매주 요가 클래스에 가기로 결심하고는 이주 정도 후에 소셜 미디어나 친구를 핑계로, 또는 소파에 붙잡혀서 건너뛸 수 있다.

> **핵심 정리**
> 내적 바운더리는 진솔한 자기 이해에 기반을 두며, 자기 안에서 허용할 수 있는 경험과 감정의 한계를 정하는 기준이 된다. 내적 바운더리는 자신과의 관계가 건강한가의 여부를 직접적으로 반영한다.

당신은 인간일 뿐이다. 완벽할 필요는 없다. 하지만 자신과 어떤 약속을 하고 지키지 않으면(또는 개인적인 발전을 위해 즉각적인 즐거움을 미뤄두지 않으면), 당신 자신을 포기하는 것과 같다.

자포자기는 건강하지 못한 내적 바운더리의 주요 증상 중 하나다. 건강한 선택을 할 수 있는 능력이 저하된 상태다. 지속적으로 자기를 포기한다면, 당신은 영원히 목표 지점에서 세 걸음 정도 못 미쳐 있게 될 것이다.

건강한 내적 바운더리는 매우 중요하다. 내적 바운더리가 건강하면 스스로 하겠다고 마음먹은 것들을 흔들림 없이 실천할 수 있다는 자신감을 가질 수 있다. 자기를 스스로 돌볼 수 있다는 믿음은 마음을 평안하게 한다. 예를 들면 당신 집에 오겠다는 어머니에게 요가 수업에 가야 하니 계획했던 시간보다 한 시간만 늦게 오라고 말할 수 있다. 이런 경우 두 가지 바운더리 규칙이 적용된 것이다. 먼저 요가 수업을 빠지지 않겠다는 것은 내적 바운더리 행동 양식에 해당한다. 그리고 어머니에게 한 시간 늦게 오라고 요청하는 것은 외적 바운더리에 해당한다. 헤어진 남자친구가 당신과 친구로 지내면서 필요할 때 성관계만 나누자고 제안할 때, 좀 더 실질적인 관계를 원하는 당신은 '싫다'고 거절할 수 있다. 마음이 확실하게 정리되어 있으므로 당신이 원하는 결과와 상충되는 것들에 대해 '나는 싫어'라고 명확하게 말할 수 있다. 당신이 정하는 한계에 대해 다른 사람들이 어떻게 반응할 것인가보다는 당신의 진실한 감정을 더 중요하게 여긴다. 내적 바운더리가 건강하면, 자신의 진심에 근거해서 자기 자신, 또는 자기가 맺고 있는 관계에 대해 판단하고 필요한 행동을 취할 수 있는 힘이 생긴다. 이는 간단하고 쉬운 것처럼 들릴 수 있지만 실제로 많은 사람들이 어려워하는 문제다.

"그런데 왜 하라는 거죠?"라고 묻고 싶을지 모른다.

지금쯤 당신은 우리가 가지고 있는 바운더리의 건강 상태나 기준들이 각자 자라온 환경에서 비롯되었다는 사실을 알고 있을 것이다. 어린 시절에 신뢰가 깨지거나 바운더리를 침해당한 경험이 있으면 성인이 된 후에도 내적 바운더리가 불안정할 수 있다. 부모 중 한 사람이 당신에게 한 약속을 지키지 않았거나, 당신을 방치했거나, 옳지 않은 대우를 했거나, 학대했다면 당신의 내적 바운더리는 손상되었을 것이며, 당신은 그런 채로 성인이 되었을 것이다.

내적 바운더리가 건강하지 못하면 다른 사람이 원하는 것, 기대하는 것에 너무 쉽게 흔들린다. 예를 들면 술자리에 가지 않기로 결심해 놓고 술 좋아하는 친구와 어울리다 보면 술독에 빠질 게 뻔한 자리에 가게 되는 것이다. 그렇지 않으면 학습 과정이나 연수, 프로젝트를 시작해 놓고 중간에 그만둘 이유를 찾는다든가. 또는 배우자나 자매, 친구에게 지키지 못할 약속들을 남발할 수도 있다. 대부분 좋지 못한 습관을 고치겠다거나, 새로운 뭔가를 시작하겠다는 약속들이다. 아니면, 누군가 부적절한 행동을 보이거나 개인적인 영역을 깊숙이 침범할 때 직접적인 언급을 피할 수도 있다.

이러한 행동 양식을 변화시키는 데는 시간이 걸린다. 그런데 여기서 가장 중요한 성공 요소는 자신을 더이상 포기하지 않겠다는 당신의 의지다. 마음을 느긋하게 가지고 6장에서 얘기했던 명상과 마음 챙김으로 내면에 여유 공간을 만들자. 그러면 당신이 과거의 행동 양식에 빠져들려고 할 때 스스로 알아차릴 수 있다. 이때가 바로 당신의 판단이 필요한 순간이다. 익숙한 과거의 습관을 계속할 것인지, 아니면 다른 선택을 한 것인지 갈림길에 서 있는 것이기 때문이다. 내적 바운더리를 강화하는 과정에서 이 순간의 선택이 성공 여부를 결정한다. 당신은 낡은 습관을 고집하겠는가? 그렇게 함으로써 당신이 원하는 결과를 얻을 수 없게 된다 해도? 아니면 자신을 긍정하고 인정하는 새로운 행동 양식을 지속적으로 선택하겠는가? 큰 그림을 염두에 두고 작은 단계들에 집중하자. 그리고 새로운 행동을 선택할 때마다 그 작은 성취들을 자축하자. 자신을 포기하지 않고, 관계를 손상시키지 않는 선택을 이어가다 보면 내적 바운더리가 건강해질 뿐 아니라 자존감도 높아진다.

【자기 돌아보기】
자신에게 한 약속 지키기

당신이 언제 자신에게 한 약속을 지키지 않았는지 돌아보자. 이를 알아차리는 훈련을 하면 자신과의 약속을 좀 더 지속적으로 지키는데 도움이 된다.

- □ 스스로 변명거리를 만드는가?

- □ 약속을 정확하고 구체적으로 하는가? 10분이라고 해놓고 사실은 한 시간을 생각하지는 않는가?

- □ 지키기 힘든 약속을 무리하게 하는가?

- □ 건강하지 못한 습관을 고치겠다고 선언해놓고 실천하지 못하는가?

- □ 다른 사람의 의견이나 생각, 판단, 비난에 쉽게 흔들리는가?

- □ 우유부단한 편인가?

- □ 목표를 세워놓고 1~2주 만에 포기하는가?

- □ 다른 사람이 받아들이지 않거나, 동의하지 않을 것이라 생각하면 진심을 말하지 못하는가?

위의 질문 중 반 정도에 '예'라고 대답했다면 당신은 내적 바운더리를 강화할 필요가 있다. 당신이 소중한 존재인 만큼, 자신과의 약속을 지키는 것 또한 중요하다.

우리 대부분이 그렇듯이 마리아가 겪고 있던 내면의 갈등도 그녀의 손상된 내적 바운더리를 반영하고 있었다. 마리아가 갈 팡질팡했던 이유는 충분히 이해할 수 있다. 두 사람 사이에 익숙한 바운더리 행동 양식을 유지함으로써 마리아는 편안함 속에 안주할 수 있었다. 거스가 크럼케이크를 구워주고, 이태리 식당에 데려가는 것도 그가 늘 사랑을 표현하던 방식과 일맥상통하는 일이었다. 그러나 크럼케이크를 먹고 치즈가 네 가지나 들어간 고칼로리 파스타를 먹는 것은 건강해지겠다는 자신의 목표와 상충되는 일이었다. 그런데도 거스의 행동을 사랑이라고 할 수 있을까? 그런 이야기들은 거스에게 해야 했다.

다음 목표는 마리아가 자신의 건강 문제에 좀 더 굳건한 의지를 표명해서 거스가 밀가루 반죽을 시작할 때마다 자포자기하는 심정이 되지 않도록 준비시키는 거였다. 마리아는 인생의 좋은 파트너인 거스가 자신의 건강 문제에 있어서도 파트너가 되어 주길 간절히 바라고 있었던 것이다.

큰 그림에 집중을 하니 마리아는 더 이상 자기와의 약속을 저버리고, 그때마다 스스로 비난하는 일을 하지 않을 수 있었다.(그렇다, 우리 마음속에는 그렇게 자신을 괴롭히는 또 다른 자아가 있다.) 그러한 작은 실천들이 두 사람의 바운더리 행동 양식을 근본적으로 변화시키는 최선의 방법임을 스스로에게 각인시켰다. 여전히 '아니'라고 말하고 싶을 때 '좋다'고 하는 자신을 발견할 때면, 그 순간 자신의 몸에 일어나는 반응을 살필 기회라고 생각했다. 자기를 포기할 때 몸은 어떤 반응을 보였을까? 마리아는 그 순간의 느낌과 감각이 상황의 문제성을 감지하라는 신호라는 사실을 알아차렸을까? 충분한 시간을 갖고 좀 더 건강한 행동을 선택할 수 있었을까? 자신의 내적 바운더리가 강화되었다는 확신이 들자, 마리아는 거스와의 관계에 변화를 시도할 수 있다는 희망을 가질 수 있었다.

> **핵심 정리**
> 내적 바운더리가 건강하면 마음먹은 것들을 꾸준히 실천할 수 있다는 확신을 가질 수 있으며, 스스로를 돌볼 수 있다는 자신감이 생겨서 마음이 편안하다.

과거로 되돌리기 전략

처음에는 마리아의 노력을 지지해주던 거스가 그녀를 방해하기 시작하는 것은 '과거로 되돌리기 전략'의 전형적인 형태다. 저항적 성격을 띠는 거의 무의식적인 '되돌리기' 전략은 변화를 거부하고 현재의 상태를 유지하려는 시도다. 건강해지려는 마리아의 노력은 두 사람이 그때까지 지켜온 관계의 역동에 상충되므로 거스는 자신의 행동을 통해 분명한 메시지를 보내는 것이다. '마리아, 나는 당신의 개인적인 성장을 지지하지 않아.'라고.

'되돌리기 전략'은 다른 상황에도 적용될 수 있다. "당신, 채식주의를 좀 지나치게 고수하는 것 같아. 건강을 해칠까 봐 걱정이야."라거나, 또는 "상담치료 후에 당신이 변했어. 당신은 이제 내가 사랑에 빠졌던 그 여자가 아닌 것 같아."

되돌리기 작전이 말로 표현되건, 행동으로 나타나건, 그 본질은 같다. 바운더리를 정하고 변화하려는 의지를 표명한 사람을 존중하지 않는 행위다. 당신이 '되돌리기 작전'에 당하는 쪽이라면, 그러한 행위가 악의적인 의도에서 나오는 것이 아님을 이해해야 한다. 그 때문에 당신이 힘들 수는 있겠지만, 그럼에도 당신의 변화를 방해하려는 행위의 밑바닥에 숨은 동기를 이해하는 것은 중요하다. 차분하게 당신의 입장을 고수하면 엄청난 힘을 얻고, 관계의 친밀성을 높일 수 있다.

거스가 건실하고 좋은 사람임은 마리아도 알고 있었다. 의도적으로 그녀를 방해할 사람이 아니었다. 그래서 정면으로 "도대체 왜 이러는 거야? 당신이 크럼 케이크로 장난하는 거 다 알아."라며 다그치고 싶지는 않았다. 그 대신 거스가 왜 무의식적으로 마리아가 변하지 않고 그대로 있어주기를 바라는지 알고 싶었다.

아마도 거스는 마리아를 잃을까 봐 두려워하고 있었을 것이다. 마리아는 거스와 함께 사는 동안 늘 50에서 80파운드 정도 과체중 상태였다. 체중조절에 성공한 후 마리아가 마음이 변해서 더이상 자기를 사랑하지 않으면 어쩌나?, 마리아가 건강해지고 더 예뻐지면, 더 멋지고 괜찮은 상대와 함께 살고 싶어 하지 않을까? 같은 두려움 말이다.

새로운 행동 양식을 위해 좀 더 깊이 들어가기

거스가 '되돌리기 작전'을 쓰고 있다는 사실을 이해하는 것은 문제 해결의 좋은 출발점이 될 수 있다. 거스의 그러한 무의식적 행동이 악의가 아닌 두려움에서 비롯되었다는 사실을 이해하는 마리아는 그에 합당한 바운더리를 설계할 수 있었다.

그렇지만 여전히 마리아의 과거를 좀 더 살펴봐야 할 필요는 남아 있었다. 그녀는 왜 건강하지 못한 거스의 행동 양식을 따라가고 있었을까? 거스의 무의식적 두려움이 자신의 건강한 선택을 방해하도록 내버려두었으니 말이다. 수많은 바운더리 문제 행동이 그렇듯, 이 두 가지 요소는 누구에도 득이 되지 못했던 것이다.

마리아는 방어적인 분위기가 지배적인 가정에서 자랐다. 가족구성원 모두가 비난에 극도로 예민해서 매사를 직접 터놓고 의논하지 못했다. 문제가 있으면 대화를 하는 대신, 속으로 불만을 쌓거나, 냉소, 조롱 같은 수동적 공격으로 불쾌감을 드러냈다. 그러다 보니 마리아는 성인이 되어서도 순종적인 태도로 갈등을 피하는 데에 익숙했고 거스와 대화를 시도할 수 없었던 것이다. 당연한 결과다.

어린 시절에 어떤 상호작용을 경험했는가, 그리고 어떤 행동 양식을 보며 자랐는가는 성인이 되어서 비판에 대응하는 방식에 영향을 미친다. 당신이 실수를 했을 때 부모가 벌을 주거나, 자주 모욕을 주었다면, 당신은 왜곡이나 거부 같은 부정적 피드

백을 받았을 때 내면에 굳어진 방어기제를 작동시켜 대응할 것이다. 누군가 당신을 향해 분노, 좌절감, 실망을 표출하면 당신의 자기보호 본능이 방어기제를 작동시키기 때문이다. 성질이 급한 부모의 욕구를 당신의 욕구보다 우선적으로 들어주는 것과 같은 어린 시절에 습득된 행동 양식은 성인이 되어 누군가와 친밀한 관계를 이루는데 커다란 장애가 된다. 그런 행동은 진실하고 상호적인 공감대를 이루지 못하게 하며, 협동이 아닌 갈등을 초래한다. 두 사람 모두에게 이보다 더 불리한 제안이 어디 있겠는가?

마리아가 자라는 동안 그녀의 가족들은 서로 너무 가까워서 사생활이라는 걸 허용하지 않았다. 곤란한 대화를 피한다는 묵시적이고 상호의존적인 규칙 때문에 가족 구성원들은 각자 억눌린 감정들을 쌓았다. 그리고 음식을 먹는 것으로 그런 감정들을 달랬다. 마리아에게 화나는 일이 있을 때면, 그녀의 어머니는 문제에 대해 대화를 하는 대신 마리아가 좋아하는 크럼케이크를 만들어주었다. 그렇다, 거스가 만드는 크럼케이크는 마리아의 어머니로부터 물려받은 것이었다. 마리아는 지금도 어머니가 옆에 서서 "먹어! 먹어! 기분이 좋아질 거야."라고 말하던 모습을 기억하고 있었다.

이렇게 마리아는 자신의 감정과 바운더리를 효과적으로 규명하고 표현하는 방법을 배우는 대신, 달콤한 음식 등으로 달래는 법을 배웠던 것이다. 어머니가 가르쳐준 대로 디저트는 자기를 달래는 수단이었다. 그녀의 어머니 역시 화가 날 땐 단 음식을 먹었다고 했다. 마리아가 거스와의 바운더리 문제를 변화시키려면 자신의 감정을 존중하지 않는 현재와, 감정을 음식으로 달래던 과거의 연결성을 이해하는 것이 중요했다.

문화적인 맥락도 이해해야 한다. 마리아와 거스는 모두 대가족이 모여 사는 그리스인 가정에서 자랐다. 음식을 먹이는 것으로 사랑과 애정을 표현하는 분위기가 강했다. 그래서 마리아는 거스가 만들어주는 음식을 거절하면 그가 상처받을 것이라 생각했고, 거스의 마음을 아프게 한다는 건 참을 수 없는 일이었다. 겉으로 보기에는 마리아가 긍정적이고, 낙관적이며, 편한 사람 같지만, 사실 내면은 몹시 불안정하고, 인정받을 수 있는 행동을 하려는 성향이 강했다. 이러한 성향 때문에 마리아는 거스를 비롯해서 모든 사람들에게 효과적인 바운더리를 주장하지 못했다. 마리아는 자기가 원하는 것을 표현했을 때 거스나 다른 사람들이 그에 대해 어떻게 대응하는가는 자기 소관이 아니라는 사실을 분명히 인지할 필요가 있었다. 그건 마리아의 영역 밖의 일이었다. 마리아가 할 수 있는 것은 자기가 원하는 것을 분명히 인지하고, 표현하고, 협상하는 일이었다.

이러한 실질적인 데이터에 근거해서, 우리는 마리아를 위해 적극적인 바운더리 계획을 세우기 시작했다. 마리아가 자신의 웰빙에 주체의식을 갖고 간단명료하게 자기가 원하는 바를 요청할 수 있게 하는 것이 목표였다. 즉, 거스의 말과 행동이 마리아의 건강한 생활에 힘이 된다는 말을 해야 했고, 그러니 이제 크럼케이크는 그만 만들라는 말을 해야 했다. 그와 동시에 체중이 어떻게 변하든 결혼에 대한 마리아의 진심은 변함이 없을 것임을 거스에게 다시 한 번 확인시켜 줄 필요가 있었다.

바운더리 초보자와 상습적인 침해자

바운더리에 대해 이론적으로 이해한 내용을 실생활에 적용시키기 전에 우리가 많이 만나는 두 가지 부류의 사람을 살펴보기로 하자. 바로 거스와 같은 바운더리 초보자와 상습적인 침해자이다.

바운더리 초보자는 당신이 한 번도 바운더리와 관련해서 요구를 해 본 적이 없는 사람이다. 이 부류에는 당신이 상담가도 아니고, 자기 친구도 아닌데 결혼생활에서 겪는 갈등을 당신에게 털어놓고 조언을 구하는 직장 동료도 포함된다. 당신의 허락 없이 당신이 제일 아끼는 칵테일 드레스를 가져가서 입는 여자 형제도 포함된다. 당신은 이들이 자기밖에 모르는 파렴치한이기 때문이라고 생각할 것이다. 하지만 사실은 여러 가지 다른 이유가 있을 수도 있다. 그들은 단지 자기들이 당신에게 무례를 범하고 있다는 사실을 모르거나, 감성적으로 무뎌서 당신이 보내는 미세하고 은밀한 힌트를 알아채지 못하는 것일 수도 있다. 자기들이 원하지 않는 현실을 부정하고 있는 것일 수도 있고, 굳이 선을 긋지 않는 당신의 행동을 수용으로 해석할 수도 있다. 그들이 당신과의 바운더리에서 어떤 행동을 하든, 당신은 아직 그들이 자기 행동을 수정할 기회를 주지 않은 셈이다. 그런 기회를 주려면, 당신이 간단명료하게 바운더리를 정하고 그에 따를 것을 요구해야 한다. 당신의 요구에 대한 그들의 반응이야말로 그들이 정말로 어떤 생각을 하고, 어떻게 느끼고 있었는지에 대한 정확한 답이 될 것이다.

그런데 상습적인 침해자는 다르다. 당신은 그들에게 분명히 바운더리를 표명했다. 그럼에도 계속해서 당신이 정한 선을 넘어온다. 몰랐다고 하거나, 기억력이 나빠서라고 하거나, 심지어 당신이 정한 바운더리를 바꾸라고 설득하기도 한다. 생각해 보자. 배우자의 여성 편력을 싫어하는 당신에게 오히려 당신이 정신적으로 불안정해서 그런 거라고 비난한다면 어떻겠는가. 약속시간에 15분이나 기다리게 해놓고 "노스트롬 백화점에 급히 반품할 것이 있어서 말이야. 기다려줘서 고마워."와 같은 변명을 수시로 해대는 무신경한 대학 친구. 더구나 당신이 몇 번이나 약속시간을 못 지킬 것 같으면 미리 알려달라고 부탁했는데 말이다. 이렇게 상습적인 바운더리 침해자들을 상대할 때는 바운더리 요청을 하면서, 지키지 않았을 때 당신이 어떠한 조처를 취할 것인지 밝혀야 한다.

상습적인 침해자들은 당신에게 크나큰 절망감을 안겨줄 수 있다. 어린 시절에 당신의 존재를 인정하지 않고, 당신의 말을 들어주지 않았던 누군가 때문에 상처받은 기억이 남아 있다면 더욱 그럴 것이다. 그럴 때는 심호흡을 하자. 어쩌면 상대는 바운더리 파괴자일 수도 있다. 당신의 진심에는 관심이 없는 사람. 이런 유형에 대해서는 10장에서 다루게 될 것이다. 그러나 당신이 바운더리 관련 요청을 할 때 '지키지 않을 경우'에 대한 단서를 달고 그것을 지켜나가다 보면 그들의 실체가 드러날 것이다.

핵심 정리

당신과 안정적인 관계를 맺고 있는 사람과의 바운더리에서 행동 양식을 변화시키려다 보면, '과거로 되돌리기 작전'이 방해꾼으로 나타날 수 있다. 이는 변화를 거부하고 현재의 상태를 유지하려는 무의식적인 시도다.

당신이 상대하는 사람이 바운더리 초보자든, 상습적인 침해자든, 당신은 자신의 감정과 목표에 집중하면 된다. 어떤 바운더리 행동 양식이든 새로운 대응책을 도입하려다 보면 상대는 이를 알아챌 것이다. 어떤 사람은 새 방식을 좋아할 것이고, 또 어떤 사람은 싫어할 것이다. 당신이 내린 결정을 다른 사람의 반응 때문에 바꾸지는 말자. 성공적인 결과를 얻으려면 이 점을 반드시 기억해야 한다.

우리 중 많은 사람, 특히 과기능 상호의존자나 초민감자들은 다른 사람들에게 온 신경을 집중하는 것이 습관처럼 되어 있다. 그런데 건강한 바운더리를 구축하는데 가장 큰 장애가 되는 것이 바로 거절당하는 것에 대한 민감함이다. 당신이 좋아하는 것, 원하는 것, 양보할 수 없는 것들을 주장할 때, 상대방의 저항이나 반응은 그의 영역임을 인정하는 것이 매우 중요하다. 그건 그들의 일이라는 뜻이다. 당신은 자신에게만 집중하면 된다. 상대방의 마음을 들여다보고 심리적으로 분석하고 싶은 유혹을 느낄지 모르지만, 그렇게 하는 것은 보다 주체적인 삶을 살고 싶은 당신의 장기적인 목적에 도움이 되지 않는다.(물론 상대방의 정신 건강 역시 그들의 소관이다.)

어느 정도의 반발에 대비하는 것은 바람직하다. 당신은 충분히 감당할 수 있다. 하지만 상대방의 언어적, 비언어적 대응을 당신의 주장을 철회하라는 신호로 받아들이지는 말자. 신념을 가지고 당신의 생각대로 밀고 나가야 한다. 변화는 한 번에 조금씩 일어난다는 사실을 기억하고 한 걸음 한 걸음 나아가면 된다. 그렇게 조금씩 변화하다 보면 바운더리 주인 훈련과정이 당신의 행복한 미래를 열어주는 날이 올 것이다.

주도적인 바운더리 설계하기

주도적인 바운더리를 설계할 때는 당신 고유의 역사, 삶의 경험, 천성적인 바운더리 특성에 근거를 두어야 한다. 당신이 맺고 있는 관계마다 그에 맞는 전략도 다르다. 상대가 바운더리 초보인지, 상습적인 침해자인지에 따라서도 다르다. 그뿐 아니라 상대와 바운더리 문제에 대해 대화를 나누기에 가장 좋은 시간이 언제인가도 고려하는 것이 좋다. 예를 들어 당신의 상사가 점심 먹기 전에 신경이 예민하다는 사실을 알고 있다면, 휴가를 가겠다는 말은 점심시간 후로 미루는 것이 좋다.

이제 주도적인 바운더리 전략을 세우는 과정을 네 단계로 나누어 살펴보기로 하자.

1 단계: 바운더리는 명확하고 구체적이어야 한다

당신이 원하는 바운더리를 명확하게 규명하자. 변화를 바라는 것만으로는 아무 것도 얻을 수 없다. 사랑하는 사람이 좀 더 '세심한 관심'을 보여주기를 바란다면, 구체적으로 표현해야 한다. 특정 부분을 짚어서 말하는 것이 좋다.

예를 들면, '돈 관리를 좀 더 잘하자'라고 말하는 것보다는, 가격이 500불 이상인 것을 구매할 때는 당신과 먼저 상의를 해달라고 요청하는 것이 좋다. 당신의 요청이 구체적일 때 상대방이 이해하고 따라줄 확률이 훨씬 높아진다. 그러므로 우선은 마음속으로 당신이 원하는 것을 명확하게 파악하고 있어야 한다.

2 단계: 자기를 돌아보는 시간을 갖자

바운더리 문제에 영향을 미칠 수 있는, 해결되지 않은 과거의 경험이나 기억이 있는지 성찰해 보자. 5장에서 다루었던 3Q를 활용해서 스스로에게 질문해 보자. 그를 마주하면 누가 떠오르는가? 언제 또 지금과 같은 감정을 느꼈었는가? 현재의 상황이 왜 나에게 익숙하게 느껴지는가?

3Q를 활용하면 현재 상황을 알아차리는데 방해가 되는 감정 전이나 기타 관련 반응들을 쉽게 파악할 수 있다. 무의식속

에 파묻혀 있던 것을 의식 수준으로 끌어내면 해결되지 않은 채 당신을 구속하던 과거의 상처로부터 해방되어 현재 상황을 올바로 파악하고 현재 사실에 근거하여 바운더리 요청을 할 수 있다.

3 단계: 자주적인 삶의 모습을 그려보자

바운더리 문제에 관한 대화가 어떻게 이루어지기를 바라는지 머릿속에 그려보자. 두려움에서 벗어나는 것이 중요하다. 긍정적인 요소들에 주의를 집중하자. 다른 사람이 당신의 존재를 알아보고, 당신의 말에 귀를 기울인다는 것은 살맛나는 일이다. 당신의 참 모습을 알리기 위해 앞으로 나서는 것은 멋진 일이다.

시각화 기술은 많은 사람의 경험을 통해 효과가 검증되었으며 최고 수준의 운동선수들이 경기력을 향상시키기 위해 활용하고 있다. 이 심리적 준비 작업은 당신을 내적, 외적으로 바운더리 요청에 성공할 수 있는 최적의 상태로 만들어 준다. 우리가 통제할 수 있는 것은 우리 자신뿐이므로, 내가 원하는 바운더리를 당당하게 말하고 명확하게 주장하는 것을 목표로 삼으면 된다. 상대방 역시 자기가 원하는 바와 할 수 있는 것들을 반응을 통해 나타낼 것이다. 예를 들어, 당신이 용기를 내서 주장한 내용에 대해 상대방이 절충하지 않으려 하거나 관심을 보이지 않는다면, 당신은 그와의 관계를 다시 생각해 봐야 할 것이다.

성공했을 때의 모습을 미리 느끼고 기대하는 것은 결과에 상당한 영향을 미친다. 바운더리 요청이든, 그 외의 다른 일이든, 그것을 이뤘을 때의 기분을 시각화해 보고, 느끼는 것이 성공적인 결과를 가져오는 비결이다. 시각화를 할 때는 모든 감각을 동원해야 한다. 시각, 후각, 미각, 촉각, 청각.

4 단계: 직접적인 언어를 사용한다.

간결하고, 직접적이고, 적절한 문장을 구사하는 것이 좋다. 상황에 따라서는 당신이 선호하는 것, 원하는 것을 상대에게 알리는 것이 목적일 때도 있고, 양보할 수 없는 것에 대해 상대방의 협조를 요청하거나 상대방을 제한하는 것이 목적일 때도 있다.

이럴 때는 "간단한 요청 하나만 할게. 내 차를 빌려 쓰고 돌려줄 때는 연료를 채워서 가져오면 좋겠어."라고 말하거나, "한 가지 네가 주의했으면 좋겠어. 오늘 가족회의 할 때 네가 계속 전화로 문자를 주고받으니 몹시 방해가 되더라. 다음 주에 만날 때는 전화를 방에 두고 오기로 했던 우리의 약속을 지켜줬으면 좋겠어."라는 식으로 말하면 된다.

핵심 정리
우리가 통제할 수 있는 것은 우리 자신뿐이므로, 내가 원하는 바운더리를 당당하게 말하고, 분명하게 주장하는 것을 목표로 삼아야 한다. 상대방 역시 자기가 원하는 바와 할 수 있는 것들을 반응을 통해 나타낼 것이다.

요청을 하거나 바운더리를 정할 때 반드시 부연 설명을 할 필요는 없다. 위에서처럼 '방해가 되었다'는 말은 메시지 전달에 방해가 될 수 있으니까. 하지만 경우에 따라서는 부연 설명을 함으로써 당신이 왜 그런 요청을 하게 되었는지 상대방이 이해하는데 도움을 줄 수도 있다. 여기서 당신이 원하는 것은 상대방이 서로의 약속을 지켜서 회의에 온전히 집중해 주기를 바라는 것이다.

그렇지만 부연 설명을 할 때는 주의해야 할 사항이 있다. 부연 설명을 통해 상황을 이해시키려는 것이지, 그것으로 당신이 바운더리를 주장할 권리가 있다는 사실을 상대에게 확인시키려 해서는 안 된다. 상대에게 당신의 권리를 납득시키려 할 필요는 없다. 당신이 납득시켜야 할 사람은 자신뿐이다. 당신은 진실을 얘기할 권리가 있다는 사실을 잊지 말기 바란다. 부연 설명은 상대방이 당신과 당신의 바운더리 요청을 이해하는데 도움을 주기 위해 약간의 추가 정보를 제공하는 것일 뿐이다.

5 단계: 감사를 표현하자

인정과 감사는 주도적인 바운더리 전략을 성공시키는데 필수 요소다. 새로운 행동에 대해 긍정적 강화를 해주면 그 행동을 지속할 확률이 높아진다. "베티와 약속을 정하기 전에 나와 상의해 줘서 고마워. 당신이 그렇게 배려해주니까 내가 인정받고, 사랑받는 것 같아. 고마워."와 같은 말은 당신과 그의 관계에 좋은 감정이 더 많이 흐르게 만든다. 좋은 감정이 더 많이 흐르면 두 사람 모두 더 많은 애정을 받는다는 느낌을 갖게 되고, 관계는 좀 더 유연하고 탄탄해진다.

사랑과 바운더리

마리아는 다이어트를 방해하는 거스의 행동 때문에 화가 났고 그것이 역기능적이라는 걸 알고 있으면서도, 크럼케이크와 파스타로 사랑을 표시하는 거스의 방식을 '거절'하지 못했다. 죄책감이 들었기 때문이다. 그 죄책감이 마리아로 하여금 거스의 가장 건강하지 못한 부분에 동조하게 만들었다. 마리아가 그 건강하지 못한 역동성을 떨쳐버릴 수 있었다면, 건강해지려는 노력을 포기하라고 독려하는 거스를 제지할 수도 있었을 것이다. 이렇게 긍정적인 관점에서 상황을 바라보자, 마리아는 의욕이 솟았다. 두 사람 모두에게 득이 되는 길이 보였다.

간단명료한 말로 바운더리 요청을 할 때 두 사람의 관계를 향상시킬 가능성이 가장 높다. 이는 거스가 마리아의 요청을 수용하는가, 저항하는가에 상관이 없다. 이제 마리아의 바운더리 지식은 그들의 결혼생활에 자연스럽게 반영될 것이고, 두 사람의 관계는 점점 더 나아지고 진실해질 것이다. 그에 따라 친밀감도 더욱 깊어질 것이다. 이 시점에 이르자 한 가지 의문이 남았다. 거스가 변화를 수용하고 새로운 바운더리 행동 양식을 습득할 만큼 유연할까?

여성인 우리들은 '상냥하고 친절한 말을 하지 않을 거면 차라리 말하지 말라'고 배워왔다. 이 말에 담긴 명시적, 묵시적 의미는 분명하다. 불평하지 말라! 순종하라! 이러한 가르침이 우리를 얼마나 힘들게 하는지 알고 있다.(오늘 회의 때 내 아이디어를 막무가내로 가로챈 당신에 대해서도 불평하지 말란 말인가요, 밥? 정말로?) 때로는 늘 해오던 방식을 바꿔서 속마음을 얘기하는 것이 어려울 수도 있다.

그럼에도 인간의 가장 기본적인 욕구들 중 하나가 나를 이해받고 싶은 마음이다. 나를 오해하거나, 관계에서 나를 알아주지 않을 때, 또는 삶으로부터 소외되었다고 느낄 때 깊이 낙담할 수 있다. 외로움이 우울증으로 발전할 수 있으며, 심지어는 자살 충동을 느낄 수도 있다. 인간관계에서 가장 아프게 외로울 때는 오해 받고 있다고 느낄 때다. 그리고 그보다 더 힘들 때는 당신이 어떻게 느끼든 상대방이 상관하지 않을 때다. 그러니 용기를 내서 속마음을 말해야 한다.

> **핵심 정리**
> 주도적인 바운더리 계획을 세우면 현재 관계에서 벌어질 수 있는 상황을 예측할 수 있으며, 상대가 바운더리 초보인지, 상습적인 침해자인지에 따라 바운더리 행동 양식을 바꿀 수 있다.

바운더리 언어를 유창하게 구사할 수 있게 되면 당신의 모든 관계가 훨씬 깊고 충실해진다. 실제 상황에 임하기 전에, 당신의 언어로 바운더리를 규명하고 당당하게 말하는 연습을 하자.(거울 앞에서든, 친구 앞에서든) 그러면 과도한 감정을 배제할 수 있다. 자꾸 해볼수록 점점 더 쉬워지고, 자연스러워진다. 자, 해 보자!

적절한 말 찾기

의뢰인 중 한 사람은 주도적인 바운더리 계획을 세우는 과정에서 제일 어려웠던 것이 적절한 말을 찾는 것이었다고 했다. 실제상황에서 사용할 수 있는 말과 시나리오는 9장에서 다루게 되겠지만, 지금부터 이 문제에 대해 생각해 보는 것도 좋다. 기다릴 필요가 뭐겠는가?

한 가지 중요한 사실. 반드시 완벽한 문장으로 완벽하게 말해야 하는 것은 아니다. 실수를 하거나 서툴러도 상관없고, 땀을 비 오듯 흘려도 상관없다. 처음에는 일단 그냥 하자. 완벽하자는 생각은 버리고.

바운더리 각본을 준비하는 목적은 적절하고 명확한 언어로 상대방에게 문제나 바람을 전달하는 것이다. 아래에 소개한 내용은 마샬 B. 로젠버그(Marshall B. Rosenberg) 박사가 개발한《비폭력 대화(Nonviolent Communication)》의 네 단계다.

1. 문제를 말한다
현재의 상황이 방금 시작된 거라면, 먼저 당신이 문제시 하는 것에 대해 상대방에게 알린다. "네가 내 여벌의 열쇠를 이용해서 내 물건을 마음대로 빌려가는 것에 대해 너와 얘기를 좀 하고 싶어."

2. 당신의 감정을 말한다

이제 당신의 감정을 말할 차례다. "내 캐시미어 숄이 안 보여서 지난 이주 동안 찾았어. 그런데 그걸 네가 여행 가면서 나에게 물어보지도 않고 가져갔다니, 그리고 그걸 이제 얘기하다니 정말 화가 나."

3. 간단하게 원하는 것을 말한다

공격적이지 않은 어조로 편안하게 필요한 것을 말한다. 갈등 해결의 정수인《비폭력 대화(Nonviolent Communication)》의 저자 로젠버그에 따르면, 모든 요청은 간단하게 하는 것이 좋다. 간단하고 명확한 요청에 서로에게 득이 되는 점을 덧붙이면 더욱 좋다. 예를 들면, "간단한 부탁이 하나 있는데, 앞으로는 내 물건을 빌려갈 때 나에게 먼저 물어봐 줘. 그러면 계속 서로 옷을 빌려 입을 수 있고(서로에게 득이 되는 결과), 일주일이 멀다 하고 자매가 언쟁을 하지 않아도 될 테니까(서로에게 득이 되는 결과)."

4. 합의점을 제안한다

"내 물건 중에서 빌려가고 싶은 것이 있을 때 나에게 먼저 물어보기로 합의할 수 있을까?" 쌍방이 의견의 일치를 본다는 것은 새로 정한 바운더리를 지킬 책임을 상대방도 동등하게 질 것임을 뜻한다.

상대가 합의한다고 표명했다 하더라도 한동안은 반복적으로 당신이 원하는 바를 상기시켜야 할 수도 있다. 습관화된 행동양식을 바꾸려면 시간이 걸리고, 여러 번 반복적으로 연습을 해야 한다. 매번 새로운 행동을 의식적으로 기억하고 선택해야 하기 때문인데, 이는 우리 대부분이 힘들어하는 일이다.

하버드 대학 심리학자인 다니엘 길버트(Daniel Gilbert)와 매튜 킬링워스(Mathew Killingsworth)는 그들이 진행한 연구에서 사람들이 평상시에 외부 세계나 자기가 현재 하고 있는 일에 집중하지 않는 시간이 50퍼센트에 가깝다는 사실을 알아냈다. 이러한 현상을 '마음의 방황'이라고 한다. 이들이 쓴 하버드 대학 의과대학 논문에 의하면 '마음의 방황'이 담당하는 중요한 역할은 불안을 낮추는 일이라고 한다. '마음의 방황'을 담당하는 뇌신경 회로는 또한, 자아의식을 작동하게 하고, 다른 사람들의 생각을 좀 더 정확하게 이해하게 하는 기능도 담당한다.

바운더리 문제를 성공적으로 해결하는 데 가장 중요한 요소는 당신이 새로운 바운더리를 정하려는 상대는 그 새로운 행동양식을 선택해야 하는 순간들 중 반 정도는 그것을 의식하지 않고 있다는 사실을 이해하는 것이다. 그러니 인내심을 가져야 한다.

침해에 따르는 대가를 정할 때 생기는 효과

상습적인 침해자를 상대할 때는 한 단계를 더하여, 요청을 반복적으로 무시할 때 따르는 결과를 정해야 한다. 대가를 명확하게 정함으로써 상대방이 당신의 바운더리를 지켜야 할 동기를 부여하고, 따라서 당신의 바운더리를 보호할 수 있다. 이렇게 말할 수 있다. "내 물건을 빌려갈 때는 내게 먼저 물어보라고 부탁했어. 그리고 너는 한 달 전, 내 다리미를 허락 없이 빌려간 일이 있은 후, 그렇게 하겠다고 동의했어. 네가 그 약속을 지켜주었으면 좋겠어. 앞으로 또 그런 일이 생기면, 내 아파트 열쇠를 돌려받을 거야."

바운더리 초보자를 상대할 때에는 굳이 대가를 정하지 않아도 된다. 그 대신 당신이 선호하는 것과 허용 한계를 투명하게 말하면 된다. 소통의 효과에 당신은 놀라고 감동을 받을지도 모른다.

마리아의 경우, 그녀가 건강해졌을 때 두 사람에게 돌아올 혜택을 설명했는데도 거스가 탄수화물로 유혹하는 행위를 그만두지 않는다면 마리아는 그에 따르는 대가를 정할 수 있다. 예를 들어 마리아는 다음과 같이 말할 수 있다. "당신이 계속해서 내 체중 조절에 방해가 되는 음식들을 먹이려 한다면, 나는 이제부터 따로 식사 준비를 하겠어." 이런 제안은 대수롭지 않게 들릴 수도 있지만, 마리아와 거스가 자라온 문화적 환경을 고려해 볼 때 식사 준비를 따로 한다는 것은 심각한 얘기일 수 있다.

당신이 정하는 대가가 바운더리 침해 상황과 그로써 초래되는 괴로움, 또는 불편함의 정도에 상응해야 한다. 약속 시간에 20분씩 늦는 사람이 치르는 대가(그와 다시는 약속을 잡지 않는다)와 당신 지갑에서 반복적으로 돈을 훔치는 사람이 치르는 대가(감옥에 보낸다)가 같을 수는 없다. 현명한 전략으로 대처하고 타협점을 수용하는 것이 유연하고, 건강하고, 견고한 관계를 만드는 기본이다.

> **핵심 정리**
> 행동의 일관성을 갖는 것이 무엇보다 중요하다. 바운더리 강화에 일관성이 없으면 효과를 기대할 수도 없다.

일반적으로 고통과 불편함은 인간의 행동을 변화하게 하는 동기가 된다. 따라서 대가를 치르게 하는 것은 효과적일 수 있다. 이는 어린아이들의 행동을 관찰해보면 알 수 있다. 어린아이에게 난로가 뜨겁다고 천 번을 말해도 직접 느껴보기 전까지는 호기심을 버리지 못한다. 하지만 일단 한 번 데고 나면 다시는 뜨거운 난로를 만지지 않는다.

자녀를 키우면서 대가를 치르게 하는 방식을 적용할 때, 그 성공 여부는 얼마나 일관성 있게 규칙을 따르는가에 달려 있다. 인간관계에서 건강한 바운더리를 세우고, 지키고 싶다면 당신이 하겠다고 말한 것은 반드시 지켜야 한다. 일관성이 성공의 열쇠다. 가끔 지키는 바운더리는 결국 효력을 잃는다.

합의 내용 실천하기

마리아와 내가 주도적인 바운더리를 세우기 위한 예비 작업을 마쳤을 즈음, 마리아는 이미 거스와 자아실현에 대한 아이디어를 나누기 시작하고 있었다. 거스는 진지하게 관심을 보이며 지지해주었다. 마리아가 그때까지 한 번도 거스에게 크럼케이크를 만들지 말라거나, 이태리 식당에 예약하지 말라고 요청한 적이 없었기 때문에 거스는 바운더리 초보자인 셈이었다. 마리아는 체중조절에 방해가 되는 거스의 행동에 대한 자기감정을 거스에게 아직 말하지는 않았다. 하지만 두 사람의 역기능적 바운더리 행동 양식에 대해 새로운 이해와 책임의식을 갖게 되었으며, 그 안에서 자기가 맡은 역할을 인지하고 보니, 거스에게 화가 나기보다는 자기 마음을 이해받고 싶은 쪽으로 마음이 기울었다.

대화를 나누기 전 몇 주 동안, 거스는 마리아의 마음속에 활기찬 변화가 일어나고 있다는 사실을 알아차리는 것 같았다. 케이크나 파스타 이야기는 꺼내지도 않았다. 대화의 시간이 다가오자 마리아는 긴장이 되면서도 희망적인 기분이 들었다.

마리아의 요청에 따라 두 사람은 길고 치유적인 대화를 나누었다. 마리아는 거스가 의도적으로 자기를 방해하는 것이 아니라는 건 이해한다는 전제 하에 거스의 '과거로 돌아가기' 행동에 대해 이야기를 꺼냈다. 마리아가 그런 대화를 시도할 수 있었다는 것만으로도 굉장한 변화였다. 마리아는 어린 시절 친정

식구들과 살면서 경험한 것들을 얘기했고, 자기 또한 음식과 사랑을 동일시하는 성향이 있다는 사실도 밝혔다. 거스는 그동안 묵시적 합의가 이루어진 것으로 여기던 바운더리 문제를 속 시원히 얘기하고, 마리아가 '너무 날씬해져서' 자기 곁을 떠날까 봐 두려워하던 마음도 털어놓을 수 있어서 홀가분한 것 같았다. 거스는 마리아가 원하는 방식대로 그녀의 건강 목표를 지원해주겠다고 약속했다.

새로 설계한 바운더리 행동 양식에 그동안 겪었던 갈등의 흔적이 전혀 섞이지 않을 수는 없었지만, 마리아는 거스가 새로운 바운더리에 적응할 만큼 충분히 유연한 사람이라는 사실을 알게 되었다. 두 사람이 따로 각자의 식사를 준비할 일은 없을 것 같았다. 마리아의 내적 성장에 감동한 거스는 마리아가 바운더리 주인 과정을 시작하고 일 년 후에 자기도 심리 상담 치료를 시작했다. 마리아의 진심어린 용기와 노력이 남편의 마음을 움직인 것이다.

주도적인 바운더리 계획은 관계에 따라 적절하게 조절되어야 한다. '모든 상황에 적용할 수 있는' 만병통치 바운더리 전략이란 없다. 마리아와 거스가 그들만의 관계, 바람, 살아온 역사에 근거해서 새로운 바운더리 행동 양식을 설계했듯이, 당신도 바운더리 주인 과정을 통해 얻고 싶은 새로운 도구와 전략을 실전에 적용시키면서 한 단계씩 나아가면 된다. 이제부터 실전이다! 준비하자!

바운더리 주인 실전 과제

1. 기본 과제

누군가 바운더리를 침범했을 때 당신이 어떻게 대응하는지 주의를 기울여 보자. 당신은 그 상황을 무시하는가, 문제 삼아 이야기하는가, 화를 폭발시키는가, 아니면 그 외에 다른 방식으로 대응하는가? 비판의 시각으로 보지 말고 단지 관찰한다는 마음으로 살펴보자.

2. 심화 과제

의사소통의 진정성: 자기가 한 말에 진정성을 갖는 것은 바운더리 주인이 되는데 필수 요소일 뿐 아니라 인간관계를 좌우할 정도로 중요하다. 이 책 뒤에 실린 심화 과제를 참조하여 당신이 진실을 말할 수 있는 스스로의 능력을 언제, 어떻게 방해하는지 찾아보자.

Chapter 8

|

추구하는 것을 이루기 위한
마음의 공간 만들기

나의 진실한 감정, 좋아하는 것들을 존중하는 방식

　이런 상황을 한 번 떠올려 보기 바란다. 1997년, 뉴욕 대학 사회복지학과에 다니던 내가 졸업을 앞두고 있을 때였다. 그동안 꾸준히 바운더리 훈련을 해오던 나는 바운더리 주인 과정의 마무리 단계에 와 있었다. 좀 더 솔직하게 말하자면 나는 이미 바운더리 주인이 되었다고 생각하고 있었다.

　가까운 친구들 그룹 내에서는 모두가 내가 좋아하는 것, 바라는 것들을 숙지하고 있을 정도였다. 술집에 가서도 내가 마시지 않았으면 계산서를 정리할 때 돈을 내지 않았고, 가장 친한 친구가 자진해서 쏟아내는 충고도 멋지게 끊어냈다. "제니, 나는 네가 좋아. 하지만 난 내 마음을 이해하고 공감해주는 친구가 필요해. 그러니 제발." 그 후로 우리는 훨씬 더 깊고 충만한 우정을 나눌 수 있었고, 나의 자존감도 높아졌다.

초보 상담치료사였던 나는 의뢰인 치료 합의서(pro-active client agreement)를 만들었다. 그 안에는 치료에 관해서 내가 어디까지 관여할 것인지가 상세하게 명시되어 있었고, 상담료 관련 내용과 상담 취소에 관한 내용들까지 포함되어 있었다. 상담이 시작되기전에 나는 먼저 의뢰인에게 차분한 목소리로 말한다. 상담을 취소해야 할 일이 생기면 24시간 전에 알려야 하며, 그러지 않을 경우 취소된 시간에 해당하는 상담료 전액을 부담해야 한다고. 그렇게 주도적으로 바운더리를 지킨 결과 나를 포함해서 내 의뢰인들과 사랑하는 사람들에게 득이 되지 않는 상황을 미연에 방지할 수 있었다.

삶 전체를 놓고 볼 때, 나는 과거의 실수를 통해 배우고 있었으며 내가 주도하는 삶을 살아가고 있는 것 같은 자신감과 희망에 가득 차 있었다. 내가 자기 주도적이고 독립적인 양자리 태생임을 고려할 때 내가 그 즈음에 맛보던 완벽한 해방감을 짐작할 수 있을 것이다.

그러다가 시험의 날이 왔다.

내 상담치료사가 제시한 과제 하나 때문에 내가 만끽하던 자기 효능감이 한순간에 사라져버린 것이다. 나는 다시 바운더리 문제를 안고 원점으로 돌아왔다. 어떤 과제였느냐고? 아버지와 마음을 열고 솔직한 대화를 하라는 것이었다.

진실을 마주해야 할 시간이 온 것이다.

두 걸음 내딛고, 한 걸음 물러서기

바운더리 주인 훈련의 실전 과정은 우리 대부분이 겪어야 하는 관문이다. 나는 의뢰인과 학생들의 사례를 수없이 지켜보았다. 모두 조금씩 바운더리에 능통해졌다. 고객이나 친구, 또는 사랑하는 사람에게 간단명료하게 요청을 할 수 있게 되었으며, 일단 첫발을 떼고 나니 소소한 기호나 바람도 자신 있게 표현하기 시작했다. "햄버거 대신 라자냐 어때?", "다이하드3 대신에 겨울왕국2를 볼까?", "친교 모임에서 다른 사람들이 갈 준비를 할 때까지 눈치 보지 말고 먼저 자리를 뜰까?" 등등. 시간이 걸리긴 했지만 점차 그들의 삶은 바운더리 주인이 이끄는 무한한 가능성으로 말미암아 밝게 빛났다. 그렇다! 바운더리 주인이 된다는 것은 멋진 일이다.

그러다 보면 도저히 대처할 수 없을 것 같은 난관에 부딪치는 날이 온다. 벽돌담처럼 어찌해 볼 도리가 없을 것 같은 장벽. 지극히 정상적인 현상이다. 6장에서 과도기를 다루기도 했지만, 사실은 바운더리 훈련 과정의 매 단계마다 과도기라는 것이 있다. 두 걸음 앞으로 나가면, 한 걸음은 뒤로 물러서는 셈이다. 발전을 할 때마다 그런 것은 아니다. 하지만 그런 상황에 처하면, 미리 말해두지만, 의기소침해질 수밖에 없다.

> **핵심 정리**
> 바운더리 주인이 되는 과정에서 과도기란 주어진 과제를 모두 따라왔음에도 문득 저항감이 생기는 시기를 말한다. 낙오되는 느낌이 들 수도 있다. 하지만 패배한 것은 아니다. 그러니 인내를 가지고 견뎌 내자.

뒤로 조금 퇴보하는 것을 실패라 생각하려는 약한 마음을 이겨내야 한다. 이제 와서 과거의 행동 양식으로 돌아가기에는 이미 기억의 지하 창고를 청소하느라 너무 많은 시간을 투자했다. 중독 치료에서 흔히 쓰이는 표현처럼, "재발도 회복의 한 부분이다." 바운더리 주인이 되는 과정에도 이 표현을 적용시킬 수 있다. 그러니 막 싹트기 시작한 바운더리 기술이 과속방지 턱을 만나 잠깐 주춤한다고 포기하지 말자.

사실 당신이 많은 정성을 쏟지 않은 사람들과의 관계에서는 바운더리 주인 노릇을 하기가 한결 쉽다. 자기 확신이 생기면서 요가 강사나 지나가는 사람의 한마디에 동요되는 일은 점점 줄어든다. 하지만 어릴 때부터 함께 살아온 가족과의 관계에서 바운더리 능력을 발휘하려 할 때는 과거의 행동 양식이 되살아날 수 있다. 그리고 상대의 저항에 부딪혔을 때 개인적인 감정에 휩쓸리기가 쉽다.

이러한 현상은 내 개인적인 경험을 예로 들어 설명하는 것이 가장 쉬울 것 같다.

뉴욕 대학 사회복지학과를 졸업할 무렵, 나는 바운더리 주인이 되는데 거의 성공한 거나 마찬가지라고 생각하고 있었다. 그즈음 상담 선생님에게 졸업식에 아버지를 초대하지 않겠다고 말을 했던 것이다.

"아무 의미가 없을 것 같아요." 내가 말했다.

그러자 상담 선생님이 물었다.

"테리, 왜 의미가 없다는 거죠?"

이미 굳어진 과거의 습성은 쉽게 고쳐지지 않는 법이다. 상담 선생님의 묻는 말에 나는 눈도 깜박하지 않고 대답했다.

"아버지는 오지 않을 테니까요." 나는 단정적으로 말했다. "아버지는 맨해튼을 너무 싫어하거든요."

사실 상담사의 질문에 나는 몹시 흔들리고 있었다.(아니, 좀 더 정확하게 말하자면, 아버지로부터 거부당할까 봐 두려워하는 내 안의 어린아이가 동요하고 있었던 것이다.)

> **핵심 정리**
> 내면 아이는 과거에 붙잡혀 있는 우리 자신의 일부로, 어린 시절에 경험했던 반응과 대응을 여전히 기대한다.

"그렇군요." 상담 선생님은 잠시 생각하다가 말을 이었다. "아버지의 반응을 염두에 두지 말고 당신 마음만 생각한다면 당신은 아버지를 초대하고 싶은가요?"

이번에도 나는 생각할 겨를도 없이 대답했다.

"그럼요, 물론이죠. 내 아버지잖아요."

나는 진심으로 내 성취의 순간을 아버지와 나누고 싶었다. 내가 일생일대의 도약을 위해 그동안 감내했던 희생, 극복해야 했던 두려움을 생각하면 스스로가 정말 자랑스러웠다. 졸업식이 다가오자 아버지도 나를 자랑스러워했으면 좋겠다는 생각이 들었다. 그렇다면 결정적인 질문 하나가 떠오른다.

'왜 나는 그 중요한 날에 아버지에게 참석해 달라고 청하시 않는 걸까?'

상담 선생님은 내 눈을 똑바로 쳐다보고 말했다. "테리, 당신이 치유된다는 것은 다른 사람의 생각이나 행동과 상관없이 당신이 진심으로 원하는 것을 요구할 수 있다는 걸 의미해요. 아버지를 졸업식에 초대하는 것은 당신의 진실한 바람을 인정하는 것이죠. 아버지가 그 초대에 응할 것인가는 중요하지 않아요."

지금 와서 돌이켜보면 그 순간이 나에게는 커다란 전환점이었다. 그때 상담 선생님의 말은 바운더리에 대한 나의 생각을 완전히 바꿔놓았다. 아버지를 초대하는 것이 내 진심과 나 자신을 존중해주는 또 다른 방식임을 깨달았다. 아버지의 대응을 통제하는 것이 아니라, 아버지 앞에서 성장한 내 자아를 당당하게 주장할 수 있는 용기가 중요한 거였다.

당신도 가장 힘든 바운더리 문제에 도전함으로써 마음가짐의 변화를 기대할 수 있다. 더이상 침묵으로 밀고 나갈 수 없다는 생각이 들 때가 있다. 마음 밑바닥에서부터 그런 확신이 드는 순간. 당신이 하려는 말 또는 행동이 어떤 것이든, 중요한 것은 당신 자신임을 분명하게 인지할 때 성공할 확률이 높아진다.

과기능 상호의존성과 바운더리 장애를 극복하려면 투지가 있어야 한다. 이제 당신의 마음 깊숙이 고여 있는 용기를 한껏 퍼올려야 할 때다. 곧 바운더리 폭탄을 만나게 될지도 모르니까.

바운더리 폭탄

바운더리 주인 기술을 개발하는 동안 항상 바운더리 폭탄을 경계해야 한다. 바운더리 폭탄이란 건강한 바운더리를 구축하고, 유지하려는 노력을 무산시키는 자기 파괴적 정서나 행위를 말한다. 가장 주된 바운더리 폭탄으로는 원망-수치심-죄책감 3종 세트, 무바운더리 후유증, 바운더리 번복, 피해자-순교자 증후군이 있다.

바운더리 폭탄은 바운더리 주인 과정의 모든 단계에서 만날 수 있으며, 대처하기 힘든 상황을 마주할 때일수록 바운더리 폭탄도 그만큼 강력할 수 있다. 바운더리 폭탄에 대해 알고 있으면 늘 주의하며 대비할 수 있을 것이다.

바운더리 폭탄 1: 비난-수치심-죄책감 3종 세트

원망, 수치심, 죄책감이라는 말만 들어도 소름이 돋는가? 이 중 어느 것도 현재 느끼는 감정은 아니다. 그럼에도 바운더리 주인 학습 과정에서 이들을 마주하는 건 비생산적일 뿐 아니라 문제를 복잡하게 만들 수 있다. 그리고 건강한 바운더리를 세울 수 있는 당신의 능력을 저해시킨다.

비난, 수치심, 죄책감은 두려움에서 비롯된 감정으로, 방어기재를 작동시켜 자존감과 자부심을 부식시킨다. 이는 매우 흔한 현상임에도 막상 분석하고 규명하기는 어렵다. 우리는 누구나 곤경에 빠지거나 처벌받는 것을 싫어한다. 그래서 생산적인 대화를 하기보다는 피하거나 논쟁을 하는 것이다. 그런데 논쟁을 할 때는 상대의 말을 이해하려는 마음으로 듣지 않는다. 빈틈없는 논리로 상대의 관점을 꺾는 것이 목적일 때 어떻게 상대의 말에 귀를 기울일 수 있겠는가?

당신이 옳다고 주장하는 것이 비난과 수치심, 죄책감으로부터 당신을 보호해줄 방패인 것처럼 보일지 모르지만, 사실은 생산적인 대화를 나눌 수 있는 기회를 차단한다. 아, 그리고 한 가지 더. 그렇다고 불쾌한 감정들을 억누르기만 하면 언젠가는 지하창고를 대대적으로 청소해야 하는 일이 생긴다.

> **핵심 정리**
> 정말 힘든 상황을 마주하게 되면 두려움이 생길 수 있다. 하지만 두려움을 느낄 때에도 진실을 말할 수 있다. 이 사실을 기억하는 것이 중요하다.

비난은 비판당할 것에 대한 두려움을 특히 예민하게 느끼고 있음을 나타낸다. 당신이 다른 사람을 비난할 때, 적어도 당신의 마음속에서는 일의 책임이 그들에게 있다. 습관적으로 자기를 비난하는 것은 다른 사람이 당신을 비난하지 못하게 하려는 시도일 수 있다. 그렇게 함으로써 자기가 상황을 통제한다는 착각에 빠진다.

비판당할 것을 두려워하는 마음은 당신에게 뭔가 근본적인 문제가 있다는 뿌리 깊이 박혀 있는 믿음에서 비롯된 수치심 때문이다. 수치심은 누군가를 부러워하는 감정처럼 마음을 힘들게 하기 때문에 때로는 그런 감정을 느낀다는 사실조차 인정하지 못할 수도 있다. 그렇게 보살핌과 치유를 받지 못한 채 방치된 감정은 계속해서 당신의 자존심과 자아 존중감을 해친다.

많은 사람들이 수치심과 죄책감을 혼동하는 것 같으니 여기서 명확하게 구분해 보기로 하자. 죄책감은 당신이 뭔가 잘못을 저지른 듯한 느낌이고, 수치심은 당신이라는 사람 자체가 뭔가 잘못된 것 같은 느낌이다.

수치심은 일반적으로 어린 시절의 경험에서 비롯된다. 어린 시절에 일시적으로 수치심을 느끼는 것은 흔히 있을 수 있는 일이지만, 성인이 되어서도 지속적으로 수치심을 안고 사는 경우, 대부분은 오래전 만성적으로 학대 받거나 방치된 경험이 있다. 수치심은 당신에게 뭔가 개선할 수 없는 문제가 있는 것 같은 절망적인 느낌이다.

반면에 건강한 죄책감은 긍정적인 행동과 자기 수정의 동기가 될 수 있다. 죄책감은 만회할 수 있는 잠재력을 가지고 있는데 이것은 수치심에는 없는 특성이다. 죄책감을 느낄 때, 당신은 수정하거나, 사과하거나, 자기 행동에 대한 책임을 질 수 있다. 그렇게 하는 과정에서 자아 존중감이 강화된다. 우리는 모두 실수를 한다. 자신의 잘못을 바로잡으려는 마음에는 자기 해방의 희망이 깃들어 있다.

건강하지 못한, 유해한 죄책감도 있다. 이는 내적 바운더리의 문제와 관련이 있는데, 당신이 통제할 수 없는 다른 사람의 감정이나 상황에 대해 죄책감을 느끼는 경우를 예로 들 수 있다. 이런 현상은 모든 잘못된 상황이 아이들 탓으로 돌려지는 역기능 가정에서 자란 사람에게서 흔히 볼 수 있다. 그런 가정의 아이들은 아버지가 화를 내면 자기가 뭔가 잘못해서라고 여기고, 자기가 나쁜 아이라고 생각한다. 이렇게 고통스러운 어린 시절의 경험은 뇌리에 새겨져 성인이 되어서도 생존을 위한 행동 양식으로 세상을 살아가게 만든다. 얼마나 지치고 힘들겠는가.

【자기 돌아보기】
비난 · 수치심 · 죄책감 3종 세트 인지하기

비난, 수치심, 또는 만성적 죄책감이 튀어오를 때가 사실은 오랜 상처를 치유할 수 있는 정당한 기회이기도 하다. 내 친한 친구이자 에너지의학 전문가인 라라 리지오(Lara Riggio)는 "감정의 동요는 문제 해결의 열쇠"라고 한다. 이 기회를 십분 활용하려면 먼저 당신이 언제 비난/수치심/죄책감이 작동하는지 알아야 한다. 다음의 질문을 살펴보자.

- 당신이 통제할 수 없는 일/상황 때문에 스트레스를 받는가?(어느 모로 보나 당신이 해결해야 할 책임이 없는데도)

- 스스로에 대한 부정적인 평가를 자주 떠올리는가? 예를 들면 자기가 나쁜 사람, 사기꾼, 이기적인 사람, 또는 사랑하기 힘든 사람이라는 생각.

- 수치심이나 비난, 죄책감처럼 힘든 감정이 올라올 때 이를 둔화시켜줄 일시적인 구제책을 찾는가? 예를 들면, 음식, 알코올, 약물, 성관계 등.

위에 열거한 예는 주의를 기울여 경계해야 할 행동들 중 몇 가지다. 이들은 모두 당신의 마음속에 해결되지 않은 감정과 경험들이 있음을 알아차릴 수 있는 기회가 된다. 3R과 3Q를 활용해서 이러한 감정들을 자극하는 과거의 경험을 찾아보자.

수치심은 우리를 다른 사람들로부터 소외시키고 분리시킨다. 사회학자로 수치심과 취약성 전문가인 브렌 브라운(Brené Brown)에 의하면 수치심은 세 가지 요소에 의해 우리의 삶을 주도할 수 있다고 했다. 그 세 가지 요소는 은밀함, 침묵, 비판이다. 치유방법은? 이해와 공감을 통해 연대감과 용기, 연민을 자아내면 된다. 그러니 당신의 마음속에 수치심과 유해한 죄책감이 고개를 들기 시작하는 걸 알아채면, 그 감정을 글로 쓰거나, 공감해줄 수 있는 친구에게 털어놓고, 자신을 공감하는 훈련을 해 보자.

바운더리 폭탄 2, 무바운더리 후유증

내 의뢰인 중에는 상대의 제안이나 요구가 내키지 않아도 들어주어야 한다는 생각을 가지고 있는 사람이 많다. 예를 들면, 지극히 개인적인 정보를 말해주어야 한다거나, 첫 데이트에 성관계를 가져야 한다거나. 만난 지 얼마 안 된 사람에게 자기에 관해 너무 많은 것을 털어놓거나, 단지 상대가 저녁 식사를 샀다는 이유로(또는 상대가 성적인 예우를 받아야 마땅한 듯 행동한다는 이유로) 너무 서둘러 성적인 접촉을 허용하다 보면 결국 후회가 남게 된다. 이러한 취약성은 바운더리에 문제가 있음을 나타낸다.

신체적으로 친밀해지기에 '너무 이르다'는 건 어느 정도 기간을 말할까? 글쎄, 그건 사람마다 다르고, 어떤 관계를 원하는가에 따라 다르다. 그렇지만 나를 찾아오는 여성 의뢰인 대부분은 어떤 행동을 어떻게 할 것인가에 도움이 필요한 것이 아니라 진실한 관계를 원하는데 그렇게 되지 않아서인 경우가 많다. 여성에 따라서는 만나기 시작해서 한두 달 지난 후에야 성관계를 허락하기도 한다. 어떤 여성은 상대방의 욕구에 너무 마음을 쓰는 나머지 자기 마음은 돌아볼 겨를도 없이 거절당하지 않기 위해 서둘러 상대의 요구를 들어주기도 한다.

개인 정보를 알려주는 문제 역시 각자의 판단에 달려 있다. 예를 들어 내 온라인 수업에 참여하는 여성이 한 번은 내게 이런 질문을 한 적이 있다. 알코올 중독이었던 아버지에게 성폭력을 당한 적이 있었는데 그걸 데이트 상대에게 언제쯤 얘기하는 게 좋을지. 합당한 질문이긴 했으나, 그녀의 이메일에 불안감이 잔뜩 깔려 있는 것을 볼 때 그녀는 내게 단지 언제 얘기하면 좋을지를 묻는 게 아니었다. 그보다는 자기가 깊이 손상되었는데 데이트 상대에게 그 사실을 알리는 것이 당연하다고 생각하고 있었던 것이다. 나는 그렇지 않다고 말해주었다. 왜 이방인이나 다름없는 그 남자에게 자신의 어린 시절 경험을 고백해야 한다고 생각하는지 그 이유를 스스로 찾아보는 것이 좋겠다고 말했다. 그 남자 역시 자신의 지하창고에 온갖 경험과 기억들을 쌓아두고 있을 텐데 말이다.

수치심이 지배적으로 깔려 있는 사람의 경우, 이러한 고백은 '속내'를 보임으로써 관계의 종말을 앞당기려는 은밀한 시도일 수도 있다. 이들은 무의식적으로 항상 종말을 예견하고 준비한다. 어차피 잘못될 거라면 차라리 일찍 끝내버리는 게 낫지 않겠냐고 생각하는 것이다. 차후에 당하게 될 거절을 앞당김으로써 자신이 상황을 통제한다는 착각을 하는 것이다. 과거의 극적이고 충격적인 상황에서 당신은 무력한 어린아이였을지 모르나, 이제 당신은 실제로 취약해질 위험에 처하게 되었을 때 이를 제지할 수 있다. 앞에서 다루었던 부차적 소득을 기억하는가?

핵심 정리
부차적 소득은 역기능 상황을 만들거나, 그 안에 머무름으로써 얻는 숨겨진 이득을 말한다.

무바운더리 후유증을 가장 효과적으로 해결하는 방법은 자발적인 취약성, 즉 당신의 몸과 감정, 개인적인 역사, 그리고 당신 자신을 다른 사람과 나눌 것인지에 대해 사려 깊고 분별력 있게 판단하는 것이다. 어떤 사람들의 경우에는 술을 마시지 않거나 줄이면 자발적 취약성을 통제하는 데 도움이 될 수도 있다. 돈 훌리오를 마셔대면서 마주 앉은 사람에게 골치 아픈 소송문제나 문제투성이 가족사를 들먹이지 않을 수 있겠는가?

신체적 친밀도의 문제는 명시적 동의가 특히 중요하다. 더구나 당신에게 상대방을 기쁘게 해 주려는 성향이 있거나, 어른들을 위해 자기 욕구나 필요를 억압해야 하는 환경에서 자랐다면 더욱 그렇다. 그런 경우 현재의 상황은 고통스러웠던 과거의 재현일 수 있고, 당연히 실제 상황에 맞닥뜨리면 그때의 행동 양식이 고개를 들것이기 때문이다.

과거를 바꿀 수는 없지만 당신이 대처할 방법은 있다. 어린 시절의 상처가 당신 잘못이 아니라는 사실을 인정하자. 당신이 경험했던 고통스러운 일들은 당신이 그걸 당할 이유가 있어서가 아니었다. 과거의 익숙한 행동 양식이 나오려고 할 때 이를 민감하게 알아차릴 필요가 있다. 그래야 지금도, 그리고 앞으로도 제동을 걸 수 있다. 주도적인 바운더리 계획(7장 참조)을 세우면, 자신의 기대에 근거해서 상대방의 기대에 분별력 있게 대응할 수 있다. 즉, 당신이 좀 더 진정성 있는 관계를 원하는데 상대가 단지 재미만을 추구한다면 그와의 관계를 끊을 수 있다는 뜻이다. 만난 지 몇 주 밖에 안 되었거나, 첫 데이트 중인 상대가 당신으로 하여금 몸을 허락해야 할 것 같은 느낌이 들게 한다면, 그가 절대로 그럴만한 가치가 없는 사람임이 곧 드러날 것이란 사실을 기억하기 바란다. 잠깐 불편한 대화를 함으로써, 그와 보내게 될 몇 주, 몇 달, 또는 평생의 불행한 시간들을 피할 수 있다. 자발적인 취약성을 연습하면 할수록, 당신이 선택할 수 있는 것들이 점점 더 명확해질 것이다.

바운더리 폭탄 3, 바운더리 번복

당신이 바운더리 문제에 아직 서툰 상태에서 정해진 바운더리를 지키는 일은 어려울 수 있다. 당신이 상사에게 더이상 밀린 일을 도맡아 처리할 수 없으며, 시간 외 근무를 해야 할 때는 그에 대한 보수를 달라고 말했다고 가정하자. 당신의 주장은 법규에 의해서, 그리고 당신 회사 인사과의 규정에 의해서 뒷받침되고 있다. 그리고 무엇보다 중요한 것은 당신의 시간과 에너지, 자존감을 보호하기 위한 당신의 행동이 정당하다는 확신이 있다.

그럼에도 당신은 말이 끝나자마자 되돌리고 싶어진다. 왠지 익숙한 이야기 같은가? 이것이 바운더리 번복의 예다. 그렇다.

바른 말을 하는 것은 두려운 일이다. 당신이 그런 일에 익숙해 있지 않다면 더욱. 이해할 수 있다. 그러나 두려워하는 것은 성인인 당신이 아니라는 점을 알아야 한다. 성인인 당신은 단지 평화를 지키기 위해서, 주도적인 삶을 살아가려는 자신의 노력을 무산시킬 필요는 없다고 생각한다. 그런데 당신 안에 있는 어린아이는 "괜찮아. 진심이 아니었어. 보수를 받지 못해도 시간 외 근무를 할 수 있어."라고 말하는 것이다. 아주 흔하게 볼 수 있는 현상이다.

앞에서도 얘기했듯이 다섯 살 때부터 눈치를 보며 상황을 예측하기 시작했다면, 바운더리를 설정하는 능력이 저해되었을 수밖에 없다. 그 어린아이에게는 정직한 표현을 한다는 것이 생사를 거는 문제였을 테니까. 하지만 5장에서 말했듯이 지금은 그 시절이 아이다. 이럴 때 어느 정도의 불편함을 미리 예견한다면, 바운더리를 번복하고 싶은 순간의 감정에 휩쓸려 행동하지 않도록 스스로를 통제하는 데 도움이 된다.

불안감이나 기타의 불편한 감정들 때문에 바운더리를 번복하려는 충동이 인다면, 48시간 법칙을 활용해 보라고 권하고 싶다. 바운더리를 번복하기 전에 이틀 동안 시간을 갖는 거다. 그렇게 시간을 갖고 기다린 후에도 바운더리를 번복하겠다는 생각이 드는 경우는 거의 없다.

알 수 없는 결과(또 다른 각도에서는 이렇게 볼 수도 있다)에 대한 불안감을 견딜 수만 있다면, 당신 주변에 있는 사람들은 당신이 생각하는 것보다 훨씬 유연하다는 사실을 발견하게 될 것이다.

그리고 당신도 그렇게까지 연약하지는 않다. 그리고 현재 상황에 대한 내면 아이의 암울한 해석이 과장되었다는 사실도 깨닫게 될 것이다. 여기까지 이해하고 나면 처음에 느껴지는 당혹감을 견디기가 훨씬 수월해진다.(한 가지 예외가 있다면, 당신이 두려워하는 바운더리 파괴자가 당신의 양면적 감정의 동요를 알아채고 무력화시키려 드는 경우다. 이에 대해서는 다음 장에서 살펴보기로 하자.)

> **핵심 정리**
> 당신의 말이나 행동에 대해 다른 사람이 어떻게 느끼는가는 당신이 통제할 수 없다. 특히 그가 어떻게 대응하는가는 더욱 당신의 통제 영역이 아니다.

당신은 어쩌면 늘 다른 사람의 불편함, 반감, 저항을 감지하며 살아왔는지도 모른다. 하지만 이제는 그들의 영역이 아닌, 당신의 영역에 집중하는 삶을 선택할 수 있다. 바운더리 주인이 된 후에도 힘든 대화를 하기는 여전히 꺼려질 수 있다. 그건 괜찮다. 시간을 갖고 일관성 있게 반복하다보면 불안감도 점차 줄어들 것이며, 바운더리를 번복하고 싶은 충동도 더이상 고개를 들지 않을 것이다. 당신을 위해 옳다고 생각되는 행동을 취하는 것이 당신의 새로운 행동 기준이 될 것이다. 무엇을 허용하고, 무엇을 허용하지 않을 것인가를 비롯하여 모든 관계의 바운더리를 재구성함으로써 더이상 바운더리 번복 충동에 흔들리지 않을 수 있다. 그러니 우리의 여정을 이어가자. 포기하지 말고 꾸준히.

바운더리 폭탄 4, 피해자-순교자 증후군

피해자의 입장이 되었다고 느낄 때면 무력감이 든다. 내가 무엇을 원하든 아무 의미도 없으며 내 행동이 아무런 변화도 이끌어낼 수 없다고 생각하기 때문이다.

순교자적 고통은 피해의식의 이란성 쌍둥이다. 순교자의 입장에서 상황을 받아들이면 자율성 또한 상실될 수밖에 없다. 다만 진짜 순교자와 다른 점은 주고받은 내역을 내심 계산한다는 사실이다. 너무 많이 양보했다는 생각이 들면 그에 대해 말은 하지 않지만, 은밀하게 억울함이 쌓이고 상대가 나에게 빚을 졌다고 생각한다.

내가 피해자-순교자 증후군의 피해의식을 느꼈던 것은 아버지를 졸업식에 초대하겠다고 마음먹었을 때였다. 나는 원하는 것을 성취하는데 적극적인 성격이었기 때문에 사실 피해자라는 단어의 어감과는 맞지 않는다. 하지만 아버지의 거절을 두려워하는 마음은 결국 피해자적 감정에 닿아 있었다. 내가 초대해도 아버지는 오지 않을 거라고 확신했기 때문에 초대하려는 마음조차 먹지 않았던 것이다.

> **핵심 정리**
> 바운더리 폭탄은 자기 방해의 형태로 건강한 바운더리를 구축하고, 관리하고, 시행하려는 당신의 노력을 저해한다. 여기에는 비난-수치심-죄책감 3종 세트, 무바운더리 후유증, 바운더리 번복, 피해자-순교자 증후군이 포함된다.

나는 상담 선생님의 도움으로 한 가지 사실을 깨달을 수 있었다. 그것은 바로 내 마음속에 다시 아버지의 어린 딸이 되어 따뜻하고 보드라운 긍정의 말을 듣고 싶은 바람이 남아 있다는 사실이었다. 하지만 "눈에 넣어도 아프지 않을 내 딸"이라는 말과 함께 따뜻하게 안아주고 키스를 해주는 것은 아버지가 나에게 보여준 사랑의 방식이 아니었다. 상담 선생님은 내가 아버지의 방식에서 사랑받고 있다고 느낄 수 있었는지 물었다. 나는 잠시 생각해 보았다. 글쎄…, 학부 과정을 마칠 수 있도록 등록금을 내주었고, 중고차도 사 주었고, 내가 집에 갔다가 돌아올 때면 항상 "안전벨트 착용해라!"라고 호령하기도 했다.

세상에 이럴 수가. 그 순간, 내가 아버지의 충실한 의무 이행을 한 번도 사랑이라는 관점에서 보지 않았다는 사실을 깨달았다. 나는 아버지의 그러한 성실함은 사랑이 아닌 의무라고만 생각했다. 아버지가 나를, 내가 원하는 표현 방식으로 사랑해 주기를 바라는 한 나는 늘 실망하고 거절당한 느낌을 경험할 수밖에 없었고, 아버지가 나를 사랑하지 않는다는 생각을 점점 더 굳혀갈 수밖에 없었던 것이다.

다른 사람이 우리에게 해줄 수 없는 것들에 집착하는 마음을 내려놓고 관점을 전환시키면, 우리를 구속하는 좁은 마음을 확장시킬 수 있다. 그러면 훨씬 더 나은 것을 얻을 수 있는 가능성이 생긴다. 이는 당신이 좋아하는 것, 필요로 하는 것, 원하는 것, 양보할 수 없는 것을 주장하지 말라는 뜻이 아니며, 다른 사람이 줄 수 있는 것을 무조건 수용하라는 뜻도 아니다. 모든 관점이 우리에게 유익하지는 않다는 뜻이다. 나는 아버지를 바라보는 관점을 바꿈으로써 아버지를 졸업식에 초대하기로 마음먹었을 때 느꼈던 무력감을 훨씬 완화시킬 수 있었다.

상담선생님과 더 많은 대화를 나누는 동안 내가 주어진 상황에서 선택할 수 있는 것들을 보지 못하고 있었다는 사실을 깨달았다. 말하자면 나에게 선택의 여지가 있다는 사실을 몰랐던 것이다. 아버지가 내 초대에 응해서 졸업식에 오는 것만이 가치 있는 결과라고 생각했다. 그렇지 않고는 내가 원하는 것을 얻지 못했다는 무력감만이 남을 것이니까. 하지만 상담선생님은 단지 아버지가 내 말을 듣고, 보고, 가능하면 이해하는 것만도 충분히 가치 있는 일이라는 사실을 이해시켜주었다. 아버지와 딸의 갈등은 차치하고 말이다. 그러고 보니 내가 처음부터 줄곧 바랐던 것은 아버지가 내 마음에 귀를 기울이고, 나를 봐주고, 이해해주는 것이었음을 알 수 있었다.

피해자-순교자 증후군으로 어려움을 겪게 되었을 때, 당신은 득과 실을 계산하거나(순교자의 심리), 무력감에 빠질 수 있다(피해의식). 그런데 이 두 가지 증상을 해결하는 방법은 하나다. 새로운 관점에서 당신의 삶과 선택을 바라보고 자신에게 득이 되는 행동을 하면 된다. 말하자면 아버지가 내가 원하는 방식의 사랑을 주지 않았다고 해서 나를 사랑하지 않았던 것은 아니라는 뜻이다.

좀 더 넓은 시각으로 관계와 삶을 바라보면 세상을 살아가는 방식에 대한 무한한 가능성이 열린다. 자신에게 솔직해짐으로써 자존감도 높아지고, 자신의 행위에 대한 책임의식도 고양되므로 거뜬하게 무력감에서 벗어나 주체성을 확립할 수 있다.

진실 말하기

내 앞에 나타난 바운더리 폭탄들을 모두 제거하자, 상담선생님은 내게 과제를 내주었다. 그동안 연례행사로 아버지를 방문했듯이 올해도 아버지를 보러 플로리다에 가면, 아버지를 졸업식에 초대하라는 것이었다. 사실 그렇게 과제로 내주지 않았다면 나는 아버지를 초대하지 않았을지도 모른다. 정해진 과제가 생기니 나의 특성이기도 했던 성취 모드가 작동했다. 실패하는 건 용납할 수 없었다.

'요청하는 것 자체가 치유'일 것이라는 상담선생님의 주장은 내가 직접 경험해서 믿게 되기 전까지는 같은 실수를 반복할 것임을 뜻하기도 했다. 내 말과 행동만 책임지면 된다는 사실도 위안이 되었다. 초대만 하면 그뿐이다.

아버지를 만나러 갔던 주말에 아버지와 나는 함께 벼룩시장을 구경하고, 해변을 산책했으며, 해산물로 저녁을 먹으면 담소를 나누었다. 아버지가 졸업 후 계획에 대해 물었을 때가 아버지를 졸업식에 초대하기에 좋은 기회였으나 그렇게 하지 못했다. 요청하는 것이 곧 치유라는 사실은 전적으로 믿었지만, 여전히 나는 불안하고 두려웠다. 모든 준비와 명확한 이해, 그리고 주도적인 바운더리 계획을 세웠다고 해서 실전해 임했을 때 불안해지지 않는 것은 아니다.

아버지가 나를 공항에 데려다주는 차 안에서 나는 식은땀이 나기 시작했다. 아버지에게 졸업식에 올 수 있느냐고 물어야 했다. 더이상 지체할 시간이 없었다. 나 자신을 실망시키고 싶지는 않았으니까. 입을 떼야 했다.

"아, 아빠, 물어볼 것이 있어요." 나는 아버지가 앉은 운전석 방향으로 시선을 돌리고 불안한 마음으로 말을 꺼냈다.

"그래?" 아버지는 앞을 향한 채 대답했다. "뭔데, 테리?"

"졸업식 입장권을 하나 받아 놓았는데 혹시 아버지가 오실 수 있는지…"

나는 여기까지 말해 놓고 참았던 숨을 몰아쉬었다.

아버지는 잠시 침묵을 지키다가 몹시 곤란한 듯 말했다.

"갈 수 없을 것 같구나."

주말을 이용해서 오면 되는 건데 그조차 못하겠다는 거였다. 수년 동안 뉴저지에서 시내까지 출퇴근을 해 온 아버지는 혼잡하고, 북적거리는 모든 상황을 싫어했다.

"알았어요. 이해해요." 내가 대답했다.

"이렇게 되니 내가 뭔가 잘못한 것 같은 느낌이구나." 아버지가 대답했다.

그 순간 나는 아버지가 왜 그렇게 대응하는지 파악할 수 있어야 했다. 나는 평생 한 번도 아버지에게 죄책감을 느끼게 한 적이 없었다. 나는 늘 이해했다. 그런데 이번에는 그렇게 하지 않고 말했다. "죄책감을 느끼실 필요는 없어요, 아빠. 오기 힘드실 거라는 거 충분히 이해해요. 그렇지만 내 인생에서 아빠를 대신할 사람은 없다는 걸 알아주기 바라요. 제게 단 하나뿐인 아빠와 마음이 통한다는 건 제게 매우 중요하니까요."

세상에. 마치 단어들이 저절로 굴러 나오는 것 같았다. 제일 어려운 일을 하고 나니 용기가 생겨서 좀 더 깊은 진실을 말할 수 있었다. 해방감이 느껴졌다. 워낙에 말이 없는 아버지는 별로 많은 말을 하진 않았지만, 작별인사를 하기 위해 포옹을 했을 때 다른 때보다 조금 더 오래 나를 안아주었다.

수년 동안 가슴에 담아두었던 진실을 드디어 꺼내놓았다. 내가 원하는 것, 좋아하는 것, 또는 한계를 솔직하게 상대에게 전하는 행위는 나의 바운더리 관리 방식을 바꾸어놓은 것뿐 아니라, 내 자신을 대하는 방식도 변화시켰다. 따라서 내 삶도 변화되었다.

'아니'라는 한 마디

앞에서 얘기했듯이 다른 사람의 바운더리를 존중하는 것도 매우 중요하다. 상대방이 왜 그런 바운더리를 세웠는지 구구절절 해설을 붙이고 싶어도 참자. 나를 싫어해서 그랬을 거야 등등의 이야기들이 있겠지만. 바운더리 주인 과정을 통해 효과적인 소통방법을 배우면 내 안의 암울한 두려움으로 대화의 빈틈을 채우는 대신, 상대로부터 진솔한 답을 들을 수 있는 질문을 할 수 있다.

내가 들었던 '아니'라는 대답 중에 가장 명확했던 것은 내 친구 엘리자베스로부터였다. 내가 과테말라로 휴가를 가는데 함께 가자고 하자, 엘리자베스는 이렇게 대답했다. "아니, 나는 안가. 과테말라는 정말 싫어. 더운 기후는 나와 안 맞거든."

그녀의 솔직한 대답은 신선했다. 명확하고, 직설적이고, 단호했으니까. 그녀의 이메일에는 자기가 '아니'라는 대답을 했을 때 내가 느낄 감정에 대한 우려는 전혀 감지되지 않았다. 내 감정적 상태와 대응은 그녀의 소관이 아니니까. 바로 그 점이 중요하다.

진실을 솔직하게 말하지 못할 때, 우리는 무의식적으로 상대가 해야 할 일을 대신하고 있는 경우가 많다. 거절하는 것에 대해 되는 대로 사과의 말을 하거나 지나치게 상세하게 자기 상황을 설명하면 명확하고, 직설적이며, 단호하게 들리지 않는다. 그때 당신은 다음과 같은 메시지를 함께 보내는 것이다. "네 청을 거절해서 죄책감을 느끼고 있어. 내가 거절해서 네 마음이 다칠 것이고, 우리 관계가 나빠질 것 같아." 좋은 사람이고 싶은 노력이 상대방을 부담스럽게 만들고, 상대로 하여금 오히려 당신을 안심시켜줘야 할 것 같은 느낌을 들게 만든다. 그러니 바운더리 주인다운 행동은 아니다.

엘리자베스 덕분에 우리 둘 다 쓸데없는 대화로 시간을 낭비할 필요가 없었다. 나는 그녀에게 "하하하. 알았어, 친구야."라고 답장을 보냈다. 그걸로 충분했다.

'아니'라는 대답을 명확하게 주고받을 수 있으면, '좋아'라고 대답하고 싶은 것들에 훨씬 더 많은 열정과 주의를 기울일 수 있다.

【자기 돌아보기】
'아니'라는 대답을 수용하고, 존중하기

과기능 상호의존자, 다른 사람을 즐겁게 해주려는 성향을 가진 사람, 지나치게 내주는데 익숙한 사람들은 다른 사람이 '아니'라는 대답을 하거나 한계를 둘 때 마치 자기를 거부하는 것처럼 느낄 수 있다. 다음의 질문을 통해 당신은 다른 사람의 '아니'라는 대답을 얼마나 잘 받아들이고 존중하는지 알아보자.

- 누군가 당신의 청이나 제안을 거절할 때 마음이 상하거나, 거절당한 느낌이거나, 화가 나는가?

- 당신이 자발적으로 해준 충고가 무시되면 화가 나거나, 실망하는가?

- 시선을 돌리거나 한숨을 쉬는 등의 행동을 통해 마음이 상했음을 간접적으로 나타내거나, 눈물을 머금고 "좋아, 귀찮게 해서 미안해."라고 말하는가?

위의 질문에 대한 답을 보면 당신이 어느 부분에 주의를 집중해야 하는지 알 수 있다. 바운더리 주인의 길은 항상 발전하는 것이지 완벽함을 기하는 데 있지 않다는 사실을 기억하자. 타인의 '아니'라는 대답을 수용하고, 한계와 기호를 존중함으로써 마땅히 당신의 모습이어야 할 바운더리 주인에 한 발 더 다가설 수 있다.

자신을 돌아보며 애도하기

어려운 문제 극복하기의 마지막 단계이자 가장 가슴에 사무치는 순간이며 많은 사람들이 힘들어하는 단계이기도 한데, 바로 자신을 돌아보며 애도하는 일이다. 주도적인 사람이 되기 위해서는 몇 가지 격한 감정들을 끌어내야 한다. 의뢰인 중 한 사람이었던 조단은 수년간 자기 어머니가 바라고 좋아하는 대로 묵묵히 따르다가 마침내 어머니에게 자기 진실을 얘기하던 순간을 다음과 같이 설명했다. 조단은 수년 동안 늘 어머니가 원하는 것이 우선이었다고 했다. 어머니를 만나기 위해 항상 먼 길을 오갔으며, 그럼에도 어머니의 생일마다 찾아가 축하해주었으며, 어머니가 필요할 때면 언제든 가서 도왔다. 그러던 조단이 상담을 통해 마음에 쌓였던 억울함을 해소하고 자기 목소리를 낼 수 있게 되었던 것이다.

조단은 어머니에게 두 사람의 관계가 좀 더 상호 호혜적이면 좋겠다고 말했고, 결국 어머니는 그 말에 동의했다. 그때부터 두 사람의 관계는 충실해졌고, 자기 일정에 맞춰 조단을 불러들이기 전에 먼저 조단의 생각을 묻기 시작했다. 그런데 조단은 어머니에게 진심을 말하고 나서 집에 돌아가 울었다. 스스로도 놀랄 일이었다. 상담치료 중에 그녀가 슬펐던 이유를 물었더니 자신을 버린 채 살았던 세월을 애도한 것이라고 했다. 그 세월 동안 자기는 어머니에게 자기를 내줄 수 있으면 그것으로 보람 있는 삶이라 믿었다고 했다.

당신도 조단과 같은 감정을 느낄 수 있다. 다른 사람들을 행복하고 만족스럽게 해주기 위해 초인적인 노력을 기울이면서 당신이 내심 기대했던 모든 것들을 애도하기 시작할 수도 있다. 이는 현실에 좀 더 다가서서 자신을 완전히 수용하는데 매우 중요한 과정이다.

그러니 당신 자신을 포함해서 그 누구도 '과도한 긍정성'을 발휘해서 당신이 이 중요한 감정적 과정을 간과하고 넘어가도록 부추기지 못하게 해야 한다. 과거 당신의 행동을 맑은 의식으로 돌아보고 지금 아는 것을 그때도 알았더라면 좋았을 것이라는 아쉬움을 느끼는 것은 자기 결단력을 기르는 아주 효과적인 방법이다. 그러한 후회의 감정은 여러 곳에서 일어날 수 있다. 당신이 너무 일찍 끝낸 관계(또는 시작도 하지 않은 관계), 당신이 그렇게 오래 견디지 말았어야 하는 누군가의 못된 행동, 또는 지금은 후회하고 있는 어떤 행동을 촉발시켰던 두려움에서 비롯된 어떤 반응. 시간은 우리에게 주어진 가장 중요한 자산이다. 그러니 과거에 놓쳐버린 기회를 애도하는 것은 정당한 일이다.

자신의 진실과 과거의 경험을 존중하는 것은 자기 사랑이 기본 바탕이어야 하는 바운더리 주인의 근본이 되는 행동이다. 또한 단계의 애도가 있을 수 있다. 우리가 누릴 수 있었던, 그러나 누리지 못했던 어린 시절에 대한 애도다.(미리 말해두지만, 이와 관련해서 매우 효과적인 훈련과제를 책의 마지막 심화과제에 소개해 놓았다.) 내가 좀 다른 아버지의 딸로 태어났으면 좋았을 거라는 생각을 하듯이, 당신도 부모 중 한 사람, 또는 두 사람이 좀 더 깨이고, 능력 있는 사람이었으면 좋았을 거라 생각할 수 있다. 당신의 감정을 우선적으로 생각하고 진심으로 자신을 돌보다 보면 당신의 감정이 스스로 자정작용을 거치는 것을 경험을 할 수 있다. 이런 과정을 당신이 스스로를 다시 양육하는 것이라 생각해 보자. 당신 자신을 지속적으로 돌보면서 격려하는 것이다. 요점만 말하자면, 우리가 받지 못했던 선하고, 건강한 부모 노릇을 현재의 나에게 해주자는 말이다.

마음속에서 어떤 감정이 솟아오르든 그냥 그대로 허락하자. 그래야 감정이 억압되어 쌓이지 않는다.(방금 지하창고를 청소했지 않은가!) 애도를 할 때는 상당한 자기 연민, 그리고 내면으로 향하는 사랑과 보살핌이 필요하다. 이렇게 생각해 보자. 당신의 가장 친한 친구가 힘든 시간을 보내고 있다면, 당신은 그에게 참으라고만 하겠는가? 아니면 그의 감정은 중요한 게 아니라고 말하겠는가?(절대 그렇게 하지 않기 바란다.) 당신은 분명히 그 친구의 감정적 고통을 나누고자 할 것이다.

자기 연민도 그와 같은 연대감을 제공하는 거다. 단지 그 대상이 자신이라는 점만 다를 뿐이다.

나는 심리학자이자 마음챙김-자기연민 프로그램의 공동창시자인 크리스틴 네프(Kristin Neff)가 말한 자기비판과 자기연민의 비유를 좋아한다. "내가 충분히 좋은 사람인가를 묻는 자기비판과 달리 자기연민은 '나에게 좋은 것이 무엇인가'를 묻는다." 바운더리 문제를 안고 살았던 세월을 반추하고 내려놓는 과정을 실천하는 동안에는 요가를 좀 더 자주하고, 영양가 있는 음식을 먹으며, 소금 목욕 등 마음과 몸, 영혼을 치유하는데 도움이 되는 것들을 찾아서 하자.

어찌됐든 아버지를 졸업식에 초대하는 과정에서 나는 아주 의미 있는 감정들을 마주할 수 있었다. 아버지가 나에게 보여주었던 사랑의 방식을 감사하게 받아들이기로 마음먹으면서, 아버지의 본 모습을 알아볼 수 있는 마음의 여유가 생겼다. 내 감정들을 온전히 느낄 수 있도록 마음의 공간을 만들면서, 내 두려움(또는 내 안에 있는 아이의 두려움)이 과장되어 있었다는 사실을 깨달았다. 그리고 아버지와 나 자신, 그리고 나의 존재가치를 올바로 인지할 수 없게 하는 잘못된 믿음을 털어버릴 수 있었다. 그러자 나의 진실한 감정, 좋아하는 것들을 존중하는 방식으로 대응할 수 있도록 마음을 정리해 주었을 뿐 아니라 아버지와의 연대감이 깊어질 수 있는 가능성도 열어주었다.(실제 상황에서 3R 활용하기: 인식, 해소, 대응)

상황이 절박해지기 전에는 아버지와의 관계를 개선할 수 있
는 방법에 대해 상상해보지도 않았다. 그러다가 내가 상담사의
길로 들어서는 출발점이기도 한 졸업식이 건강한 내적 바운더
리를 갖춘 삶으로 들어가는 전환점이 되는 것도 좋을 것 같다는
생각이 들었다.

내면을 발전시키는 훈련은 내적인 삶에도 중대한 변화를 가
져왔다. 아버지가 전혀 기대하지 않았던 방식으로 나에게 다가
왔던 것이다. 가끔 아무 날도 아닌데 카드에 다정한 문구를 써
서 보내주었는데, 말미에는 필기체로 "사랑하는 아빠가."라고
적혀 있기도 했다. 아버지가 내게 보냈던 첫 카드를 기억한다.
그전에 한번도 그런 적이 없었기 때문에 나는 봉투 안에 든 것
이 수입에 어느 정도를 떼어서 연금으로 저축해야 하는가? 같
은 신문 기사나 뭐 그런 것이리라 생각했다. 그 외에도 일주일
에 한 번씩, 매주 일요일 저녁에 전화 통화를 하기로 했다. 주로
말은 내가 하고 아버지는 듣는 편이었지만, 그래도 내가 기대하
지 못했던 소중한 시간이었다.

나는 아버지의 어색한 듯하면서도 다정한 사랑의 표현과 관
심이 정말 좋았다. 내가 원했던 아버지와 딸의 시간을 만들지는

못했지만 내가 받을 수 있는 것은 아버지의 진심이었다, 그래서 훨씬 더 좋았다. 그 모든 것이 내가 노력하려는 용기를 냈고, 포기하지 않았기 때문에 누릴 수 있는 것이었다. 플로리다에서처럼 진땀을 빼는 곤혹을 치르면서도 말이다. 그렇게 6개월이 지나고 아버지가 돌아가시자, 내가 그때 아버지를 졸업식에 초대하고 아버지가 나에게 얼마나 소중한 존재인지 말할 수 있었던 게 천만다행이라는 생각이 들었다. 그렇게 플로리다에서 아버지를 만난 게 마지막이었다. 지금 내게는 아버지에 대한 원망은 없고 감사함만 남아 있다.

여러분도 그럴 수 있기를 바라는 마음이다. 포기하지 말고 노력하자. 주어진 과제를 실천하자. 자신을 절대적으로 믿으면서. 그렇다. 정말 힘들고 심각한 상황이 온다.(그중에는 견디기 힘들다고, 도저히 해결할 수 없을 거라고 생각되는 일들도 있을 수 있다.) 그 순간이 바로 바운더리 주인의 자질을 시험할 수 있는 황금의 기회임을 깨닫기 바란다.

노력이 필요하다.

그리고 당신은 그만큼 소중한 사람이다.

바운더리 주인 실전과제

1. 기본 과제

당신 안에 살고 있는 어린아이를 연민할 수 있는 기회에 주의를 기울이자. 간단하지만 효과 있는 훈련과제를 실천해 보자. 어린 시절 당신의 모습이 담긴 사진을 찾아서 자주 볼 수 있는 곳에 둔다.(전화 배경 화면 같은 것이면 좋다.) 사진을 볼 때마다 작고 사랑스러운 당신, 그리고 그 시절의 경험들을 연민하는 마음으로 들여다보자. 옳고 그름을 따지지 말고, 순수한 사랑을 비춰보자. 그 어린아이가 바로 당신이다. 모든 면에서 온전한 그 아이는 당신의 사랑과 연민을 받을 자격이 있다.

2. 심화 과제

자신의 상처를 애도하라. 우리가 추구하는 것을 이루기 위한 공간을 만들려면 오랫동안 가슴에 품고 있던 절망감을 인정하고, 털어버려야 한다. 미래의 건강한 행보를 위해 앞길을 밝히려면 자신을 돌아보며 애도하는 연습을 해야 한다. 이 책의 뒷부분에 실려 있는 심화과제를 참조하자.

Chapter 9

|

바운더리 파괴자를 상대로
이길 수는 없다
위험한 관계 알아채기, 벗어나기

    몇 년 전 처음 재스민을 만나던 날, 내 상담실로 사뿐히 들어오는 그녀는 차분하고 평안해 보였다. 참 인상적인 모습이었다. 천사 같은 분위기가 풍겨졌다. 그런 그녀를 보면서 그녀가 지옥 같은 삶을 살고 있다는 사실은 짐작조차 할 수 없었다.

    왜 나를 찾아왔느냐고 묻자, 그녀는 자신의 가족사를 털어놓기 시작했다. 재스민은 자기밖에 모르는 부모 밑에서 자랐다. 자기애가 강하고 일중독인 어머니와 정서적으로 상처가 많은 아버지. 아버지는 자신의 모든 정서적 에너지를 아내를 행복하게 하는데 쏟았다. 부모 중 누구도 재스민에게 관심을 가질 여유는 없었다. 재스민은 어렸을 때부터 가족의 '완벽한' 이미지를 지키고 말썽을 부리지 않는 것이 자신의 의무임을 터득했다고 했다. 나는 재스민이 거침없이 이런 얘기들을 하는 데에 조금 놀라기는 했다. 그녀는 직설적이며, 솔직하고, 빈틈없었을 뿐 아니라, 정신건강을 위해 해야 하는 것들을 모두 섭렵한 것 같았다. 그녀가 들려주는 지난 이야기들을 들으며 내가 가진 의문은 단 하나였다. 재스민에게 가만히 물어보았다. "지금 어떤 도움이 필요한 거죠?"

그러자 재스민의 표정이 어두워지면서 한숨을 쉬었다. "가학적인 관계 때문에 힘들어요. 지금 남자친구와 함께 살고 있는데 매일이 악몽 같습니다."

재스민은 남자친구 톰과의 관계를 설명하기 시작했다. 톰은 3년 전 재스민이 다니던 헬스클럽에서 재스민의 개인 트레이너였다. 톰은 재미있고, 매력적이었으며, 사랑스러운 사람이었다고 했다. 톰은 재스민의 호감을 사기 위해 열심히 노력했고, 결국 두 사람은 데이트를 시작했다. 그러고 나서 얼마 지나지 않아 톰은 재스민이 자기 이상형이라고 하면서 결혼 얘기를 꺼내기 시작했다. 재스민은 꿈인 듯 기뻤지만 그러면서도 가끔 그렇게 완벽한 톰이 자기를 사랑한다는 게 현실일 수 있을까? 의문을 갖기도 했다. 그런 생각을 하니 불안감이 생기기는 했지만, 아무튼 재스민은 전격적으로 톰과의 연애를 시작했고, 석 달 뒤 두 사람은 함께 살고 있었다.

그런데 재스민의 아파트로 들어오고 나서부터 톰이 그녀에게 보이던 관심은 시들해지기 시작했다. 그리고 뭐든 대충 넘어가려는 식이었다. 톰은 종종 혼자서 늦게까지 잠자리에 들지 않는 날이 많았고, 어쩌다 재스민이 잠에서 깨어 거실로 나오면 톰은 보고 있던 노트북 컴퓨터를 아무렇지 않은 척 닫았다. 재스민은 뭔가 이상한 느낌이 들면서도 아무 일도 없을 거라고 스스로를 달랬다.

그러다가 톰은 이런저런 잔소리를 하기 시작했는데 특히 재스민의 식성에 대한 것이 많았다. 때로는 재스민의 전화를 함부로 열어보고 친구들을 비방했으며, 재스민이 다른 사람과 시간을 보내면 질투했다. 톰을 행복하게 해주려면 재스민은 자신이 사랑하는 사람들을 멀리해야 한다는 생각을 하게 되었을 정도였다. 재스민이 나를 찾아왔을 때는 톰의 통제가 도를 넘어 신체적 폭력으로까지 발전되었을 시점이었다. 재스민이 말대답을 하면 톰은 그녀를 벽에다 밀치거나 바닥으로 밀어 넘어뜨린다고 했다. 그런데 더 기가 막힌 것은 그런 톰이 남들 눈에는 완벽한 남자친구로 보인다는 사실이었다. 누가 재스민의 말을 믿으려 하겠는가?

"모든 것이 행복했던 예전으로 돌아가길 기다렸지만, 그러 일은 일어나지 않았어요." 재스민이 말했다.

톰은 바운더리 파괴자 중에서도 타인을 존중하는 능력(또는 존중하려는 마음)이 없는 사람 같았다. 더구나 신체적인 폭력까지 행사한다는 사실을 안 이상 재스민의 이야기에 대한 내 대답은 분명해졌다.

"당신이 톰을 떠나야 한다는 생각만 하면서 시간을 보내는 동안 계속 상담만 진행하며 돈을 받을 상담사들은 맨해튼 안에만도 여럿 있겠지만, 나는 그렇지 않아요. 당신이 확고한 결심을 하고 이 가학적인 환경을 안전하게 벗어날 계획을 세울 준비가 되어 있다면, 나도 당신을 도울게요." 내가 말했다. "그렇지 않다면, 당신을 다른 상담사에게 소개하는 게 좋을 것 같군요."

그러자 재스민이 고개를 끄덕였다. "저는 준비가 되어 있습니다."

그렇게 해서 재스민과의 상담이 시작되었다.

규칙이 소용없을 때

당신의 기호나 생각, 감정을 알아채거나 배려할 능력이 전혀 없는 것 같은 사람을 만난 적이 있는가? 나는 이런 유형의 사람을 바운더리 파괴자라고 부른다. 이 유형은 상대하기가 제일 어려울 뿐 아니라 아무리 건강한 바운더리도 무용지물이 되고 만다. 당신이 아무리 유창하고 수려한 말로 설명을 한다 해도 효과가 전혀 없기 때문이다.

바운더리 파괴자와는 협상이라는 말 자체가 성립되지 않는다. 다른 사람의 바운더리를 무의적으로든, 의식적으로든, 명시적으로든, 묵시적으로든 고려하지 않기 때문이다. 그 이유는 자기들이 그러한 규칙보다 우위에 있다고 생각하기 때문인데, 경우에 따라서는 법보다도 우위에 있다고 착각하기도 한다. 이들은 자기가 당신의 시간과 보살핌, 관심을 당연히 누릴 자격이 있다고 생각하며, 그러한 배려와 사랑이 상호 호혜적이라는 사실을 이해하지 못한다.

바운더리 파괴자들을 논쟁을 매우 좋아하며, 반응이 민감하며, 감각적으로 예민하고, 자기의 세계에 빠져 있다. 이들은 나르시시스트나 반사회적 장애자, 연기성 인격 장애자, 또는 경계성 인격 장애자들과 같은 그룹으로 분류될 수도 있다. 하지만 지금 우리는 바운더리 파괴자를 진단하려는 것이 아니다. 이러한 장애를 앓고 있다고 추정된다 하더라도 실제로 진단을 하려면 전문가가 직접 그 사람을 만나 관찰하고 진료해야 한다. 지금 당신에게 중요한 것은 이러한 유형의 사람들에게서 나타나는 공통적인 행동들을 식별하고, 그들을 어떻게 상대해야 하는가의 문제다. 바운더리 파괴자들은 약탈적 행위를 통해 당신이 그들과의 현재 관계를 유지하게 하려는 성향을 보이기 때문에, 당신이 알고 있는 정보와 지식은 분명 힘이 될 것이다. 그리고 당신의 안전이 무엇보다 중요하다는 사실을 명심해야 한다. 특히 당신이 상대하는 바운더리 파괴자가 폭력의 전력이 있거나, 당신의 안녕에 무감각한 것 같으면 더욱 주의해야 한다. 당신의 안전이 걱정된다면 전문적인 도움이나 안내를 받아야 한다. 바운더리 파괴자는 당신의 안녕에 관심을 두지 않기 때문에 당신은 스스로를 손실과 위험으로부터 보호하는데 더욱 민첩할 필요가 있다.

바운더리 파괴자를 상대로 당신의 주장을 한번 펼쳐보라, 주도적인 바운더리를 세우려고 아무리 애를 써도 결국 무산되고 말 것이다. 일반적인 규칙은 적용할 수가 없다. 상대가 가족이든, 동료든, 애인이든, 헤어진 인연이든, 친구든 당신을 돌아버리게 할 것이다.

왜 그럴까? 바운더리 파괴자들은 자기 자신과 자신의 일밖에는 안중에 없기 때문이다. 다른 사람들은 그들의 세계에 보탬이 되는 한 쓸모가 있을 뿐이다. 그들이 보는 현실만이 옳으며, 유일하다.

다음과 같은 유형의 사람들이 바운더리 파괴자에 포함된다.

● 당신이 중요한 발표를 하기 전날 저녁에 시비를 걸고는 당신이 발표가 끝난 후에 얘기하자고 하면 이기적이라며 당신을 공격한다.

● 서른세 살이나 된 당신을 세 살짜리 어린애처럼 취급하는

지배적인 어머니.

● 파티에서 부적절한 행동을 하고 막무가내로 부인하는 바람둥이 배우자. 그가 다른 여자의 주머니에 자기 전화번호가 적힌 쪽지를 넣어주는 것을 당신이 목격했다는 데도 그는 당신이 '제정신이 아니어서' 그를 다그친다고 주장한다.

● 친구와 통화를 하다가 당신이 "나 늦었어. 이제 전화 끊어야겠다."라고 해도 의도적으로 무시하고 자기 사는 이야기를 끝없이 늘어놓으면서, 들어주는 당신이 오히려 죄책감을 느끼게 하는 친구.

● 주말에는 이메일을 보내지 말아달라는 당신의 요청을 무시하고, 아픈 동생을 데리고 병원에 가 있는 당신에게 전화까지 하는 직장 상사.

내 의뢰인과 학생들 중 다수가 자기들의 삶에서 만난 바운더리 파괴자들의 행위를 합리적으로 해석하려 든다. 그러다 보면 그 바운더리 파괴자들이 하는 말과 행동에 전혀 연계성이 없다는 사실을 간과하고 넘어가기 쉽다. 하지만 명심하기 바란다. 바운더리 파괴자들을 이해하려면 그들의 말보다 행동을 봐야 한다.

문제가 있는 사람은 문제가 있는 사람에게 취약하다

바운더리 파괴자들이 당신의 바운더리 주변을 배회하면서 보일 수 있는 엉큼한 행동 양식을 파헤쳐보기 전에, 중요한 사실 하나를 살펴보고 넘어가야 한다. 만약 당신이 과기능 상호의존자(HFC)거나, 과민한 사람이라면 특히 바운더리 파괴자의 술책에 말려들기 쉽다는 사실이다. 성인이 된 후 바운더리 파괴자를 만나 그와 사투를 벌이며 사는 사람들이 반드시 바운더리 파괴자인 부모 밑에서 자란 것은 아니다. 하지만 부모의 필요가 항상 우선시 되어야 했던(그러기 위해서 어린아이의 안녕은 뒤로 밀려나야 했던) 가정에서 자랐다면, 당신이 그 과거의 상처를 치료하지 않는 한 바운더리 파괴자에게 말려들 확률이 높다. 여기서 말려든다는 것은 바운더리 파괴자에게 괴롭힘을 당하며 살게 되는 것을 의미한다. 당신이 어떤 환경에서 자랐든, 당신이 통제할 수 있는 것은 당신의 행동뿐이다. 당신이 왜 바운더리 파괴자의 목표물이 될 수 있는지를 이해하는 것이 이 유해한 관계에서 벗어날 수 있는 열쇠다.

다른 사람을 기쁘게 해 주려는 충동이 강한 사람이라면 천성적으로 다른 사람의 욕구나 필요에 이끌려가기 쉽다. 바운더리 파괴자는 그러한 정서적 예민함을 멀리서도 한눈에 알아보고 자기에게 득이 되는 방향으로 이용하려고 든다.

나는 상담가로 활동하면서 이러한 사례들을 많이 보았다. 지적이고 공감력이 좋았던 한 의뢰인이 바운더리 파괴자와 황폐한 관계에 휘말려 사는 모습도 보았다. 여기서 당신이 이해하고 넘어가야 할 중요한 점은 바운더리 파괴자는 당신과 다른 사람이라는 사실이다. 이들 중 다수는 공감력이 부족하고(그중에는 물론 그럴듯하게 공감하는 척하는 사람도 있지만), 일부는 양심의 가책을 느끼지 못하는 사람도 있다. 바운더리 파괴자들은 목적을 위해서는 수단방법을 가리지 않는 것이 정당하다고 믿기 때문에 애정공세, 가스라이팅(상황을 조작하여 타인의 마음에 자신에 대한 의심과 혼란을 유도함으로써 그에 대한 통제력을 획득하는 것. - 옮긴이)으로 상대를 혼란에 빠뜨리거나 죄책감, 거짓말을 이용해 정서적으로 조종하는 일 정도는 대수롭지 않게 생각한다.

당신이 과기능 상호의존자거나 과도 공감자라면 양심이나 공감력이 없어서 다른 사람의 고통이나 어려움에 무감하고, 자신의 행동이 상대에게 어떤 영향을 미치는지 상관하지 않는다는 이들의 심리를 이해할 수 없을 것이다. 그러한 당신의 선함이야말로 바운더리 파괴자들이 믿고 매달리는 요소다.(과민한 사람들은 신경체계가 예민하여 주변 사람들의 기분을 예리하게 파악하고 느끼기 때문에 자극적인 환경에서는 쉽게 압도되고 지친다.)

바운더리 파괴자에게 조종당하고 있다면, 당신은 억울함과 혼란스러움, 슬픔 등의 감정에 시달릴 수도 있다. 지나치게 인내하고 수용하는 성향을 가지고 있는 당신은 바운더리 파괴자에게 과도하게 양보하고 베풀었을 것이며, 그럼에도 직접적으로, 간접적으로 당신의 노력이 부족하다는 메시지를 받았을 것이다. 당신은 계속해서 바닥없는 우물 같은 그들의 욕구를 충족시키려 노력한다. 그렇다면 진실은 무엇일까? 상대가 바운더리 파괴자인 한, 당신은 절대 그를 만족시킬 수 없다. 그럼에도 어쩌면 상대가, 또는 그와의 관계가 변화될 수 있을지 모른다는 당신의 믿음이 연료가 되어 상대가 당신을 계속 조종할 수 있게 하는 것이다.

> **핵심 정리**
> 대부분의 바운더리 파괴자들을 공감력이 부족하다.(공감하는 척을 제법 잘 하는 사람도 있기는 하지만) 그중에는 양심까지 없는 사람들도 있다.

당신이 바운더리 파괴자를 상대하느라 어려움을 겪고 있다면 실전 전략을 세우기 전에 상대가 어떤 사람인지부터 알아야 한다. 당신이 그와 결혼해서 자녀와 재산, 사업체를 공유하고 있는 상태라면 상대를 파악하는 일은 훨씬 더 중요해진다. 통제 본능과 복수심이 강한 상대에게 충동적으로 대응했을 때 치러야 하는 대가가 너무 크기 때문이다. 일단 그들이 은밀하게 벌이는 조종극과 당신이 양보할 수 없는 것들을 파악하고 나면, 당신은 훨씬 더 주도적인 위치에서 전략적으로 대응하여 성공적인 결실을 맺을 수 있다.

조종 수단

조종 전문가인 바운더리 파괴자들은 자기가 정한 법칙에 따라 상대의 마음을 끌어들인다. 그렇게 일단 그의 세계에 들어온 사람은 그 규칙에 따라 살아야 한다. 바운더리 파괴자들이 상대를 조종하는 기술은 실로 무한하다. 다음은 바운더리 파괴자들이 자기들의 욕구를 충족시키는 가장 음흉하고 교활한 세 가지 방식이다.

대본 뒤집기

바운더리 파괴자는 그들의 음흉한 행동에 초점을 맞출 수밖에 없도록 하는 뛰어난 재주를 가지고 있다. 예를 들어 당신이 다음과 같은 매우 합당한 요청을 하면서 선을 긋는다고 하자. "난 오늘 컨디션이 좋지 않아서 잠을 좀 충분히 자야 할 것 같아요. 그러니 열 시 넘어서까지 있을 수는 없어요." 이때 바운더리 파괴자는 마치 당신이 그의 얼굴을 강타하기라도 한 것처럼 반응할 수 있다. "어떻게 그럴 수가 있지?" 이러한 반응은 당신의 마음을 돌리기 위해 계산된 행동이다. 당신이 필요하거나 원하는 것, 특히 수용 한계를 말했다고 해서 절대 물러서지 않는다.

대본을 뒤집는 또 한 가지 술수는 당신을 걱정해주는 듯한 상황을 만드는 것이다. 특히 당신이 그들의 그릇된 행동을 지적

할 때, 예를 들면, 늦게까지 집에 들어오지 않으면서 전화조차 해주지 않아서 잔소리를 하는 당신에게, "그런데 말이야, 난 요즘 당신이 걱정돼. 너무 예민해진 것 같아서 말이야. 무슨 일 있어?"라고 말한다. 이는 당신으로 하여금 스스로를 의심하게 하면서 그의 잘못된 행동에 맞춰지려던 초점을 흩트리는 것이다. 또 한 가지는 아주 간단한 질문을 했는데 그에 대해 화를 내거나 당신이 뭔가 지나친 행동을 한 것처럼 책망을 하는 것이다. 당신 몰래 뭔가 떳떳하지 못한 일을 하고 있으면서 오히려 불같이 화를 냄으로써 당신을 방어적으로 만들어 상대를 적극적으로 의심하지 못하게 하려는 것이다. 예를 한번 들어 보자. 내 의뢰인 중 한 여성이 새로 사귀기 시작한 남자친구에게 전화해서 그가 대화를 할 때 매사에 얼버무리는 것이 신경에 거슬린다고 말했다. 데이트를 시작하고 첫 두 주 정도 지속적으로 연락을 주고받을 때였다. 남자친구는 그녀의 말을 듣고 방어적인 태도로 응대했다. "음, 이런 말을 직접 만나서 하지 않다니 참 놀랍군. 단절감도 느껴지고 말이야. 지난 수요일에 만났을 때 먼저 잠든 건 내가 아니라 당신이었잖아!" 그녀의 느낌이 사실에 근거하고 있으며 합당한 것임에도 남자친구는 그녀가 자기 생각을 한 번은 의심해 보게 했다.(그리고 예상대로 그는 거짓말을 일삼는 한심한 친구였다. 이런 일이 있고 나서 그녀는 바로 그 남자친구와 헤어졌다.)

어떤 바운더리 파괴자들은 사소한 일에 지나치게 신경을 쓰거나 당신이 한 말을 노골적으로 비꼬기도 한다. "내 친가 식구들과 휴가 계획을 결정하기 전에 당신과 상의하라는 제의에 나는 절대 동의한 적 없어. 당신과 휴가 계획에 대해 의논하자는 제안에 동의를 했을 뿐이야."와 같은 식이다. 또는 당신에게 뭔가 엄청난 것을 부탁하기 전에 사소한 부탁으로 당신을 타진해 보는 경우도 있다. 그런 다음 당신이 이미 큰 부탁도 들어주기로 동의했다고 우긴다. 당신은 그런 적이 없는데. 또 어떤 바운더리 파괴자는 당신의 감정을 무마시키기 위해 전혀 상관없는, 하지만 더 크고 충격적인 상황으로 응대하기도 한다. 예를 들면, 남자친구의 전 여자 친구가 밤늦게 당신 집에 전화를 걸어 남자친구와 통화를 한다. 그녀는 이미 다른 남자와 결혼을 한 상태인데 말이다. 그것이 별로 좋게 보이지 않았던 당신이 그 문제에 대해 이야기를 꺼내자 남자친구가 한 마디 던진다. "잘 됐네. 그 여자 암 진단받았대." 여기서 문제가 무엇일까? 그의 전 여자친구가 암에 걸린 것은 당신의 소관이 아니다. 두 사람에게 중요한 문제는 그의 전 여자친구가 한밤중에 집으로 전화하는 것에 대해 당신이 어떻게 느끼는 가다.

가스라이팅

가장 악랄한 조종의 형태는 가스라이팅으로 바운더리 파괴자가 표적이 되는 사람의 마음에 자기 의심의 씨앗을 뿌림으로써 관계의 통제권을 유지하려는 것이다. 가스라이팅을 할 때 바운더리 파괴자는 지속적인 부정, 그릇된 설명, 상반되는 해석, 거짓말과 같은 비밀 병기를 이용해서 상대로 하여금 자신의 기억이나 지각, 분별력을 스스로 의심하게 만든다. 가까운 누군가에 의해 지속적으로 가스라이팅을 당하다 보면 자기 자신이 미쳐가고 있는 것 같은 느낌을 받게 된다. 예를 들어 당신이 어린 시절 부모가 그릇을 던지고, 세계 제3차 대전을 방불케 할 정도로 소리를 지르며 심하게 다투는 모습을 목격했다고 하자. 나중에 어머니에게 왜 싸웠느냐고 묻는데 어머니가 "어, 우리 안 싸웠는데. 넌 상상력이 좀 지나치구나."라고 말한다면 어떨까.

가스라이팅을 하는 가장 주된 이유는 당신으로 하여금 사고의 정당성을 잃고 자신의 분별력을 의심하게 하려는 것이다. 그러기 위해서는 대화의 흐름을 끊임없이 통제하면서 당신의 현실감각을 무력화시키고 부정하게 해야 한다. 당신이 너무 감상적이라거나 나약하다는 말을 자주 듣거나, 스스로 너무 예민하다고 생각했을 수도 있다. 혼자 그렇게 느낀 것뿐이라고 말이다.

가스라이팅을 당하고 있을 때 나타나는 주요 증상들로는 배우자나 어머니, 또는 상사의 마음을 거스르지 않으려 극단적으로 조심하는 것, 친구와 가족들에게 현재 상황을 숨겨야 할 것 같은 충동을 느끼는 것, 매사에 항상 사과부터 하는 것, 아무것도 제대로 할 수 있는 게 없는 것 같은 느낌 등이 있다. 또한 삶의 의욕이 소진된 듯, 평소 당신의 모습이 완전히 사라지기도 한다.

가까운 사람이 나의 현실을 통제하려고 하는데 어떻게 기쁨이 말라버리지 않겠는가? 조종당한다는 것은 그만큼 지독한 고통이다. 생기 넘치는 자아의식은 자기 확신, 즉 자신의 내면을 올바로 파악하고 있다는 탄탄한 자신감에서 비롯된다. 그것은 당신이 타고난 권리이기도 하다. 하지만 당신을 가스라이팅 시키는 사람은 그러한 사실에 전혀 개의치 않는다.

처음에 당신은 충격을 받을 것이다. 내가 지어낸 생각이란 말인가? 내가 미쳐가는 건가? 시작단계에서는 아직 행동 양식이 정착되지 않았기 때문에 이상하다는 생각이 들기는 하지만, 본격적으로 심각해진 상태는 아니다. 하지만 시간이 지나면서 당신은 점점 더 방어적이 되어간다. "난 그런 말 하지 않았어!", "당신이 다음에는 내가 승진할 차례라고 말했잖아!" 아무리 사소한 일이라도 격렬하게 당신을 주장하게 된다. 바비큐 파티에 가겠다고 말한 적이 없다든가 하는 것들 말이다. 왜냐하면 당신은 결코 가겠다고 한 적이 없으니까. 그러나 숙련된 바운더리 파괴자는 당신을 이길 방법을 알고 있다. 당신 내면에 어느 곳을 건드리면 수치심이 촉발되는지 매우 상세한 지도를 가지고 있으며, 어떻게 건드려야 당신이 침묵하고 복종할 것인지 알고 있기 때문이다.

애정공세

애정공세 또한 나르시시스트적인 바운더리 파괴자들이 흔히 사용하는 술수다. 진실하고 영원한 사랑에 대한 환상으로 상대의 자아를 부풀려서 설레게 한다. 상대가 완전히 걸려들었다는 확신이 들 때까지. 그렇다 애정공세는 엑스타시라는 마약보다 더 중독성이 강하다. 그러다가 일단 상대가 걸려들었다는 확신이 들면 바운더리 파괴자들은 지독하게 비판적이고, 부정적이며, 적대적으로 변하고, 결국 상대를 거부하다가 떠나버린다. 나르시시스트들의 학대 주기는 세 단계를 거친다. 1. 우상화 2. 평가 절하 3. 폐기. 여기서 이해해야 할 것은, 가학적인 이 과정의 첫 단계에서 쏟아지는 바운더리 파괴자들의 지극한 관심은 당신을 온전히 통제하고 싶은 욕망에서 비롯된다는 사실이다. 애정공세를 받는 입장에서는 매우 유혹적이고 압도되는 느낌이 들기도 한다. 상상 속에서나 꿈꿀 수 있었던 화려하고 낭만적인 일들이 눈앞에 펼쳐지니까. 애정공세는 친구 관계나 직장, 또는 이교도들의 신자 모집에서 나타나기도 한다. 이런 상황을 겪고 나면 피해자들은 대부분 자책하는 경우가 많다. '내가 실수만 하지 않아도 그 지극한 사랑을 계속 받을 수 있었을 텐데.'라고 생각하면서.

애정공세는 바운더리 파괴자들의 술수 중에서도 가장 고도의 기술이다. 이들은 당신의 인내가 한계에 다다랐음을 감지하면, 기분 맞추기와 관심 쏟기에 다시 돌입한다. 하지만 예전처럼은 아니고, 당신이 헛된 희망을 포기하지 않을 만큼만 사랑과 관심을 준다.

재스민이 바로 이런 상황을 겪고 있었던 것이다. 재스민이 포기하려고 할 때마다 톰은 다시 다정해졌고, 그럼 재스민은 다시 헛된 희망을 가졌다. 자기가 좀 더 베풀고 날씬함을 유지하면 톰이 다시 자기를 사랑스러운 눈길로 봐줄 것이라 생각했다. 모든 걸 잃더라도 우선은 한 순간이라도 환각 상태를 느껴야 하는 약물 중독과도 같다. 나는 이런 학대의 과정을 수도 없이 보았고, 결말은 항상 비극이었다.

그 외의 조종 수단

대본 뒤집기, 가스라이팅, 애정공세와 더불어 바운더리 파괴자들이 사용하는 조종술로는 다음과 같은 것들이 있다. 바운더리 파괴자들은 이 조종 수단을 사용하여 자기가 원하는 것, 즉 온전한 통제권을 얻는다.

당신의 감정 거부하기

한 의뢰인은 상담 중에 자기가 화를 낼 때마다 남편은 냉랭하게 다음과 같이 말한다고 했다. "당신이 운다고 해서 안쓰러워하지는 않을 거야." 이게 무슨 뜻일까? 그녀는 동정을 바라는 게 아니라 자기감정에 충실할 뿐이지 않은가. 그런데도 그 남편은 그녀가 자기의 묵시적 규칙을 어겼다는 메시지를 전달하고 있었던 것이다. 아내는 자기에게 화를 낼 수 없다는 규칙 말이다.

같은 맥락에서 당신의 감정을 무효화하려는 배우자는 이렇게 말할 수도 있다. "내가 예리한 사람이어서 다행인 줄 알아. 나 아니면 누구도 당신과 함께 살 수 없을 거야."

돈

대다수의 바운더리 파괴자들은 선물을 하거나 재정적 지원을 하는 등 돈을 통제의 수단으로 사용하여 상대가 계속 자기에게 의존하게 만든다. 당신이 바운더리 파괴자에게 경제적으로 의존하는 상황이라면 그의 도움 없이 생존을 감당할 수 없을 것이라 생각하여 그의 학대를 감내할 수밖에 없다.

연기

일부 바운더리 파괴자들은 마치 자기가 뭔가 부족하고 무력한 듯 행동하여 당신으로 하여금 그의 욕구를 충족시키게 한다. 예를 들어 나르시스트적인 어머니라면, 딸의 동정을 사기 위해 마음이 괴로운 척 할 수 있다. 당신의 약점을 잘 아는 배우자라면, 마치 거절당해서 낙담하고 있는 듯 연기를 해서 당신이 자기 생각이나 계획에 동의하게 만들기도 한다.

분노

어떤 바운더리 파괴자들은 소리를 지르거나, 소통을 차단함으로써 당신을 괴롭히기도 한다. 당신은 너무 당황한 나머지 그들의 행동이 가학적이고 잘못되었다는 사실을 간파하지 못할 수 있다. 그러다가 당신이 더이상 수용할 수 없는 한계에 다다랐다고 판단되면 태도를 돌변하여 다정하게 행동한다. 그러면 당신은 더이상 화를 받아내지 않아도 된다는 안도감 때문에 좀 전까지 그가 당신을 악기 다루듯 가지고 놀았다는 사실을 깨닫지 못하고 그의 변덕에 편승한다.

> **핵심 정리**
> 바운더리 파괴자에게는 일반적인 규칙을 적용할 수 없다.

또래 집단이 주는 압박감

일부 바운더리 파괴자들은 또래 집단이 주는 압박감을 이용하여 상대가 자기 계획에 따르도록 만든다. 한 의뢰인의 예를 들어 보자. 그녀는 새로 데이트를 시작한 상대에게 성관계는 3개월 정도 만나보고 했으면 좋겠다고 말했다. 다음에 만났을 때 상대 남자는 자기가 알아보니 대부분의 여성은 평균적으로 세 번 정도 만나고 나서 성관계에 응한다고 했다. 그는 내 의뢰인이 아직은 성관계를 할 마음의 준비가 되지 않았다고 명시했음에도 '정상적인 여성은 그 정도 시간 내에 한다.'는 말로 또래 집단이 주는 압박감을 이용해 자기가 원하는 방향으로 그녀를 잡아당기려 했을 뿐 아니라, 그 주제에 관한 자료를 찾아보면서 실증적인 데이터를 통해 그녀를 설복시키려 했다.

이만큼 치밀하지는 않지만 여전히 또래 집단의 압박감을 이용하는 경우를 예로 든다면, "음, 우리 식구들은 전부 내 생각에 동의하는데"라거나 "근데 이거 알아요? 밥이 나에게 당신이 이기적인 사람이라는 말을 했을 때 나는 당신을 두둔했어요. 그런데 이제 보니 밥의 말이 맞았던 것 같네."와 같은 경우가 있겠다. 이렇게 되면 당신은 밥이 당신이 없는 자리에서 당신을 험담했다는 사실에 신경을 쓰느라, 당신 앞에 있는 사람이 당신을 통제하기 위해 모욕감을 주려 하고 있다는 사실을 파악하지 못할 수 있다.

바운더리 파괴자의 행동 관찰하기

이렇게 자기 자신에게만 집중되어 있는 사람과의 관계에서 힘들어하고 있을 때 가장 중요한 것은 항상 그들의 행동을 관찰해야 한다는 것이다. 이 점을 간과하지말자. 너무 기다리지 말고 되도록 빨리 그들에게 문제점을 제시하는 것이 좋다. 당신의 도전에 대응하는 그들의 행동 양식에서 많은 정보를 얻을 수 있기 때문이다. 당신과 마주 앉아서, "이런 세상에. 내가 그런 행동을 하고 있는 줄 몰랐어. 더 말해줘. 당신의 마음이 어땠을지 이해하고 싶어. 당신은 나에게 소중한 사람이니까." 혹시 이러는가? 상대가 바운더리 파괴자라면 좀처럼 이런 반응을 볼 수 없을 것이다. 그런데 만약 이렇게 반응한다면, 그 후 며칠 그의 행동을 관찰하면서 그의 진심을 좀 더 확실히 파악해야 한다. 자기도 모르게 그렇게 됐다고 주장하면서 같은 행동을 반복할 수도 있고, 당신이 너무 예민하다며 놀릴 수도 있고, 당신과의 관계를 끝낼 수도 있다.

오랫동안 지속되어 온 관계에서 일단 그러한 역동성에 익숙해지면, 그 자체도 문제이기는 하지만, 당신은 자신이 왜 화가 나는지조차 규명하기가 힘들어진다. 당신의 상사나 애인, 어머니, 그 외 누구든 자신의 부적절한 행동에 대해 사과를 한다면 그건 좋은 일이다. 하지만 그들의 행동 변화를 계속해서 주시해야 한다. 유창한 말솜씨는 바운더리 파괴자들의 주특기다. 그러니 그들의 세계에 계속 인질로 잡혀 있고 싶지 않다면 그들의 행동이 말과 일치하는지 지켜봐야 한다. '최선의 사과는 변화된 행동이다.'라는 말이 있다. 이는 특히 상습적인 침해자들에게 해당되는 말이다. 나는 '변화된 행동이 뒤따르는 사과 만이 의미를 가진다.'라고 바꿔 말해주고 싶다. 행동의 변화가 따르지 않는 사과는 상대를 조종하는 습성의 연장선일 뿐이다. 유창한 사과의 말을 받아주었는데 계속해서 바운더리를 침해한다면 이제 당신은 그의 가장 저급한 생존 본능을 상대해야 한다는 뜻이며, 이는 끝없이 반복되는 악몽을 꾸는 것과 같다.

어떻게 시작되는가

재스민 역시 너무 오랫동안 악몽 같은 나날을 반복하고 있었다. 내 상담실을 찾아오기 전에 재스민은 용기를 내서 가장 친한 친구에게 그녀의 고충을 털어놓은 적이 있었다. 오랜 침묵 끝에 그 친구가 제안한 해답은 재스민이 톰의 학대에서 벗어나 치료를 받아야 한다는 것이었다. 하지만 톰과의 관계를 안전하게 끝내기 위해서는 계획이 필요했고 그것이 날 찾아온 이유였다.

상담을 진행하는 동안 재스민이 부모의 무관심과 현재 톰과의 관계를 연관 지어 생각한다는 사실을 알게 되었다. 그녀의 어머니는 나르시시스트였고, 바운더리 파괴자였음이 거의 확실해 보였다. 재스민이 어떤 면에서 어머니의 기대에 미치지 못하면 채벌을 가했을 뿐 아니라 재스민의 외모를 심하게 강조했다. 예를 들면 일요일에 교회에 갈 때 옷을 잘 입었는지 같은 것들에 신경을 쓸 뿐, 재스민의 마음에 대해서는 연민도 동정도 없었다. 그러면서 누구나 선망할만한 완벽한 가족의 모습을 보여주는데 많은 노력을 기울였다.

나르시시스트적인 어머니 밑에서 자라면서 재스민은 자아 정체성과 자존감에 부정적 영향을 받았다. 어머니의 말을 거역한다거나 자신만의 개성을 주장하는 일은 상상도 할 수 없었다. 사랑 받기 위해서는 다른 사람의 그릇된 행동을 수용하고 그들이 원하고 요구하는 대로 따라야 한다는 생각을 굳히게 되었던 것이다.

이 책을 읽는 여성 독자 중에서 재스민처럼 나르시시스트적이고, 자기중심적이며, 성품이 곱지 못한 어머니 밑에서 자란 사람이 있다면 기억하기 바란다. 그건 특히 고통스러운 바운더리 파괴자의 가학행위다. 어머니의 친밀하고 편안한 지지를 받지 못하는 것은 지독히 외로운 일이며, 모성을 숭배하는 오늘날의 사회가 그 외로움을 더 증폭시키기 때문이다. 그런 처지에 있는 많은 딸들이 우울과 불안, 소외감에 시달리며, 자기 어머니에게 사랑 받지 못한다는 사실을 수치스럽게 생각한다.

당신의 어머니가 이런 유형이라면 당신이 겪어왔던 모든 일들에 대해 진한 연민을 보낸다. 어머니의 역기능이나 당신을 향한 행동들은 당신 잘못이 아니다. 당신의 어머니가 어떤 행동 양식으로 당신을 힘들게 했든, 모욕했든, 방해 했든, 당신은 받을 이유가 없었다. 그 밖의 어떤 가학적인 행위도 마찬가지다. 다른 바운더리 파괴자와 마찬가지로 나르시시스트적이고 사랑할 줄 모르는 어머니는 자녀들이 어떤 노력을 기울여도 행복하게 해 줄 수 없다. 자식들이 자유롭게 자신의 인생을 선택하고, 독립해 살아가는 것을 지켜보는 건강한 부모와는 거리가 멀다.

재스민의 경우, 탈출구를 마련할 때까지 어머니와 떨어져 지낼 필요가 있었다. 자신에게 악영향을 미치는 어머니와 마주하는 시간을 줄이는 것이 합당한 선택이었다. 만약 당신의 부모가 바운더리 파괴자라면, 그들과 거리를 둠으로써 당신의 삶을 좀 더 명확하게 바라볼 수 있으며, 당신의 목표와 심신의 안녕에 득이 되는 행동을 할 수 있는 에너지가 생긴다. 당신만의 공간이 필요하다고 생각되면, 거리를 두라.

피해 제한하기

상대가 바운더리 파괴자가 아닌 경우, 건강한 한계선을 설정하는 것은 당신 자신과 관계를 보호하는데 매우 효과적이다. 그러나 바운더리 파괴자라면 문제가 그렇게 간단하지 않다. 가학적 관계에서 초래된 부정적 결과에 대해 피해를 당한 쪽이 지나치게 자기 탓을 하는 것이 가학적 역동성이 가지는 일반적인 특징이기 때문이다. 가령 그 동안 위 쓰림이나 가슴 조임 같은 증상이 있었음에도 그것을 뭔가 잘못되었다는 몸의 신호로 알아차리지 못한 것에 대해 자책할 수도 있다. 하지만 당신의 마음을 사로잡은 매력적인 공격조차 통제와 조종을 위한 전략의 일환이었음을 기억하자. 그러니 자책하지 말자. 당신이 책임져야 할 것은 당신의 행동이지, 그들의 행동이 아니다.

재스민은 신체적으로 학대를 당한 후에야 자신의 노력으로 톰을 바꿀 수 없다는 사실을 깨달았다. 당신이 상대하는 바운더리 파괴자가 당신을 신체적으로 전혀 학대하지 않는다고 해도 정서적, 언어적 폭행 또한 커다란 손상을 가져올 수 있다. 특히 당신이 민감성인 경우 피해가 더 클 수 있다. 그리고 언젠가 당신도 재스민처럼 수용 한계점에 다다르게 된다. 그 한계점은 사람마다 다르며, 그때 어떻게 해야 하는가는 각자에게 달려 있다. 하지만 바운더리 파괴자들은 당신의 유익함을 전혀 고려하지 않을 가능성이 있기 때문에 당신을 손실로부터 보호하고, 신변의 안전과 안녕을 확보하는데 민첩해야 할 필요가 있다.

바운더리 파괴자의 손아귀에서 빠져나오려면 당신을 통제할 의도로 조종하는 것이 옳지 않다는 점을 명확히 인지해야 한다. 누군가 당신의 관점, 직관, 자율성에 잠입해서 교란작전을 펼칠 때, 자신을 신뢰하기란 가파른 절벽을 오르는 일 만큼이나 어렵다. 그러나 불가능한 일은 아니다. 당신의 직관에 스스로의 생각을 전개하고 강화할 수 있는 여유 공간을 만들어야 한다. 뭔가 잘못된 것 같은 느낌이 들거나, 고통스럽거나 신체 어느 부위든 조여드는 것 같은 느낌을 감지하면 그건 당신 몸의 지혜가 경고를 보내는 것이다. "생각해 봐. 이건 옳지 않아."

핵심 정리
바운더리 파괴자는 변화하기가 쉽지 않기 때문에 그러한 사실을 인정하는 것이 최선이다. 그 대신 그의 유해성으로부터 당신을 보호하려면 어떻게 대응해야 하는지, 또는 상대할 기회를 제한할 수 있는지 생각해야 한다. 특히 당신의 안전이 확보되지 않은 상태에서는 만남을 제한해야 한다.

명상을 하면 내면의 고요함 속에서 에너지를 다시 채울 수 있다. 특히 힘든 상황에서는 자기 돌보기가 매우 중요하다. 대화를 하다가 생각이 막히면 언제든 물러나 생각을 정리하자. 심호흡을 하는 것도 정신을 가다듬는데 도움이 된다. 정규적으로 3R(인지-해소-대응) 요법을 사용하면 좀 더 깨어 있는 마음으로 행동하게 되므로 누군가 당신을 조종하려 들 때 당신은 적절한 거리를 유지한 채 확고한 의지로 지혜와 진실에 따라 대응할 수 있다.

상황을 인정하는 것이 중요하다. 바운더리 파괴자를 상대로 이길 수는 없다. 당신이 세상 누구보다 예리한 논쟁을 할 수 있다 해도, 바운더리 파괴자는 당신의 진실을 인정하지 않는다. 그에게 당신의 관점을 이해시키는 일은 헛될 뿐 아니라 에너지를 소진시키는 일이다. 그 점을 정확히 이해하고, 당신이 구할 수 있는 유일한 삶을 구제하자. 그것은 바로 당신 자신의 삶이다.

바운더리 파괴자들이 이렇게 은밀한 술책을 쓰는 이유는 그들 중 다수가 자아의식이 매우 약하고 깊은 자기혐오에 빠져 있기 때문이다. 그렇기 때문에 당신의 자기 확신이 좀 더 확고해지면 자기를 떠날지 모른다는 생각에 두려워한다. 그건 당신의 소관이 아니다. 그들이 정신적으로 불안정한 것은 온전히 그들의 문제다. 그들의 내적 상처를 달래주려는 선택은 더 이상 하지 말자. 당신의 힘들었던 어린 시절을 보상 받을 순 없지만, 깨어 있는 마음으로 당신의 복지, 안전, 자율권에 득이 되는 선택을 할 수는 있다.

재스민은 자기가 무엇을 선택할 것인지 명확하게 알고 있었다. 톰의 손아귀에서 벗어나 자유로워지는 것이었다. 그와 함께 사는 집에서 나와 다시는 그와 말을 섞지 않기로 마음먹었다. 그러기 위해서 우리는 톰이 출장을 간 동안 재스민이 이사할 수 있도록 세밀한 계획을 세워야 했다. 재스민의 어머니처럼, 톰역시 피해자인 척 할 수 있으므로, 재스민은 두 사람이 모두 알고 지냈던 친구들에게서 받을 수 있는 압박감에 흔들리지 않도록 정신적으로도, 정서적으로도 무장을 해야 했다.

바운더리 파괴자를 상대로 이기려고 하는 것이 무의미한 것처럼, 다른 사람들이 당신의 입장을 이해하도록 하려고 애쓰는 것도 소중한 시간과 에너지의 낭비다. 어차피 당신의 참모습을 아는 사람들은 당신의 생각과 의도를 의심하지 않을 것이고 다른 사람들은 바운더리 파괴자의 편을 들 수도 있지만, 재스민이 그랬듯이 당신도 다른 사람들의 생각은 마음에서 제외시켜야 한다.

상대가 만약 가학적인 바운더리 파괴자라면, 떠나거나 연락하지 않고 지내는 것(또는 둘 다 하는 것)이 최선이다. 그 바운더리 파괴자가 부모라면 그러기가 좀 힘들겠지만, 그래도 연락하지 않고 지내는 것을 고려할 수 있다. 내 의뢰인 중에는 바운더리 파괴자인 가족과 일정 시간 연락하지 않고 지내는 사람도 있다. 서로 간의 거리는 상처를 치유해 주기도 하고, 바운더리 문제를 완화시켜 주기도 한다. 그러다가 다시 연락을 해야겠다는 생각이 들 때는 당신도 예전과 똑같이 상대에게 휘둘리거나 자극받지는 않을 것이다. 그들의 행동은 어차피 당신에게 원인이 있었던 것이 아니다. 특히 상대가 나르시시스트인 경우, 관계를 끝내려는 당신의 의도를 전달할 때 상대가 분노를 폭발시킬 것에 대비해야 한다. 그들은 항상 자기가 당신을 통제할 권리가 있다고 생각한다는 사실을 기억해야 한다. 그러므로 당신이 자주권을 주장하면 그들은 당신을 파괴하기 위해 자기가 할 수 있는 것은 무엇이든 할 것이다. 그의 전화번호를 차단하거나, 그와의 관계를 청산하는 간이 장례식을 치르고 적어도 당신의 삶에서는 그가 죽었다 치고 살아야 한다. 당신이 어떤 결정을 내리든 한 가지는 분명하다. 그런 사람과는 논리적인 대화가 불가능하다. 그러니 시도조차 하지 말자.

그를 떠나거나 연락하지 않는 것이 불가능하다면, 무감각과 무반응으로 일관하는 임벽 대처법(Gray Rock method)으로 당신에 대한 상대의 관심을 줄이는 것이 좋다. 바운더리 파괴자들은 자기 내면의 공허함을 채우기 위해 극성스럽게 당신의 관심을 받고자 한다. 당신이 화내는 것을 보는 것은 그들에게 마약과도 같다. 당신이 감정적 반응을 보이면 그것이 어떤 감정이든 그들을 부추긴다. 그렇지만 당신이 무미건조한 반응으로 일관하면 그들 역시 당신 곁에 있는 것이 지루해지고, 그것이 바로 당신이 바라는 결과일 것이다.

재스민은 탈출계획을 세우는 동안 이 방법을 사용했다. 톰이 집에 와서 냉소적인 어투로 "오늘 하루 종일 그 옷 입고 있었던 건 아니겠지."라고 비아냥거리면, 재스민은 불쾌하면서도 겉으로는 아무렇지도 않게 "입고 있었는데."하고 대답했다. 재스민처럼 당신도 마음속으로는 어떤 기분이 들던 겉으로는 동요되지 말아야 한다. 그러다보면 바운더리 파괴자들은 극적인 자극을 찾아 다른 곳으로 눈을 돌릴 것이다.

당신의 바운더리 파괴자가 자녀를 함께 키우는 부부사이 같은 거여서 간단하게 끝낼 수 없는 경우라면, 그와의 대화에서 감정을 배제해야 한다. 바운더리 파괴자들은 당신이 어떤 감정을 느끼든 상관하지 않는다. ≪마법의 말: 나르시시스트에게서 당신이 원하는 것을 얻어내는 방법(Magic Words: How to Get What You Want from a Narcissist)≫을 쓴 린제이 엘리슨(Lindsey Ellison)은 나르시시스트와의 대화를 사업 거래로 생각하라고 충고한다. 엘리슨이 제안하는 방법에는 나르시시스트의 상처와 쓸모없는 사람이 될 것에 대한 불안감을 이해하고, 쓸모 있는 사람으로 보이고 싶어 하는 그들의 바람에 부응하는 말을 해 주는 것도 포함된다. 예를 들어 "조니의 과학 숙제를 당신이 도와줄래? 당신은 개념을 잘 설명해 주니까 조니가 좋아할 것 같아." 그렇다, 당신을 죽을 만큼 고통스럽게 만드는 사람에게 칭찬의 말을 하는 것은 참 힘든 일이다. 하지만 이건 사무적인 거래임을 기억하라. 당신의 필요를 위해 그의 자아를 전략적으로 대접하는 것이다. 조종자를 조종할 수 없다 해도 힘의 신경전에서 비껴서면, 최소한 마음의 평안만큼은 얻을 수 있지 않겠는가.

상대가 위험한 사람이라면, 전문가의 도움을 받아서 그 상황에서 빠져나오라고 강력하게 권고한다. 바운더리 파괴자인 상대는 자기가 당신을 변함없이 통제할 수 있다는 걸 보여주기 위해 당신의 삶을 지옥으로 만들 수도 있기 때문에, 한 번에 완벽한 탈출을 하는 것이 안전하다. 가정 폭력 피해자를 위한 단체를 찾거나 조심스럽게 탈출 계획을 세워야 한다. 어떤 바운더리 파괴자는 법적 규제에 자극을 받아 폭력성이 증폭되기도 한다. 그런 경우에는 법원의 금지 명령보다 암벽 대처법이 더 효과적일 수 있다. 당신의 안전이 무엇보다 중요하다. 그러니 전문가의 도움을 받아 당신의 안전을 확보하기 바란다.

최근에 관계를 맺은 사람이 바운더리 파괴자인 것 같은 의심이 든다면 그가 세우는 계획을 살짝 밀어내면서 그의 심성을 시험해 보자. 예를 들어 새 애인이 당신에게 "이태리 식당에 예약해 두었어."라고 말할 때, "와, 좋아!"라고 하지 말고, "사실은 난 오늘 일본 음식 먹고 싶은데."라고 말해보자. 바운더리 파괴자들은 충동 조절을 잘하지 못하기 때문에 처음 만난 사이라 하더라도 당신이 자기 계획에 제동을 거는 것에 화가 끓어오르는 표시를 알아차릴 수 있을 것이다. 문제의 소지를 일찍 감지하면, 확고하게 당신의 바운더리를 주장하거나, 자리를 박차고 나올 수 있는 확률이 그만큼 크다.

상대의 품성을 초기에 시험해보지 않으면 나중에 당신이 굴종을 하고 있는지, 호응을 하고 있는지 구분할 수 없는 혼란스러운 상황에 빠질 수 있다. 한 번은 의뢰인 중 한 여성이 나를 찾아와서 자기 애인과의 '완벽한' 관계에는 아무 것도 잘못된 것이 없는데 자기는 불만스럽다고 말한 적이 있다. 그녀의 말에 의하면 그녀의 애인은 매사에 '매우 특정적'이라고 했다.(통제하려는 성향이 강하다는 뜻이다.) 상담을 진행하는 동안 나는 그들의 사교 일정은 그녀의 애인이 담당했으며, 한 번도 그녀가 뭘 하고 싶은지 물은 적이 없다는 사실을 알게 되었다. 사실 그는 그녀가 무엇을 좋아하는지도 모르고 있었다. 많은 여성이 그러듯이 그녀도 갈등을 빚고 싶지 않아서 애인이 정한 일정에 순응했고, 그러다 보니 혼자 외로움을 느끼게 되었다는 것이다. 순종에 근거한 관계가 외로움을 안겨주는 건 당연하다. 그건 평화를 지키기 위해 일방적인 배려, 양보, 인내, 은폐를 계속해야 한다는 뜻이기 때문이다. 지속적인 자포자기는 사람을 황폐하게 만든다.

아무리 오래된 사이라 하더라도(연인 관계든 아니든 상관없이), 당신이 스스로의 주인이 되기로 결심하는 순간부터 당신은 전혀 다른 경험을 하게 된다. 당신의 시간은 소중하고, 그것을 어떻게 쓸 것인가는 당신이 결정한다. 가학적인 언사를 쏟아내는 바운더리 파괴자를 상대하고 있다면, 당신은 참아줄 의사가 없다는 사실을 명백하게 알려야 한다. 예를 들면 이렇게 말하는 거다. "당신, 나를 더 이상 '계집애'라든가, 다른 천한 말로 부르지 마. 한 번만 더 나를 그렇게 부르면 전화 끊을 거야." 바운더리 파괴자는 또 다시 선을 넘을 것이고, 이때 중요한 것은 당신이 한 말을 지키는 것이다. 마음이 좀 불편하더라도 파괴적인 행동을 참아주지 말고 당신이 하겠다고 약속한 일을 해야 한다.

재스민은 미쉘 오바마의 연설문에 나온 말을 자기 상황에 맞게 수정해서 인용했다. "상대방이 저급한 행동을 한다면, 그로부터 전격 벗어난다." 그리고 치밀한 계산과 계획 하에 실행에 옮겼다. 톰이 멀리 가 있는 동안 안전하게 자신의 짐을 옮기고, 그의 전화와 이메일을 차단하고, 대륙을 횡단하여 나라 반대쪽으로 이사했다. 그리로 어린 시절의 상처를 치유하는 시간을 가졌다. 또 다시 톰과 같은 사람에게 끌리지 않기 위해. 그런 다음 아주 멋진 남자를 만났고, 지금까지 그와 살고 있다. 재스민은 성공한 사업가가 되기도 했지만, 그래도 그녀의 진정한 성공은 바운더리 재앙을 벗어나 바운더리 주인이 된 것이다.

만약 바운더리 파괴자 때문에 격분해 있는 상태라면, 당신도 자유를 찾을 수 있다. 자신에게 솔직하고, 포기하지 말자. 삶의 자유를 찾을 때까지 깨어 있는 마음으로 한 걸음씩 신중하게 선택해서 나아가면 된다.

바운더리 주인 실전 과제

* 참고: 위험에 처해 있다면 도움을 청하라. 당신의 안녕을 최우선으로 생각하고 상황을 전환시킬 계획을 신중하게 세워라.

1. 기본 과제
상대의 말과 행동이 일치하지 않는 부분에 주의를 기울인다. 바운더리 파괴자들의 말은 매우 설득력이 있다. 그러나 행동을 보면 진심으로 변화를 할 수 있는 능력과 의도가 있는지 알 수 있다.

2. 심화 과제
바운더리 파괴자 대응 요령: 당신만의 명상 공간에 자리를 잡고 앉아서 이 책의 뒷부분에 실린 심화 과제를 펴고 바운더리 파괴자를 대응하는데 도움이 되는 과제 목록을 살펴보자.

3. 영감 받기
바운더리 파괴자를 상대하는 일은 기력을 소진시킨다. 그러므로 어느 때보다도 자기 돌보기에 유념해야 한다. 좋아하는 목욕제품을 사용하여 향기롭고 치유적인 목욕을 하거나, 영양가 있는 음식을 먹는 등 자신의 내면을 충실히 채우자. 그리고 다음 장에서 만나자.

Chapter 10

|

상황별 바운더리 대화법 101
상대의 반응과 상관없이 원하는 것을 말하는 용기

바운더리 과정 연수생들이여, 준비되었는가. 이제 이 과정의 핵심으로 들어가 어떤 시나리오에도 사용할 수 있는 당신만의 효과적인 바운더리 각본을 준비해 보자.

이 장에서는 모든 관계의 일반적인 역동성에서 볼 수 있는 바운더리 설정을 살펴보기로 하자. 배우자나 상사, 어머니, 친한 친구, 또는 스타벅스에서 만난 낯선 사람에게 사용할 수 있는 각본들을 제시해 놓았으니 활용해 보자. 바운더리 설정에 점차 자신이 생기면 당신의 언어와 양식으로 메시지를 전달할 수 있을 것이다. 그러나 먼저 바운더리 문제에 성공적으로 대응하기 위한 절차를 살펴보는 것이 좋겠다.

목적 있는 대화를 위해 3R 활용하기

지금쯤은 당신도 주도적인 바운더리 계획을 세우는 단계쯤은 알고 있을 것이다. 그 말은 당신이 새로운 바운더리를 세우거나 기존의 바운더리 행동 양식을 변화시키고자 하는 관계, 그리고 그 관계를 맺고 있는 상대에 근거하여 판단할 수 있는 도구가 생겼다는 뜻이다. 당신의 진심을 말할 때는 맥락이 중요하다는 사실을 기억하기 바란다. 안정적인 관계에서는 상대방이 당신의 말을 어떻게 긍정적으로 받아들일 것인지 예측할 수 있지만, 이 넓은 세상에서 낯선 사람들과 관계를 맺다 보면 주도적인 바운더리 전략이 항상 적용될 수 있는 것은 아니다.

그렇기 때문에 어떠한 맥락에서 누구와 바운더리를 설정하든, 3R(인식-해소-대응)이 기초 작업이 될 수 있다. 이 3단계 전략은 당신 내면의 중요한 몇 가지 요소를 명확하게 파악할 수 있게 하고, 효과적으로 당신이 원하는 바를 요청하게 하며, 진실한 감정을 표현하거나 상대방이 바운더리를 넘어왔다는 사실을 알리는데 도움이 된다.

핵심 정리
세상 사람들을 건강한 바운더리에 대해 교육시키는 것은 당신의 일이 아니다. 하지만 당신의 건강한 바운더리를 구축하고 그것을 지키는 것은 당신의 일이다.

첫째, 문제가 있다는 사실을 인지하라. 몸에서 좋지 않은 신호가 올 것이므로 알 수 있다. 예를 들면, 위가 뭉치는 느낌이라든지, 가슴이 조이는 증상. 몸의 지혜는 외부에 갈등이 생겼음을 알리는 신호일 수도 있다.(말하자면 너무 많은 것을 요구하는 친구) 하지만 그보다는 당신의 내면에 갈등이 일고 있다는 사실을 알리는 경우가 거의 대부분이다. 몸의 지혜는 당신 안에 장착된 경고 체계다. 현재 일어나고 있거나, 앞으로 일어날 일에 대해 당신이 괜찮지 않다는 걸 일깨워준다. 그러한 내면의 진실한 경험에 주의를 기울이면 문제를 식별하는데 유용한 정보를 얻을 수 있다.

둘째, 과거의 상처에 남아 있는 감정이나, 바운더리 청사진에서 비롯되는 건강하지 못한 영향을 털어내라. 때로는 과거의 상처에 반응하는 자신을 발견한 적이 있을 것이다. 특히 화가 치밀어 오른다고 생각될 때 그럴 수 있다. 당신의 진실에 집중하지 못하고 다른 사람의 행동을 합리화하거나 변명해주려고 할 때도 그런 것일 수 있다. 기억하자. 바운더리 위반은 바운더리 위반이다. 상대방이 당신을 해치려고 의도했든, 하지 않았든, 그들의 행동이 당신에게 유해하게 받아들여지면, 미루지 말고 당신의 생각을 솔직하게 말할 권리가 있다.

셋째, 마음을 모아 명확하게 대응하라. 무엇이 문제고, 당신이 원하는 것은 무엇인지 알고 있으면, 당신의 관점과 감정을 정확하게 전달해줄 적절한 말을 선택할 수 있다. 베티 이모가 당신에게 왜 아이를 갖지 않는지 물은 것이 마음을 상하게 하려는 의도가 아니었음을 감지한다면, 부드럽고 온화하게 화제를 바꾸는 것도 좋을 것이다.(예를 들면, "지금은 그런 쪽으로 별 관심이 없어서요. 이모 얘기 좀 해 주세요. 요즘 건강은 어떠세요?"와 같이 되물을 수 있다.) 직장 동료가 당신의 사적인 얘기를 듣고 싶어 한다면, 그런 개인적인 질문은 좀 더 직설적으로 반박해서 더 이상 질문하지 못하게 할 수 있다.(예를 들면, "밥, 난 개인적인 일은 개인적인 일로 덮어두는 걸 좋아해요."라고 말하면 된다.) 세상 모든 사람들에게 건강한 바운더리 교육을 시키는 것은 당신의 일이 아니다. 당신의 일은 당신 자신의 건강한 바운더리를 알고 이를 지키는 것이다.

> **핵심 정리**
> 대화를 할 때는 확신에 찬 어조로 말해야 한다. 지나치게 소극적이지도 않고, 지나치게 공격적이지도 않은 균형 있고 조화로운 어조를 사용하는 것이 좋다.

바운더리 각본 101

실전에서 바운더리 문제는 지속적으로 주고받는 과정이다. 한 가지 기술로 바운더리를 완벽하게 사수할 수 있는 비법 같은 것은 없다. 다음에 소개 되는 도구와 각본들을 기본으로 하여 발전시켜 나가면 도움이 될 것이다. 당신에게 도움이 되는 말들을 기억하고, 연습하면서 깨어 있는 마음으로, 건설적으로, 그리고 진심을 담아 대응할 수 있는 다양한 방법들에 마음을 열기 바란다. 이 말들이 당신 안에 자리를 잡아 갈수록, 점점 더 자연스럽게 나올 것이다. 편안하게, 그리고 즉각적으로 진실을 말하게 된다는 뜻이다. 그러다보면 지나치게 소극적이지도, 공격적이지도 않은, 적당하게 건강한 주장도 할 수 있게 된다.

당신이 진정으로 원하는 것이 무엇인지 확인하기

새 바운더리 기술을 활용하기 시작하기 전에 잠깐 시간을 가지고 당신이 진정으로 원하는 것이 무엇인지 확인하는 시간을 갖자. 특히 당신이 자동으로 다른 사람의 요구를 수용하는 편이거나 과기능적인 사람이라면 더욱 그래야 한다. 좀 더 시간을 갖고 상황을 파악하고, 구체적으로 당신이 무엇을 원하는지 생각해 보라. 예를 들어 누군가 당신이 확신할 수 없는 일에 동조해달라고 요청할 때, 당장은 거절하기가 두렵더라도 시간을 갖고 걸으면서 동네 한 바퀴를 돈다거나, 5분 정도 화장실에 가서 손을 씻는다거나 하면서 생각을 정리하자. 그러다 보면 머릿속이 맑아져서 당신이 현재 어떤 느낌인지, 어떻게 대응할 것인지 생각할 수 있다.

다음은 시간을 벌고 싶을 때 할 수 있는 말들이다.

- "잠시 정리할 시간이 필요해요. 30분 쯤 후에 다시 얘기할 수 있을까요?"

- "오늘 중에 다시 얘기하면 어떨까요? 생각할 시간이 필요해서요."

생각을 정리하고 나면 감정에 지배되지 않으면서 맥락에 따라 명확하게 거절을 할 수 있다.

- 몹시 불편할 것이 뻔한 저녁 식사 자리에 친구가 함께 가주기를 청할 때 당신은 다음과 같이 말할 수 있다. "저녁 식사는 곤란할 것 같아. 하지만 다음 기회에 얘기는 나눌 수 있어."

- 직장 동료가 당신의 전문 분야도, 관심분야도, 당신의 임무도 아닌 프로젝트를 도와달라고 할 때는 이렇게 말해보자. "미안하지만 안 되겠어. 하지만 지금 하고 있는 일이 끝나면 내가 도울 수 있는 게 있는지 한 번 볼게."

- 거리에서 당신에게 수작을 거는 사람에게는 이렇게 말하면 어떨까. "난 관심 없으니, 당신도 관심 끄시지!"

적정선을 넘었을 때 소통하기

의뢰인과 학생들이 가장 어려워하는 부분이 바로 상대가 선을 넘었다는 사실을 어떻게 상대에게 말할 것인가 하는 문제다. 그럴 때 대부분 일단 대화를 시작할 수만 있으면 나머지는 술술 풀리는 경우가 많다. 상대에게 당신의 감정과 우려, 반대 의견 등을 간단하게 말함으로써 실수나 오해가 더 크게 발전되는 것을 막을 수 있다. 다음은 그러한 대화를 시작하는데 도움이 될 만한 기본적인 예제들이다.

● "네가 알아야 할 것 같아서 말인데…"

● "너에게 말해주고 싶은 게 있어. 지난번에 내가 좀 불편했던 적이 있는데…"

● "내가 자라면서 경험했던 것들을 너와 나누고 싶어. 내가 어떤 마음인지, 어떤 환경에서 자랐는지 네가 이해해 주었으면 좋겠거든."

● "이번 일에 대해 내가 어떤 느낌인지 네가 알아주었으면 좋겠어."

감정적으로 격해져 있는 상태에서 상대에게 바운더리 침해에 대해 말해야 할 때 내가 늘 활용하는 방식은 7장에서 다루었던 네 단계 비폭력 소통이다. 여기서 다시 한 번 간단하게 살펴보자.(더 자세히 읽고 싶으면 TK 페이지를 다시 한 번 참조하기 바란다.)

"나는 _____ 을(를) 보면,"(관찰) "_____ (하)는 느낌이 들어."(감정) "왜냐하면 _____ 을(를) 원하는 내 바람이 충족되지 않기 때문이야.(필요) "네가 앞으로는 _____ 해줄 수 있을까?"(요청)

이 대화법은 상대에게 욕을 하지도, 상대를 비판하지도 않기 때문에 매우 효과적이다. 상대가 당신을 이해할 수 있게 하면서, 당신의 불쾌감을 완화시킬 수 있는 구체적인 행동을 가지고 소통을 하기 때문이다.

핵심 정리
바운더리 설정에 관한 대화를 처음 시도할 때에는 매끄럽지 못하고, 서툴고, 때로는 진땀을 흘릴 수도 있다는 점을 감안해야 한다. 중요한 것은 당신이 그 일을 하고 있다는 사실이다.

돌려 치지 말자

돌려치기란 건강하지 못할 뿐 아니라 유해한 소통 방식으로,

갈등을 빚고 있는 두 사람 중 한 사람이 제3자를 끌어들이는 것이다. 이때 제3자는 갈등에 직접적으로 관련이 없는 경우도 있다. 예를 들어 여동생이 당신의 셔츠를 빌려 갔다가 얼룩을 묻혀왔다고 가정하자. 화를 내는 당신에게 동생은 아무 것도 아닌 일에 유난을 떤다고 한다. 책임을 느끼고 셔츠를 대체해 주겠다는 말 대신 어머니에게 가서 불평을 한다. 그러자 어머니가 나서서 당신이 너무 옹졸하다고 나무란다. 동생은 감히 당신에게 직접 옹졸하다는 말은 못했지만, 속으로 어머니가 대신 그렇게 말해주기를 바랐을 거다. 사람을 돌아버리게 하는 방법이 아니겠는가?

돌려치기는 직장이나 친구들 사이, 또는 가족들 사이에서 아주 흔히 볼 수 있는 소통방식이다. 뒷담화나 험담도 돌려치기의 한 형태다. 하지만 흔히 볼 수 있는 일이라고 해서 당신을 포함해서 그에 관련된 사람들 누구에게도 득이 되는 일이라고 볼 수는 없다. 당신이 할 수 있는 일은 스스로 유해한 삼각형 소통 방식의 제3자가 되지 않도록 주의 하는 수밖에 없다. 필요한 경우, 다음과 같이 말할 수 있다.

- "엄마, 신경 써줘서 고마워요. 그렇지만 베티하고 직접 해결할 게요."

뒷담화를 즐기는 친구에게는 다음과 같이 말해 보라.

● "베티랑 그 남자친구 얘기 말고 좀 더 재밌고 유익한 얘기 하자. 너는 요즘 어때?"

● "차라리 네가 새로 옮긴 직장 얘기를 듣고 싶어."

친척 어른이 당신 어머니가 당신 때문에 '걱정이 많다'고 전해줄 때는 아예 처음부터 싹을 잘라버리는 것이 좋다.

● "마음 써 주셔서 감사해요, 베티 이모. 하지만 이제부터는 제가 알아서 할 게요."

어느 누구도 당신에게 진심이 내키지 않는 행동을 강요할 권리는 없다. 과거에는 그랬다 하더라도 이제부터는 그러지 말자. 다른 사람의 옳지 못한, 무의식적, 또는 건강하지 못한 행동이 당신의 행동을 지배하게 해서는 안 된다.

청하지 않은 충고를 그만 듣고 싶을 때

당신의 근황이나 개인적인 고민을 친구, 친척, 또는 동료와 나누고 싶을 때, 상대가 성급하게 자기 생각이나 충고를 하지 않도록 하고 싶다면 미리 구체적으로 부탁을 함으로써 상대가 당신이 원하는 방향으로 들어주게 할 수 있다.

- "너하고 나누고 싶은 고민이 있는데, 그냥 내 마음을 공감
  하면서 들어만 줄래?"

- "요즘 내가 겪고 있는 일들을 너에게 얘기하고 싶은데, 충
  고나 비판 없이 그냥 들어만 줄 수 있을까? 그래주면 정말
  고맙겠는데."

만약 깜박 잊었거나, 상대를 불쾌하게 할까 봐 미리 말하지
못했다면 상대가 자동으로 충고하려고 할 때 다음과 같이 말하
면서 멈출 수 있다.(이미 그럴 줄 알고 있었으니까)

- "지금은 피드백을 원하지 않아. 그냥 공감하면서 들어주기
  만 해도 정말 좋을 것 같아."

오랜 기간 지속되어온 인간관계, 특히 상대방의 역할이 정해
져 있는 연인관계에서는 당신이 원하는 것이 무엇인지 좀 더 확
실하게 말해둘 필요가 있다.

- "당신이 항상 나를 도와주려고 하는 마음은 고마워요. 그
  렇지만 지금 내가 원하는 건 내 이야기를 들어주고, 내가
  스스로 해결책을 찾아낼 것이라 믿어주는 거예요."

참견하기 좋아하는 사람의 질문을 피하는 방법

의뢰인과 학생들 중에는 다른 사람들의 질문에 반드시 자세한 설명과 대답을 해 주어야 한다고 생각하는 사람들이 있다. 설사 상대가 공손하고 예의바르게 질문한다 해도, 당신의 개인사에 참견하려는 질문에 일일이 대꾸해야 할 의무는 없다. 개인적인 정보나 사연을 다른 사람과 나눠야 할 필요는 없으며, 더구나 상대의 호기심을 충족시키기 위해서라면 더욱 그렇다. 호기심에서 비롯된 질문을 피할 수 있는 몇 가지 방법을 살펴보자.

- 수입이 얼마인지를 묻는 사람에게는 "내 능력에 비하면 터무니없이 적어요."라고 대답할 수 있다.

- 당신의 연애에 관심이 많은 친척에게는 "지금은 그 얘기 안 하고 싶어요. 알려줄 만한 일이 생기면 그때 말해 줄게요."라고 대답해 보자.

- 쉬는 날에 뭐 할 계획이냐고 묻는 직장 동료에게는 "개인 용무 보는 날이라는 말이 왜 생겼겠나, 밥."이라고 하거나, "알고 싶지?"라며 윙크를 날리며 넘어갈 수도 있다.

상대방이 집요하게 물어오면 준비해 둔 답변들을 다시 말하는 것도 좋다. 두 사람의 관계와 상대의 집요한 정도에 따라 "그 문제에 대해서는 더 이상 할 얘기가 없어."라고 덧붙이면 된다.

당신에게 집중되는 관심을 돌리는 법

무례하고 침해적이며, 부적절하거나 공격적이기까지 한 질문이나 지적을 받는 바람에 주변사람들의 관심을 한 몸에 받는 상황에 처하게 되었다면, 당신은 말 그대로 얼어붙어서 아무 말하지 못할 수도 있다.(그렇다, 이때 '얼어붙는 것'은 3장에서 다루었던 투쟁-도주-경직 반응의 일환이다.) 나중에 후회하고 자책할망정, 일단 경직되면 용기를 내는 것이 불가능해진다. 예상되는 위협으로부터 스스로를 보호하고자 온 몸이 굳어지기 때문이다.

관계 역동성 전문가이자 언어적 자기 방어 훈련 캠프의 창시자인 카시아 우르바니아크(Kasia Urbaniak)는 캠프 참가자들에게 '관심의 초점으로부터 벗어나기' 전략을 가르친다. 이는 불편한 상황에 처했을 때 경직 상태에서 놓여나 힘의 역동성을 전환시키는 기술이다. 원리는 간단하다. 당신을 불편하게 하는 질문에 답을 하기보다는, 질문으로 응대하거나(예를 들면 "당신의 경우에는 어떤데요?"), 또는 전혀 다른 질문을 함으로써 관심의 초점을 돌릴 수 있다.(예를 들면 "그 멋진 셔츠는 어디서 샀어요?")

관심의 초점을 돌리면 당신은 관심의 중심에서 벗어날 수 있다. 일단 피하고 나면 상황을 역전시킬 수 있다. 우르바니아크는 가설적인 예를 통해 이를 설명한다. 남자 동료가 당신에게 자녀를 갖지 않는 이유를 묻는다면, 농담으로 받아 넘길 수 있다. "왜요? 엄마가 필요해요?" 하는 식으로.

이건 좀 대담한 대응이다. 이 방식의 장점은 당신이 원하는 대로 자유롭게 대답할 수 있다는데 있다. 재미있게 할 수도 있고, 반전을 줄 수도 있으며, 대담하거나, 진지하거나, 대수롭지 않게 받아 넘기면 된다. 당신에게 달려 있다. 중요한 것은 당신을 향해 쓸모없고 무례한 행동을 한 상대를 관심의 초점에 놓음으로써 부적절한 질문에 대한 답을 피하고 당신이 상황을 통제하게 된다는 사실이다.

누군가 당신에게 지나치게 개인적인 질문을 할 때, 당신은 다음과 같이 말하면서 관심의 초점을 상대에게 돌릴 수 있다.

- "왜 묻는 거지?"

- "왜 그걸 알고 싶은데?"

- "왜 나에게 그걸 묻는 거지?"

주제를 바꾸든, 아니면 무례한 질문자를 관심의 초점에 데려다 놓든, 당신은 일단 부적절하다고 느껴지는 질문에 답을 하지 않는 데에 성공한 것이다.

은근한 비판에 대처하기

은근하게 가려진 비판은 도움이 되려거나, 위해주는 듯 들리지만, 몸의 지혜가 작동함으로써 비판이 선을 넘었다는 신호를 울린다. 친구나 가족, 또는 동료가 무례한 말을 하고 나서 "그냥 솔직하게 말하는 거야."라고 한다면 당신은 그 때문에 기분이 나빠졌으면서도 받아들이게 된다. 그러지 말자.

진실 나누기: 누군가 진심으로 당신에게 건설적인 비판을 한다면, 그건 당신을 응원하는 거다. 당신을 걱정하고, 중요한 것을 알려주고 싶어서 힘든 대화를 시작하는 것이다. 당신이 그를 존중하고 그의 진심을 안다면, 당신은 그의 말에 마음을 열 것이다. 하지만 오늘 당신 옷차림이 이상하다거나, 머리가 엉망이라는 말 같은 것은 어떨까? 전혀 건설적이라고 할 수 없다.

다음에 누군가 당신의 청바지가 예쁘지 않다거나 당신의 연애사가 보잘 것 없다고 말한다면 당신은 이렇게 응대할 수 있다.

- "너한테 물어본 적 없는데."

- "너한테는 그게 솔직한 건지 모르겠지만, 나한테는 청하지도 않은 의견이나 비판을 하는 것으로 보여. 그러지 말아 줘."

"그냥 솔직하게 말하는 거야"라는 방패 뒤에 숨어서 무례함을 일삼는 사람을 상대하고 있다면, 더 이상 스스로를 총알이 날아드는 전선에 세우지 말자. 예를 들어 몹시 부정적인 친구가 당신에게 "너 머리 잘랐구나." 하고 운을 뗀다면, "괜찮니?"라고 물어서 그녀가 당신을 모욕할 수 있는 기회를 주지 말자. 그냥 간단하게 "응, 잘랐어."라고 해도 된다. 상대가 자기식의 '진실'로 당신의 마음을 후려치게 하지 말자. 당신의 인생에서는 당신의 진실이 가장 중요하다.

종교가 지나친 비판의 도구로 쓰이는 경우도 많다. 내 의뢰인 중 한 사람은 종교 단체를 떠난 후에 종종 그 단체의 회원을 공공장소에서 만난다고 했다. 그러면 그들은 하나 같이 "우리 모두 당신을 위해 기도하고 있어요."라고 한다는 것이다. 그 말에 숨겨진 의미는 '당신은 잘못된 삶을 살고 있다'라는 것이다. 그래서 당신이 곧 올바른 길로 돌아오기를 바란다는 뜻이다. 그녀는 그들을 무시해버릴 수도 없으며, 어떻게 대응해야 할지도 모르겠다고 했다. 그녀와 나는 함께 대처할 수 있는 말들을 생각해 보았다.

● "감사합니다. 저도 여러분을 위해 기도하고 있어요."

● "우리 모두에게 기도는 필요하지요. 감사합니다!"

당신을 비판하거나 그 외의 방식으로 바운더리를 침해하는 사람에게 대응하는 또 하나의 효과적인 방법은 '일단 정지' 신호판처럼 손을 들어 올리는 것이다. 상대가 선을 넘었을 때 참고 견딜 필요는 없다. 간단하게 손을 들어 올리는 것만으로도 의사를 전달할 수 있다.

보디랭귀지의 힘을 활용하자

보디랭귀지란 신체적인 행동, 움직임, 표정 등으로 소통하는 방식을 말한다. 이는 의식적일 수도 있고, 무의식적일 수도 있으며, 의도적일 수도, 본능적일 수도 있다.

당신의 의식 여부와 상관없이 보디랭귀지는 항상 언어적 의사표현에 앞서 당신의 의도와 상대가 다가올 수 있는 허용 한계를 상대에게 전달한다. 보디랭귀지는 당신의 바운더리를 강화시켜 줄 수도 있고, 약화시킬 수도 있다. 소통이 효과적이려면 당신이 상대에게 보내는 보디랭귀지가 당신이 원하는 결과에 호응해야 한다.

핵심 정리
당신은 그동안 주변 사람들이 당신을 대하는 방식에 길들여 왔다. 이제 향상된 지식을 바탕으로 그들을 재훈련하고자 한다. 당신의 보디랭귀지와 행동으로 그것을 표현하고, 보여주자.

예를 들어 수다스러운 직장 동료 캐시가 아침에 커피를 마시며 데이트하면서 있었던 일을 시시콜콜 늘어놓는데 당신은 그걸 듣고 싶지 않다고 가정해 보자. 그럴 때 당신은 시선을 아래로 내리거나 컴퓨터를 향해 돌아앉거나, 시계를 보면서 관심 없음을 표현할 수 있다. 그래도 캐시가 눈치 채지 못하면 좀 더 직접적으로 "나는 아침 시간에 일이 제일 잘 돼. 이제 정말 일해야겠어."라고 말할 수 있다.

보디랭귀지는 당신이 전혀 말을 섞고 싶지 않은 사람을 만났을 때에도 활용할 수 있다. 예를 들면 전 남자 친구라든지, 자녀의 학교에서 만난 참견하기 좋아하는 학부모라든지. 이런 상황에서는 보디랭귀지가 가장 유용한 도구임을 기억하기 바란다. 미소를 지어보이며 인사는 나누되 걸음을 멈추지 말아보라. "아, 안녕하세요!" 또는 "만나서 반가워요. 지금 좀 급해서요!"라고 인사를 건넬 수 있지만, 중요한 것은 걸음을 멈추지 않는 것이다. 걸음을 멈추지 않는 것보다 더 확실하게 '지금 얘기할 시간이 없어요'라는 뜻을 전달하는 언어는 없으니까.

기타 바운더리 문제 상황을 위한 각본

다음은 의뢰인들이 공통적으로 가장 많이 경험하는 바운더리 문제 상황과 그에 대응할 수 있는 각본들이다. 늘 그렇듯이 시나리오가 당신의 상황과 정확하게 일치하지 않는다고 해도 이 예문들을 기초로 해서 당신의 필요에 맞게 각색할 수 있다.

무례한 말과 행동

- "인종차별적인 말은 용납할 수 없어. 그만 하면 좋겠어. 아니면 내가 자리를 뜰게."
- "너의 지적/ 네가 내 몸에 손대는 것/ 네 말이 불쾌해. 당장 그만두지 않으면 나는 이만 가겠어."

당신이 양보할 수 없는 것을 침해하는 경우

- "내 감정/내가 좋아하는 것/내가 양보할 수 없는 것을 놓고 논쟁을 벌이고 싶지 않아."

돈과 관련된 문제

- "베티, 호텔 숙박료 반은 언제쯤 줄 수 있겠니?"
- "미안하지만 도와줄 수 없어. 나는 친구나 가족하고는 돈 거래를 하지 않는 걸 원칙으로 삼고 있거든."

문제 해결을 원할 때

- "너의 행동이 좀 불쾌했어. 그렇지만 너와의 관계가 나에게 소중하기 때문에 내 기분을 너에게 말하고 우리 둘 다 만족할 수 있는 해결책을 구해보고 싶어."

갈등을 완화해야 할 때

● "한 가지 요청해도 될까? 우리 둘 다 감정을 좀 가라앉히고 다시 얘기하면 좋겠는데."

'안 돼'라고 대답하기

● "나는 급히 해야 할 일이 있어서 곤란해. 그렇지만 네가 잘 해결할 수 있도록 내가 좋은 기운을 빌어줄게."
● "너도 알다시피 지금은 직장에서 한창 바쁠 때야. 그래서 이번 일은 내가 도와줄 수 없을 것 같다."
● "아니, 미안해. 나는 해 줄 수가 없어."

상대가 말을 끊으려 할 때

● "내 말 끝까지 들어줄래? 그러고 나면 네가 하려는 밥에 대한 얘기도 내가 끝까지 들어줄게."
● "네가 내 말을 끊으면 내 얘기를 귀담아 듣고 있지 않았던 것 같은 기분이 들어. 그러지 말아주었으면 좋겠어."

농담으로 위장한 소극적 공격을 할 때

● "재미없어. 그리고 난 그런 식의 농담은 좋아하지 않아."
● "야, 너는 농담일지 모르지만, 그래도 난 싫으니까 그만해 줘."

당신의 감정을 무시하려는 상대에게

● "나는 네 의견을 묻는 게 아니라 내 마음을 얘기하는 것뿐이야."

● "난 내 경험을 얘기하는 거야. 너는 내 기분을 나만큼 모르잖아."

상대가 당신을 탓하려 할 때

● "밥, 그 말은 받아들일 수가 없어. 너의 선택은 네 소관이야. 죄책감이나 의무감 때문에 그 선택을 했다면 그 역시 네 일이고."

말이 너무 많은 미용사, 마사지 치료사, 그 밖의 서비스 제공자

● "조용한 시간을 갖고 싶어요. 내가 눈을 감더라도 불쾌하게 생각하지 말아요."

● "미리 말해두겠는데, 나는 조용한 가운데 마사지를 받고 싶어요."

선호하는 것을 당당하게 주장하기

● "당신이 계획세우는 것을 좋아하는 건 알지만, 어디서 언제 만날지를 결정할 때는 나와 의논했으면 좋겠어."

● "너는 내가 말할 때 전화를 들여다보는 버릇이 있어. 전화기를 내려놓고 나와 함께 있는 시간에 온전히 집중해 줄 수 있을까?"

- "그 계획은 나에게 무리야. 내가 원하는 계획은 [당신이 원하는 계획을 말한다] 하는 거야. 우리 그 중간쯤에서 절충할 수 있을까?"

건강하지 못한 친구 관계에 대해서(관계를 변화시키거나 끝내기)

- "미안해. 점심 식사/저녁 식사/요가에 갈 수가 없어."(그리고 네가 원할 때마다 응해줄 수 없어.)
- "우리는 서로 마음이 맞아 잘 지낼 때보다 싸우는 시간이 더 많은 것 같아. 그게 너무 힘들고. 이제 각자 갈 길을 찾아 가는 게 좋을 것 같아."

상대가 반론을 제기하거나 당신을 설득하려 든다면, 다음과 같이 말함으로써 바운더리를 확고하게 할 수 있다.

- "아니, 나는 더 이상 이 관계를 계속하고 싶지 않아. 잘 지내기 바라."
- "우리 관계는 내 정신 건강을 위해 좋지 않다고 생각 돼. 네가 앞으로 잘 지냈으면 좋겠어. 더 이상 내게 연락하지 마."

과거의 불만 들춰내기

어찌된 일인지 과거의 불만을 꺼내는 일에 대해서 출소기한법(원인 발생 후 일정 기간 내에 소송을 제기해야 하는 법률. -옮긴이)

이 적용된다고 생각하는 사람들이 많다. 하지만 그렇지 않다. 자신의 진심을 말하고 인정받고자 할 때, 자신의 경험을 존중받고자 할 때 늦었다는 생각은 하지 말자.

- "지난 달/지난 해/78년도 여름 우리 사이에 있었던 일에 대해 생각해 봤어. 그 일에 대해서 내 생각과 느낌을 너와 얘기하고 싶어…"
- "지난주에 있었던 일에 대해 생각해 봤는데 그걸 너와 나누면 좋을 것 같아."
- "그 일이 있었을 때 바로 내가 뭔가 말을 했으면 좋았을 텐데 이제 와서 생각하니 마음이 편하지 않아. 그래서 너에게 말하고 싶은데…"

이런 말을 할 때는 되도록 간단하게, 당신이 정말 하고 싶은 말을 하는 게 가장 효과적이다.

당신의 진실에 의지하자

어떤 상황에서든 건강한 바운더리를 설정하는 능력은 당신의 진실에 온전히 의지하는데서 나온다. 말하는 것도 중요하지만, 몸의 언어로 진심을 소통하는 것도 그에 못지않게 중요하다. 상황에 따라서는 '내가 너를 보고 있어. 오늘은 너의 무례함을 받아줄 수 없어. 그리고 앞으로도.'라는 눈빛으로 상대를 똑바로 바라는 것이 가장 강력하고 효과적인 대응일 수 있다.

바운더리 문제에 조금씩 능통해짐에 따라 좀 더 어려운 바운더리 시나리오를 시도해 보자. 우선순위가 낮은 관계와 상황에서 시작해서 높은 순서로 옮겨가는 것이 좋다. 당신이 새롭게 깨달아가는 사실에 따라 VIP 목록을 수정하자. 바운더리를 설정하고자 할 때 처음에 상대가 저항을 하는 것은 '과거로 되돌리기'의 습성일 뿐 당신이 정하는 바운더리를 의식적으로 거부하는 것이 아님을 기억하자. 당신의 입장을 확고하게 하고, 당신의 진심을 인정받고, 이해받겠다는 목표에 집중하려면 당신이 정한 주도적 바운더리 계획을 지켜야 한다. 과거의 경험에서 비롯된 묵은 감정을 해소하고 맑게 깨어 있는 마음으로 대응하는 데는 3Q가 도움이 될 것이며, 바운더리 주인답게 인식하고 해소하고 대응하는 데는 3R이 도움이 될 것이다.

지금까지 주변 사람들이 당신을 대하는 방식은 결국 당신이 길들여 온 것이다. 이제 당신이 진정으로 느끼는 것, 좋아하는 것, 원하는 것, 양보할 수 없는 것에 근거해서 그들을 다시 훨씬 더 나은 방식으로 길들일 때다. 당신의 변화된 보디랭귀지와 행동으로 그들에게 말하고, 보여주라. 당신의 진실을 지킬 수 있을 만큼 대담해져야 한다. 그래야 진정한 바운더리 주인이다.

바운더리 주인 실전 과제

1. 기본 과제
당신이 여전히 과도기에 있음을 인지하라. 새 바운더리를 설정하려고 할때 여러 가지 감정이 차오를 것이다. 한계를 정할 수도 있고, 간단한 요청을 할 수도 있다. 그러고 나면 바로 그것을 되돌리고 싶은 마음이 들 수도 있다.(바운더리 번복 현상이다.) 이때 최소한 48시간 정도 시간을 갖고 불안을 가라앉히자.

2. 심화 과제
다음 단계의 바운더리를 위한 시각화 기술: 이제 도구와 언어를 갖추었으니 시각화의 효능을 이해하고 다음 단계의 바운더리를 구축하자.(이 책 뒤에 실린 심화 과제 참조)

Chapter 11

|

바운더리의 주인으로 산다는 것
자신을 사랑한다는 것은 감정의 문제가 아니라 삶의 방식이다

잠시 시간을 갖고 여기까지 오기 위해 주어진 과제들을 착실히 수행해온 당신이 얼마나 대견한지 돌아보는 시간을 갖자. 제대로 돌아가지 않는 부분을 신중히 살펴보고 3R 및 주도적인 바운더리 계획을 활용해서 새로운 바운더리 행동 양식으로 전환시키는 일을 반복해 나가는 동안 이 모든 과정이 점점 더 쉽고 자연스러워질 것이다. 당신이 진정으로 원하는 삶을 만들어가는 이 과정은 때로 버겁고 힘들겠지만 충분히 가치 있고 소중한 일이다. 그러니 자기 삶을 스스로 통제하려는 선택을 하는 이 순간 작은 파티라도 해야 하지 않을까? 그렇다. 당연히 축하해야 한다.

다음 단계 역시 반드시 거쳐야 하는 중요한 과정이다. 자신의 노력과 성취를 축하하고 기념하자. 아무리 작은 것이라도 그냥 넘어가지 말자. 일상에서 자기가 좋아하는 것을 우선적으로 생각하고, 자신의 생각을 주장하며 한계와 욕구를 소통함으로써 새로운 기준을 세우는 모든 일이 작은 성취에 포함된다.

바운더리 주인이 되는 과정은 순탄하기만 한 길이 아니다. 두 걸음 내딛고 한 걸음 물러서기를 기억하는가? 그렇다. 그럴 각오를 해야 한다. 성공할 때가 있는가하면 실패할 때가 있다. 하지만 중요한 것은 당신이 옳은 방향으로 가고 있다는 사실이다. 장기적인 성과를 위해 매진하려면 크든, 작든, 마음을 다잡을 때마다 스스로 긍정해주고 축하해 주는 것이 좋다. 보스가 주최하는 지긋지긋한 연말 파티를 정중하게 거절하고 집에서 편안하게 영화를 보았는가? 정말 잘했다. 누군가의 부탁을 수락하기 전에 잠시 멈춰 서서 마음에서 들리는 '싫어'라는 말에 귀를 기울였는가? 자축의 의미로 아이스크림이 어떨까. 당신에게 선택권이 있다는 사실을 스스로 인지하는 모든 순간을 축하하자.

의식적인 판단에 한 발 다가서는 모든 생각과 행동이 칭찬받아 마땅한 일이다. 그렇다. 모든 작은 승리가 저마다 소중하다.

핵심 정리
새로운 마음가짐 하나하나가 성취이며 축하할 일이다. 소소한 일이든, 중대한 일이든 모두 지속가능한 변화를 위한 발걸음이기 때문이다.

자기 사랑 연습하기

자기를 사랑하는 것은 건강한 바운더리를 구축하는데 매우 중요한 마음가짐이다. 그럼에도 내가 아는 많은 여성들이 자기 사랑에 대해 매우 모호한 개념을 가지고 있다. 그중 대다수는 자기 사랑은 하나의 감정이며, 자기들을 그런 감정을 가져 본 적도 없고, 앞으로도 불가능할 것이라 생각한다. 또 어떤 여성들은 부모나 배우자가 자기를 대하는 태도에 근거해서 자기가 얼마나 사랑스러운 사람인지 판단할 수 있으며, 스스로도 자신을 얼마나 사랑할 수 있는지가 결정된다고 생각한다. 여기까지 나와 함께 걸어온 당신은 이러한 논리가 얼마나 엉터리인지 잘 알 수 있을 것이다. 자기 사랑은 시작도 끝도 자기 자신에게 달려 있다.

자기를 진심으로 사랑한다는 것은 감정의 문제라기보다는 삶의 방식이다. 자기 사랑은 그 사람의 행동과 선택을 통해 나타난다. 바운더리를 세우는 것은 자기 사랑을 가장 강력하게 표현하는 방식이며, 그렇기 때문에 일상의 전반에 한계를 정하고 건강한 관계를 맺는 것이 중요하다. 운동을 시작했다고 해서 일주일 만에 꿈꾸는 복근을 가질 수 있는가? 또는 원하는 복근을 가졌다고 바로 운동을 그만두겠는가? 그러지 않을 것이다. 건강한 바운더리의 자기애적인 표현법을 배우는 일도 이와 같다.

가치 있는 모든 일이 그렇듯, 자기 사랑도 노력이 필요하다. 자기에게 득이 되는 행동을 지속적으로 선택해야 한다. 진실하고 실질적인 방식으로 자기를 사랑할수록 자신에 대한 신뢰도 커진다. 자기 스스로를 믿을 때 삶의 질이 향상된다.

온라인 과정이나 상담치료 중에도 많이 했던 이야기이긴 한데, 이 과정을 시작하는 많은 여성이 대인관계의 향상을 목표로 한다. 그런데 막상 치료가 끝나고 떠날 때는 그중 상당수가 자기 사랑과 개인적인 자유를 최고의 성과로 꼽는다. 그런데 자기 사랑과 개인적인 자유는 손에 맞는 장갑처럼 불가분의 관계여서 자기 사랑이라는 기초가 없으면 개인적인 자유는 불가능하다.

당신 삶의 주인은 당신이며, 따라서 당신이 가장 소중하다. 이는 비행기 내에 산소를 확보하도록 되어 있는 비행사의 지침만큼이나 명백하다. 이 논리를 당신이 하는 모든 일에 적용해보라. 아침에 눈을 뜨는 순간부터 당신의 하루에 좀 더 많은 평화와 평안, 기쁨을 가져올 수 있는 방법들을 생각하자. 명상의 효과를 믿는 나는 명상으로 하루를 시작한다. 정적과 고요 속에 앉아 있는 것은 훌륭한 자기 사랑의 행위이니 규칙적으로, 아니 매일 실천하면 좋다. 마음 챙김의 습관은 내면에 공간을 마련해주어 인지력을 일깨우는데 도움이 된다.

【자기 돌아보기】
자기 관리를 얼마나 잘하고 있는가

지금쯤 당신도 잘 알고 있겠지만, 자기를 잘 돌보는 것은 바운더리 주인이 되기 위한 필수 요소다. 아래의 항목을 통해 당신의 자기 돌보기는 현재 어느 단계인지, 수정해야 할 점은 없는지 알아보자.(자기 돌보기의 일환으로 실천하는 것 중에 아래에 열거되지 않는 것이 있다면 추가로 적어보아도 좋다.)

- □ 규칙적으로 몸을 움직인다.
- □ 식습관에 주의하여 건강하게 먹으려고 노력한다.
- □ 하루에 최소 7시간은 숙면을 취한다.
- □ 하루에 최소한 64oz 이상의 물을 마시려고 노력한다.
- □ 피곤해지면 휴식을 취한다.
- □ 내가 재미있어 하는 일을 자주한다.
- □ 재정 상태가 안정되어 있다.
- □ 나는 편안함을 우선적으로 생각한다.
- □ 매일 정적이고 조용한 시간을 갖는다.(예를 들면 명상이나 호흡법, 에너지 운동 등을 한다.)

위의 목록을 참고하여 바운더리 주인에 부응하는 자기 관리 훈련 계획을 보강하거나, 새로 만들어보자!

나는 명상과 더불어 위안을 자기 사랑의 핵심으로 꼽는다. 위안은 기분 좋은 소소한 손길로 매 순간 당신의 기분에 긍정적인 영향을 미친다. 싱싱한 꽃을 곁에 두거나 편안한 담요를 두

르거나, 좋아하는 차나 팝콘을 서랍에 쟁여 넣을 때면 나는 기쁨을 느낀다. 감각적인 기쁨을 중요하게 생각하는 것은 몸을 존중하고 몸의 신호에 귀를 기울이는 효과적인 방법이다. 이 작은 손길이 당신을 현재에 깨어 있게 하기 때문이다. 현재에 온전히 집중하면 호흡을 잘하는 것도, 좋은 기분을 느끼는 것도 한결 쉬워지며, 당신의 진정한 감정과 욕구, 경험에 근거한 판단을 할 수 있다.(지하 창고에 쌓여 있는 고물에 근거하지 않고) 이렇게 간단한 행동들로 자기를 돌보는 것은 이기적인 행위가 아니라 자기 사랑이다.

삶의 소소한 일들에 주의를 기울이기 위해 돈이 많아야 하는 것은 아니다. 가장 '비싸고 고귀한 것'은 스스로를 배려하려는 마음이며, 당신은 기꺼이 그 값을 치를 마음이 있다. 다른 사람을 편안하게 해 주기 위해 일탈을 마다하지 않을 각오를 했었다면, 이제는 당신 자신을 위해 그렇게 하라. 바운더리 주인에 한 발 다가서게 될 것이다.

내면세계와 외면세계를 일치시키자

자기 사랑을 실천하면 할수록 옆으로 밀쳐 두었던 예전의 꿈이나 기쁨들을 돌아보게 될 것이다. 그건 자연스러운 과정이다. 바운더리 문제는 자기포기로 나타나는 경우가 많으므로, 당신은 어쩌면 지난 수년 간 당신의 내면에 진정한 행복을 가져다

주는 일들로부터 멀어져 있었을 수 있다. 그러나 그림 그리기나 춤추기, 그 외의 어떤 것을 특히 좋아했던 열정적인 당신의 참모습은 사라지지 않는다. 단지 안으로 감춰져 있었을 뿐이다. 당신의 참모습이 부분적으로나마 부정당하고 가려진다면 자신을 충분히 표현하는 느낌이나 온전한 기쁨은 느낄 수 없다. 이 숨겨진 모습을 다시 살려냄으로써 깊은 충족감을 맛볼 수 있음은 더 말할 나위가 없다.(재미있고 즐거운 일이기도 하다!)

오랫동안 잊고 있었던 꿈에 다시 불을 붙이는 일은 바운더리 주인이 되는 과정에 필수적인 일이다. 당신의 내면과 외면 세계를 일치시키는 일이기 때문이다. 바운더리 주인이 되기 위한 과정에서 이 단계에 이른 여성들을 지켜보는 것은 짜릿하게 기쁘고 신나는 일이다.

이러한 일치 과정이 시작될 때 대부분의 의뢰인은 오래 전에 마음에 품었던 열망을 얘기한다. 어떤 여성은 노래를 하고 싶었고, 또 어떤 여성은 도예를 하고 싶었으며, 소설을 쓰거나, 사업을 시작하고 싶었다는 여성들도 있다. 수준급의 공중 그네 실력을 갖춘 여성도 있었다. 관심 종목이 어느 분야든 살며시 고개를 드는 소망에 찬물을 끼얹는 부정적인 속삭임은 있게 마련이다. "뭐 하러? 그래서 어쩌겠다는 거지? 경기장에 나갈 것도 아니고, 화랑에서 전시를 할 것도 아니잖아. 베스트셀러 반열에 오를리도 없어. 한심해 보일 거야. 성공할 수 없어." 그러나 당신은 할 수 있다. 그리고 해야만 한다.

당신의 마음은 이미 내면의 바람에 부응해서 노력하는 쪽으로 기울고 있다. 잠재되어 있는 가능성을 실질적으로 시험해보기 위해서. 그러니 마음을 환하게 밝혀주는 일을 시도해 보지 않을 이유가 없지 않은가? 당신의 영혼이 갈망하는 일이라면 그것을 추구하는데 구구한 설명을 덧붙일 필요는 없다. 그저 좋아서라고 한들 뭐 어떻겠는가? 기쁨을 가져다주는 일에 온전히 몰입하는 느낌이 좋아서라고 말이다.

당신의 열정을 바라보는 관점을 바꾸면 삶이 달라진다. 그러다 보면 새로운 꿈이 생길 수도 있다. 상상도 할 수 없을 정도로 대담한 꿈을 꾸게 될지도 모른다. 당신이 느끼는 기쁨을 행동의 근거로 삼으면 점점 더 좋아하는 일에 빠져들게 된다. 그러면 활력도 그만큼 더 생기고, 자기표현도 많아지며, 행복 호르몬도 점점 더 많이 분비된다. 당신이 점점 더 당신다워지는 것이다. 이보다 더 좋은 일이 어디 있겠는가?

진정성을 유지하자

자기를 기념하고, 보살피고, 사랑할 때 엄청난 에너지의 증폭 현상이 일어난다. 당신의 진실을 추구하고 자주적인 판단을 하며 살아갈 때 당신 자신과 주변 사람들에게 진정하게 베풀 수 있고, 선한 기운을 나눠줄 수 있다. 이러한 나눔이야말로 너그러움이라는 미명하에 어쩔 수 없이 내놓는 불안의 잔재가 아닌 진정한 배려와 너그러움인 것이다.

문제를 해결 할 비책을 찾았다고 해서 삶이 완벽해지는 것은 아니다. 아무 노력도 하기 싫어지는 순간도 있고, 과거의 바운더리 행동 양식을 반복하는 순간도 있을 것이다. 하지만 자신을 사랑하고 배려하고 보살피는 일을 삶의 지침으로 삶는다면 바운더리 주인이 되기 위해 쌓아온 기본 틀은 흔들리지 않을 것이다. 그러다 보면 당신만의 고유한 비법을 가질 수 있을 것이며, 좌절감에 갇혀 빠져나갈 길이 없는 듯한 절망감을 느끼는 대신 주어진 상황에서 스스로를 재정비할 수 있을 것이다. 앞으로 나갈 길은 항상 열려 있다. 내 말을 믿어도 좋다.

나는 바운더리 주인 과정을 통해 내 지하창고를 마주하고 내 소명을 인지하는 "아, 결국은 이런 거였구나!"의 순간이 사실은 연대와 사랑을 통한 깊은 치유의 시간들이 될 수 있었음을 깨달았다. 이 년 전쯤에 내 친구 라라와 함께 콘퍼런스에 간 적이 있는데 그곳에서 한 명망 있는 영적 지도자가 오만하기 이를 데 없는 말들을 쏟아내는 걸 들으면서 몹시 불쾌했던 기억이 있다. '세상을 온통 비판의 눈으로 바라보는 몹쓸 여자로군. 도대체 자기가 뭐라고 생각하는 거지?' 결국 나는 더 이상 참지 못하고 중간에 나오고 말았다.

점심시간에 식사를 하면서 라라가 나에게 왜 중간에 나갔느냐고 물었다. 나는 또다시 흥분을 하면서 말했다. "그 여자의 가정이 잘못된 것 같아서. 그 여자는 날 모르잖아!" 내가 말을 이어가는 동안 라라가 내 쪽으로 몸을 기울이고 연민에 가득 찬 음성으로 속삭였다. "또 누가 너를 몰랐었지, 테리?"

맙소사! 그 순간 깨달았다. 나는 그녀의 말을 들으며 내 아버지를 떠올렸던 거다.

그 연사는 내 안에 있는 어린 아이의 고통을 깨우는 과거의 스위치를 건드렸다. 아버지가 세상을 떠나기 전에 관계를 회복하기는 했지만 여전히 가끔은 나라는 존재의 슬픔이 밀려오곤 했는데 말이다. 내가 이 이야기를 나누는 이유는 당신도 건강한 바운더리와 당당한 자기표현으로 삶이 훨씬 편안해졌음에도 이따금 어린 시절에 충족되지 못했던 그 무엇에 대한 아픔이 되살아나는 순간이 있을 것이기 때문이다.

바운더리 주인이 되었다고 해서 다시는 어떤 종류의 문제도 겪지 않거나, 어린 시절의 경험에서 비롯된 갈등이 영구히 사라지는 것은 아니다. 다만 그런 순간에도 좀 더 쉽고 품격 있게 대처할 수 있으며, 그 순간을 당신 자신은 물론 주변 사람들과의 관계를 더욱 돈독하게 하는 기회로 삼을 수 있게 될 것이다. 그날 나는 라라와 깊이 있는 대화를 나눴으며, 대화가 끝날 때쯤엔 내 자신에 좀 더 충실해지는 느낌을 받았다. 당신을 거쳐 가는 모든 경험들을 인정한다고 해서 당신의 신비한 매력이 사라지는 것은 아니다. 오히려 기하급수적으로 증폭된다.

진정성이 가져다주는 부수적인 소득 즐기기

당신 자신과 일치하면 할수록 진정한 당신은 다른 사람과 가까워질 수 있다. 바운더리 주인의 경지에 이르고 나면 당신이 자동적으로 반응하는 방식들, 예를 들면 시누이나 올케에게 충고를 한다거나, 스스로를 희생해서 관계의 평화를 지킨다거나, 당신의 필요를 제쳐두고 남들의 필요를 충족시키느라 고군분투하는 행동들이 결코 누구에게도 도움이 되지 못하며, 누구에게도 사랑을 전달하지 못하고, 사실은 필요하지조차 않았다는 사실을 깨닫게 된다. 즉각적인 해결책을 제공하면서 다른 사람들의 문제의 중심으로 뛰어들지 않을 때, 비로소 당신 앞에 있는 사람을 제대로 바라볼 수 있다. 그러면 그들이 지닌 아름답고 빛나는 인간적인 아름다움이 보일 것이다. 당신 역시 좀 더 인간적인 여유를 가질 수 있을 것이다. 내면의 지혜를 신뢰하기 시작하면 다른 사람 역시 자신의 내면적 지혜와 소통하고 있을 것임을 자연스럽게 믿게 되기 때문이다.

바운더리는 당신을 남에게 보이고, 들리게 하고, 인정받기 위해 필요한 것일 뿐 아니라, 당신이 살아가면서 만나게 되는 사람들과 좀 더 진실한 연대감을 쌓기 위해 필요한 것이기도 하다. 이제 당신도 그들을 보고, 듣고, 알 수 있다. 그럴 수 있는 거리가 확보되지 않는 관계는 쌍방에 충족감을 주는 관계로 발전할 수 없다. 두 사람이 서로를 지지하고, 서로의 진정한 자아를 축복해주는 관계는 어떨까? 그야말로 깊은 친밀감을 나누는 순금 같은 관계라고 할 수 있다.

핵심 정리
자기사랑의 정도가 주변 사람들과의 관계를 결정한다. 그러니 그 기준을 높게 잡자.

내면의 경계가 명확해지면 다른 사람을 새로운 관점에서 바라볼 수 있고, 그들이 발산하는 인간적인 매력을 발견할 수 있다. 주위를 둘러보면 자기 돌보기, 자기사랑, 바운더리 운영의 모범 사례를 얼마든지 찾아볼 수 있다. 이를 알아차리고자 노력하면 자신의 성장과 확장에 도움이 된다. 내면이 건강해지면 맑게 닦인 창을 통해 다른 사람의 행동을 바라볼 수 있으며, 그러다 보면 문제투성이 바운더리에 갇혀 있을 때는 거슬렸던 행동들이 당신의 마음에 와 닿고, 감동을 주는 경험을 하게 될 것이다. 예를 들어 자녀의 유치원 선생이 학부모는 아침 8시 이후에 학교 건물 내로 들어올 수 없다고 못을 박아서 불쾌했었다면, 이제는 그런 모습이 분명하고 직설적이어서 좋다고 느껴질 것이다.(왜냐하면 당신은 더 이상 상대의 '피상적인 상냥함'에 매달리지 않을 테니까.) 한때는 차갑게 느껴졌던 지인이 훨씬 매력적인 사람으로 여겨질 수도 있다. 어린 시절의 악몽 같은 바운더리 문제를 반복하려는 충동이 사라졌기 때문이다.

보기만 하면 짜증이 나던 사람들조차 전혀 다른 모습으로 비쳐질 수 있다. 당신이 자신을 우선적으로 배려하는 마음가짐에 익숙해지면, 항상 요구가 많은 친구의 '나부터' 주의가 예전만큼 불쾌하지 않을 수도 있다. 오히려 그녀를 가볍게 밀어내면서 서로 편안할 수 있는 중간 지점을 찾을 수 있으며, 혼자 속으로 부글거리지 않고 그녀와 함께 있는 시간을 즐길 수 있다. 아니면 나중에 누군가를 붙잡고 그녀에 대한 불만을 털어놓을 수도 있다. 바운더리 주인의 경지에 이르러 관점이 바뀌면 진실을 얘기하고, 남에게 보여지고 인정받고 싶어 하는 다른 사람들의 욕구가 새삼 소중히 여겨진다. 이제 눈이 뜨인 것이다.

【자기 돌아보기】
감사 연습

당신은 지금까지 고통스러웠던 과거의 경험을 찾아서 그것을 바운더리 주인 과정에 통합하여 무엇이 잘못되었는지 규명하고 당신을 치유하기 위해 노력했다. 이에 못지않게 중요한 일은 지금 당신의 삶에서 잘되고 있는 것, 좋은 점들을 인정하고 그것에 대해 감사하는 습관을 기르는 것이다.

잠시 시간을 갖고 당신이 살아오면서 했던 경험들, 만났던 사람들, 당신이 존재했던 공간들에 진심으로 감사하는 마음을 모아보자. 아래의 항목들을 참고하고, 필요하면 추가해도 좋다.

□ 새로 우려낸 커피의 향, 갓 구운 빵 냄새, 방금 자른 풀냄새.

- 도시 경관이나 별새, 석양의 아름다움.
- 천재성이 빛나는 말러의 음악과 모타운의 음색, 또는 아리아나 그란데의 영혼이 담긴 음성.
- 당신을 지지해주고, 응원해주며 당신이 이기기를 바라는 사람들.
- 바닷물 소리, 아기의 웃음소리, 새의 지저귐.
- 당신이 좋아하는 안락한 침대나 아름다운 숲, 또는 공원, 당신의 명상 공간.

이 중에 와 닿는 것이 있는가? 나는 개인적으로 아기의 웃음 소리만 떠올리면 기쁨이 솟아난다.

당신이 관심을 갖는 곳에 에너지도 따라서 흐른다는 사실을 기억하라. 기분이 처지는 느낌이 들 때 감사하는 마음을 일깨우는 이 훈련을 통해 정서를 재충전하기 바란다.

너무 늦은 때란 없다

수 년 전, ≪있는 그대로의 나를 사랑하라(You Can Heal Your Life)≫의 저자이자 헤이하우스 출판사의 공동 설립자인 루이스 헤이(Louise Hay)의 강연을 듣고 영감을 받은 적이 있다. 그녀가 "이 중에 변화를 시도하기에 너무 늦었다고 생각하는 사람 있나요?"라는 질문으로 강연을 시작하자, 많은 사람들이 손을 들었다. 그러자 헤이가 말했다. "오늘 여러분과 나누고 싶은 진실이 하나 있는데 바로 당신은 늦지 않았다는 것입니다." 그러고 나서 헤이는 나이 50이 되어서야 첫 번째 저서인 ≪당신의 몸을 치유하라(Heal Your Body)≫를 내고 헤이하우스를 설립했으며 그 후 58세까지 자기 개발서 분야의 선두를 달리고 있는 자기 이야기를 비롯해서 크고 작은 성취에 대한 이야기를 풀어갔다. 진정한 성취를 하는데 너무 많은 나이나 너무 늦은 때란 없다. 나는 지금까지도 청중의 마음을 울리며 동시에 내가 가지고 있던 두려움을 희망으로 바꿔놓은 그녀의 말을 기억한다. 그날 나는 '어쩌면 지금이 적시인지도 몰라.'라고 생각하며 그 자리를 떠났으니까.

당신이 삶의 어느 지점을 지나고 있든, 지금이 가장 좋은 때다.

당신은 스스로 고유한 존재이며 그 고유함에서 비롯된 선택을 할 수 있다는 사실을 기억하기 바란다. 그렇다. 당신은 유일하다! 모든 깊이와 방향에서 고유하다는 뜻이다. 당신의 DNA를 가진 사람은 당신 밖에 없으며 앞으로도 그럴 것이다. 당신의 삶을 보다 값지게 만들고 싶은 의욕이 생겼다면, 축배를 들자! 자신의 참모습을 찾으면 그 안에 담긴 위대함을 탐구하고 수용하고 표현할 수 있는 길이 열린다.

바운더리의 주인이 된다는 것은 모든 것을 변화시킬 주도적인 자율성을 선택하는 것이다. 당신 안에서 속삭이는 과거의 가락에 맞춰 삶을 이어가지 말자. 그 가락은 당신과 당신의 고유한 세계를 황폐화시킨다. 기존의 것들을 그대로 유지하면서 동시에 진화를 추구할 수 없다. 당신도 지금쯤은 현재의 상태를 유지한다는 것이 얼마나 소모적인 일인지 잘 알고 있을 것이다.

당신은 어떤지 모르겠지만 나는 지금까지 한 번도 임종의 순간에 "내 자신과 내게 필요한 것들을 좀 더 외면한 채 방치했어야 했어."라거나, "그 배은망덕한 밥의 기분을 맞춰주려고 조금 더 애썼더라면 좋았을 걸."이라는 말을 남긴 사람이 있다는 얘기는 들어보지 못했다. 사람은 하지 않은 일들을 후회하게 마련이다. 수많은 사람들의 마지막 소망을 들어온 호스피스 간호사들의 말을 들어보라. 암 진단을 받고 죽음을 앞둔 한 여성의 이야기를 기억한다. 그녀는 거울 속에 비친 자기 모습을 보며 이런 생각을 했다고 한다. "내 자신에게 그렇게까지 엄격하지 않았으면 좋았을 걸." 그러자 그녀가 미처 경험해보지 못한 모든 가능성들이 눈앞에 스쳐가더라고 했다. 건강한 자기사랑에 근거한 선택을 하면서 산다면 이런 후회가 최소화될 것이다. 당신에게 항상 선택의 자유가 있음을 기억하는 것이 중요하다.

자기사랑과 건강한 바운더리를 실천하며 사는 것은 인생의 각본을 당신이 쓰는 것과 같다. 당신이 아직 못 다한 이야기를 그대로 묻어두려는가? 아니면 다른 사람이 당신의 이야기를 쓰도록 놔두겠는가? 당신이 무엇을 옳다고 생각하는지, 무엇을 소중히 여기는지가 중요하다. 당신의 이야기는 당신이 들려주어야 한다. 이 세상 누구도 당신의 입장에 서서 걸어가거나, 당신의 렌즈를 통해 세상을 바라볼 특권을 가지지 못했다. 한 순간이라도 당신이 그 누구처럼 행동하거나 생각하지 못해서 속상하다거나 잘못된 것 같은 느낌이 든다면 절대로 그렇지 않다는 것을 이해하기 바란다. 당신은 빛나는 존재다. 당신의 모습 그 자체로 경이롭다.

은신처에서 나와 스스로 인정하고 기념하는 삶으로 전환하면 진정한 자치권을 갖게 된다. 진정한 자아는 확정된 모습이 아니며, 내면의 천성과 재능을 탐구하고 발견하는 과정을 통해 개발되고 관리되어야 한다. 조직 심리학자인 애덤 그랜트(Adam Grant)의 말처럼, "자신의 참 자아에 얽매일 필요는 없다. 새로운 정체성을 시도하고 그것을 자신의 것으로 만들어도 괜찮다. 우리 자신에게 항상 진실할 필요는 없다. 내가 되고 싶은 나의 모습에 진실하면 되는 것이다." 당신이 선택한 방식으로 참 자아를 인정하고 존중하라. 그렇게 함으로써 훨씬 더 풍요로운 당신의 모습들이 드러나 신뢰하고 싶은 최고의 자아에 합류하게 될 것이다. 그렇게 함으로써 우리는 세상의 선에 기여할 수 있다.

당신이 바운더리 주인으로 성장할 수 있다는 사실에 조금이라도 의혹을 가지고 있다면 내가 단언한다. 당신은 할 수 있다. 현재의 주인공은 당신이다. 현재의 모습을 발판으로 삼아 앞으로 나아가자.

이 책에서 특히 유용하다고 생각되는 부분이 있다면 실생활에 활용해 보자. 자기 것으로 만드는 거다. 한 줄이라도 당신의 마음에 닿아 당신의 어려움을 알아채고 줄이는데 도움이 되었다면 내 목적은 이루어진 셈이다. 이 책에 소개된 도구와 전략들은 모두 기초적인 것이다. 당신이 앞으로 살아가면서 성장하고 변화하는 모든 단계에 적용될 수 있다. 당신의 세계가 확장됨에 따라 새로운 진실을 일깨워줄 것이다. 같은 개념이라 하더라도 당신의 시각이 변함에 따라 새로운 의미로 다가올 것이기 때문이다.

꿈을 크게 갖고 그 꿈을 믿는데 대담해지기 바란다. 당신이 중요한 존재인 것처럼, 당신의 꿈도 소중하니까. 자신의 소중함을 믿어야 한다. 자신의 가치를 알아볼 수 있다면 나아가는데 거칠 것이 없다. 깨어 있는 마음으로 자신의 진실한 욕망을 추구하며 살아갈 때 그 파급 효과는 상상할 수 없을 만큼 심오하다.

스스로에게 새로운 시도를 허락하고, 마음을 바꾸거나, 거부하거나, 실수할 수 있는 여지를 주자. 그리고 웃고, 노래하고, 미소 짓고, 무리한 용기도 내어보고, 자신의 참모습 그대로 살아보자. 그리고 무엇보다 중요한 것은, 스스로 판단하고 결정하는 사람이 되자.

당신은 할 수 있다, 바운더리 주인이여.

내가 당신의 광팬이 되어 응원할 것이다!

바운더리 주인 실전 과제

1. 기본 과제

바운더리 주인으로서 새로운 대응이나 마음가짐의 변화를 시도할 때마다 스스로 기념하고 축하해 주자. 새로운 시도를 인정해 주자. 소소한 변화일지라도 큰 의미를 갖는다. 작지만 꾸준한 노력이 지속 가능한 변화로 이어질 것이다.

2. 심화 과제

온라인에 소개된 도구 활용하기: 당신의 명상 공간에 편안하게 자리 잡고 더 많은 도구와 전략, 그리고 치유적인 인도를 받으며 할 수 있도록 고안된 명상, 기 훈련 등을 살펴보자.

부록

심화 과제

심화 과제에 실린 내용은 바운더리 주인 과정의 핵심이므로 건너뛰지 말자!

각각이 바운더리 주인의 자질을 갖추는데 도움이 될 뿐 아니라 지식을 실전에 활용하는데 필요한 기술을 개발할 수 있도록 인도해 줄 것이다. 이 훈련 과제들 대부분은 여러 번 반복해서 시도해도 좋으며, 그러는 동안 이해와 능력이 향상되는 경험을 할 수 있을 것이다.

Chapter 1

|

자기만의 명상 공간 만들기

명상 공간을 만드는 일은 간단하다. 자기에게 맞는 방식으로 꾸미면 된다.

1. 장소를 선택한다

방 한쪽 구석이나 방 전체, 또는 침대 옆 탁자를 명상 공간으로 지정할 수 있다. 어디든 당신의 마음이 끌리고 편안할 수 있는 공간이면 된다.

2. 취향에 맞게 꾸민다

안정감과 영감을 주는 분위기가 좋다. 예를 들면 꼬마전구를 이용한 줄 조명, 양초, 에센셜 오일, 부드러운 담요나 쿠

션, 또는 당신이 좋아하는 조약돌이나 수정 등 기분을 좋게 하고 마음에 생기를 불어넣어주는 것이면 된다.

명상 공간을 꾸몄으면, 자주 그곳에서 성찰을 하거나 저널을 쓰거나 호흡 훈련, 명상 등을 하며 혼자만의 시간을 갖자. 또는 바운더리 주인 통합 훈련을 해도 좋고, 아니면 잠시 쉬면서 기력을 보충하는 것도 좋다. 당신의 공간이니까.

그 정도면 충분하다! 벌써 마음이 후련해지는 느낌이 드는가?

명상 훈련

명상 훈련을 꾸준히 하면 당신의 내면과 삶에 여유 공간이 생긴다. 실질적으로 모든 상호작용에서 2, 3초의 여유를 두고 대응할 수 있는 여유가 생긴다. 이 잠깐의 멈춤을 매일 실천함으로써 당신은 충동적으로 반응하지 않고, 의식적인 대응을 할 수 있다. 효과가 그만큼 강력하다는 증거다.

- 시작은 가볍게. 처음에는 타이머를 맞춰놓고 5분 정도 앉아 있어 본다.
- 촛불을 켜고, 심호흡을 한다.
- 아주 간단하고 보편적인 만트라, 예를 들면 '소 함(so ham)' 같은 것을 외운다. 아주 낮은 소리로 들숨에 '소(so),' 날숨에 '함(ham)'을 되뇐다.

● 매일, 가능하면 눈 뜨자마자, 이 명상을 실천한다. 하루 일과에 단 몇 분의 고요와 정적을 더했을 때 어떠한 변화가 일어나는지 주의를 기울여보자.(익숙해지고 나면 일주일에 일분씩 앉아 있는 시간을 더해서 20분까지 명상 시간을 늘여보자.)

Chapter 2

|

무엇이 괜찮고, 무엇이 괜찮지 않는가

바운더리 주인 연수생들이여 당신의 명상 공간에 앉아서 일
기장을 펼치자. 그리고 당신의 마음이 수용할 수 있는 것과 없
는 것(무엇이 괜찮고, 무엇이 괜찮지 않은지)을 가려보자. 좋고 싫은
것을 가려내면 가려낼수록 삶의 전반에서 당신이 원하는 바운
더리의 성격을 쉽게 알 수 있다.

아래의 질문을 참고해서 대략의 목록을 만들어보자. 한 번에
완성할 필요는 없으며, 상황이 허락하는 대로 틈틈이 메모를 해
도 좋다. 먼저 수용할 수 없는 것들을 신중히 나열하고 나면 당
신이 수용할 수 있는 것들도 늘어나는 것을 확인할 수 있을 것

이다. 인간관계를 비롯해서 현재 당신의 삶을 구성하는 각 영역에서 당신이 수용할 수 있는 것과 없는 것의 총체적인 목록을 만들어 보자.

가정

집은 어떻게 꾸미는 것이 좋은가? 소음의 정도, 조명, 분위기, 감촉, 깨끗한 정도 등을 생각해 보자.

일

당신이 하는 일은 적성에 맞는가? 직장 동료들과 어떻게 지내고 있는지, 작업 환경, 근로 조건, 기업 문화, 물리적인 환경 등을 생각해 보자.

재정

재정 문제와 관련해서 지출, 저축, 배우자와 예산 공유, 또는 분배 등에서 당신이 수용할 수 있는 것과 없는 것은 무엇인가? 저축액이 적어도 괜찮은가? 아니면 은행에 상당 액수의 저축금이 있어야 마음을 놓을 수 있는가?

애정 & 연애

지속적인 연인관계를 선호하는가, 아니면 자유롭게 데이트를 즐기는 정도가 좋은가? 문자, 전화, 영상 통화 중에 선호하는 소통 방식은 어느 것인가? 문제가 생겼을 때는 어떻게 해결하는가? 연인관계에서 어느 정도 시간을 함께 보내고, 어느 정도 떨어져 있는 것이 적당하다고 생각하는가? 성관계는 어떻게, 어디서, 언제, 누구와 하는 것이 합당하다고 생각하는가?

신체

현재 당신의 신체적, 정신적 건강 상태는 좋은가? 매일, 또는 매주 반드시 해야 하는 습관이 있는가(예를 들면, 요가, 명상 등)? 좀 더 건강해지고 싶은데, 건강을 위한 행동을 실천하지 못하고 있는가?

개인적인 거리

어느 정도의 거리가 필요한가? 악수와 포옹 중 어느 것을 선호하는가? 다른 사람이 당신을 만지는 것을 좋아하는가, 싫어하는가? 친한 친구나 연인 사이에서, 그리고 지인이나 낯선 사람 사이에서 신체 접촉에 대한 허용 한계는 어떻게 다른가?

신념과 의견

다른 사람이 당신과 다른 신념이나 의견을 가지고 있어도 개의치 않는가? 상대의 의견을 열린 마음으로 들어주는가, 아니면 비판적 태도를 취하는가? 다른 사람이 인정해주지 않아도 자신의 신념과 의견을 고수할 수 있는가? 열띤 논쟁을 마다하지 않는 편인가, 아니면 피하는 편인가?

개인 소유물

다른 사람이 당신의 물건을 빌려가거나, 당신의 접시에 담긴 음식을 먹거나, 돈을 빌리는 것을 허용하는가?

의사소통

친구, 가족, 배우자와 소통을 많이 하는 편인가, 적게 하는 편인가? 대화를 깊이 끌고 가는 편인가, 가볍게 유지하는 편인가? 당신이 말하는데 다른 사람이 끼어드는 것을 수용하는가?

사회성

집에 있는 것을 좋아하는가, 아니면 밖으로 나가는 것을 좋아하는가? 단체 활동을 좋아하는가, 아니면 일대일 만남을 선호하는가? 생음악 연주, 퍼레이드, 술집, 사람들이 모여 있는 곳을 좋아하는가, 싫어하는가?

인간관계

당신이 맺고 있는 인간관계 중에서 문제가 있는 것들을 나열해 보자.

바운더리 주인 과정이 진행됨에 따라 당신의 목록도 변할 것이다. 당신이 무엇을 수용할 수 있고, 무엇을 수용할 수 없는가는 당신만이 알고 있다는 사실을 기억하자. 당신이 정한 목록을 존중하고 따를수록 삶에 자치권이 확보되고 당신의 충족감도 커질 것이다.

Chapter 3

|

감정 노동 평가

아래의 항목들을 참고해서 감정 노동의 균형이 맞지 않는 관계를 찾아보고, 어느 부분에서 당신이 너무 많은 몫을 감당하는지 규명해 보자.

감정 노동 검사 항목

☐ 종종 나 혼자 모두를 위해 애쓰는 것 같은 느낌이 든다.

☐ 주변 사람들이 내 노력을 좀 더 알아주었으면 좋겠다.

☐ 가끔 내가 짊어지고 있는 정서적 책임에 압도되거나 억울한 느낌이 든다.

□ 종종 주변 사람들의 관계에서 중간에 끼여 있는 듯한 느낌
   이 든다.

□ 내가 이 자리에 있지 않았으면 아무 일도 안 되었을 것이
   다.

□ 다른 사람의 어려움이나 문제에 책임감을 느낀다.

□ 배우자/친구/부모/상사가 어떤 일을 하는데 필요한 시간
   과 에너지를 충분히 배정하지 않는다는 생각을 할 때가
   있다.

□ 나는 개인적인 삶에서나 직장에서 문제 해결사다.

□ 가끔 친교 모임에서 지치고 가라앉은 기분으로 자리를 뜰
   때가 있다.

□ 나는 과기능 상호의존자다.

□ 무슨 일이든 제대로 하려면 내가 직접 해야 한다는 생각을
   할 때가 많다.

□ 말할 수 없이 지칠 때가 많다.

해당 항목이 많을수록 감정노동의 정도가 심하다고 볼 수 있
다.

고려해 봐야 할 질문들

● 당신은 어떤 상황에서 필요 이상의 감정 노동을 자청하는
   가?

● 생활 전반에 걸쳐 당신은 특히 어느 영역에 앞장서는가?

- 당신의 배우자/형제/직장 동료가 앞장 서는 경우는 어떤
  상황인가?

현재 당신이 책임지고 있는 감정적, 신체적 임무들을 적고,
그중에서 다른 사람에게 위임하거나 대화를 통해 한 발 물러설
수 있는 일들이 있는지 살펴보자. 관계의 형평성을 찾으면 억울
하다는 느낌도 줄어들고 활력을 얻을 수 있다.

Chapter 4

|

바운더리 청사진 펼쳐보기

이 훈련은 바운더리의 주인이 되기 위한 과정의 기초 작업이다. 앞서 4장에 있는 자기 돌아보기 훈련과제에서 이미 시작한 것이지만, 그때는 간략하게 다루었다면 여기서는 조금 더 깊이 들어가게 될 것이다.

어린 시절에 당신의 가족들은 구성원 간에 서로를 대하는 방식을 결정하는 규칙이 있었다. 그리고 그 규칙은 현재 당신이 개인적인 관계나 직장 관계에서 바운더리를 설정하는데 영향을 미친다.

명상 공간에 자리를 잡고 다음의 질문들을 읽어보자. 그런 다음 당신이 '그렇다'고 답한 질문을 좀 더 깊이 성찰해 보고, 옛 기억을 되짚어 보고, 노트에 적어보자. 한 번에 끝내기보다 여러 차례 시간을 내서 당신의 응답과 통찰한 내용을 충분히 살펴보는 것이 좋다.

- 어린 시절에 당신은 가정에서 학대나 중독, 엄격한 규율, 방임을 경험하거나 목격했는가?
- 부모님은 문제 해결 능력이 부족한 사람들이었는가? 갈등이 생겼을 때 적대감이나 침묵으로 대응하거나 언어적, 물리적 폭력을 사용했는가?
- 신체적으로, 물질적으로 개인적 거리가 충분히 확보되었는가?(화장실 문을 닫고 볼일을 볼 수 있었는가? 가족들은 당신의 소지품을 존중해 주었는가, 아니면 함부로 가져가거나 사용했는가? 사전에 당신의 허락을 받았는가?)
- 가족 구성원들은 항상 서로 뭘 하는지 알고 있었는가? 가족끼리 서로의 일이나 관계에 지나치게 참견했는가?
- 가족 구성원 중 한 사람, 또는 두 사람이 다른 가족을 통제했는가?
- '싫어/아니'라는 대답을 하거나 전체를 따르지 않을 때 처벌 받았는가?
- 매사에 '정해진 방식'이 있고, 새로운 아이디어나 제안을 수용하지 않았는가?
- 당신의 생각과 감정이 가족 전체의 것과 다를 때 이를 표

현하는 것이 저지되었는가?

- 당신이 청하지 않아도 가족들이 자주 충고를 하거나 비판을 했는가?
- 당신의 감정적, 물리적 욕구가 무시되었는가?

당신이 '그렇다'고 대답한 질문을 좀 더 깊이 성찰해 보면 가족이 서로를 대하는 방식, 외부 세계를 대하는 방식이 보일 것이다. 이렇게 얻어진 세세한 바운더리 청사진은 앞으로 바운더리 주인 과정을 밟아가는 데 길잡이로 활용할 수 있다.

Chapter 5

|

억울한 감정 돌아보기

억울함이라는 유해한 감정의 구속으로부터 당신을 해방시킬
사람은 당신 자신 밖에 없다. 그것이 과거에 비롯된 감정이든,
현재의 감정이든, 털어버리기 위해서는 먼저 그 감정을 인지해
야 한다.

당신이 어떤 감정을 가지고 있으며 무엇이 필요한가를 이해
하는데 아래의 자가 진단 도구가 도움이 될 것이다. 질문을 읽
어가면서 답을 적어보자. 그러고 나면 어떻게 대처해야 할지 판
단할 수 있을 것이다.

- 현재 억울한 일이 있는가?
- 화가 나거나, 마음이 상하거나, 상대가 당신 말을 들어주지 않는다거나, 봐주지 않는다고 느낄 때는 언제인가?
- 과거의 경험 중에 지금까지 억울함이 남아 있는 일이 있는가?

과거에서 비롯된 억울함이 남아 있다면 그것에 대해 저널을 쓰거나, 부치지 않을 편지를 써보자. 만약 상황이 허락된다면 당사자에게 직접 당신의 감정을 털어놓아도 좋다. 당신의 억울함을 존중하는 것이 진실을 말하고 자신을 드러내는 바운더리 주인의 행동 양식이다. 이는 당신에게 억울함을 심어준 사람의 행위를 용서하고 수용하기 위함이 아니라 당신을 자유롭게 하기 위해서다.

Chapter 6

|

당신이 좋아하는 것, 원하는 것, 양보할 수 없는 것 파악하기

바운더리 주인이 되려면 우선 당신이 좋아하는 것, 원하는 것, 양보할 수 없을 것을 정확하게 규명해야 하는데, 지금이 가장 좋은 시점이다.

제 2장에서 만들었던 괜찮은 일/괜찮지 않는 일 목록으로 돌아가자. 목록에 적힌 항목들을 당신의 마음이 반응하는 정도에 따라 분류한다. 좋아하는 것(있으면 좋은 것), 양보할 수 없는 것 (없이는 살 수 없는 것), 원하는 것(둘 사이의 중간 정도)은 각각 어느 항목인가?

당신의 필요에 대한 최고 결정권자는 바로 당신이다. 당신이 그렇게 느끼는 데에 다른 사람의 허락이 필요하지 않다. 당신이 좋아하는 것, 원하는 것, 양보할 수 없는 것에 근거하여 '괜찮다/괜찮지 않다' 목록을 검토하면 절충할 수 있는 것(좋아하는 것)과 절충할 수도, 해서도 안 되는 것(양보할 수 없는 것)이 분명해진다.

타인의 긍정은 중요하지 않다

긍정은 개인적인 표현이며, 자존감과 스트레스 정도, 행동에 영향을 미친다. 그런데 부정적인 독백도 긍정의 효과를 가진다는 사실을 미처 인지하지 못할 수 있다. 부정적인 독백은 당신이 원하지 않는 것, 말하자면 잘못된 바운더리 같은 것을 수긍하게 한다.

그러니 의식적으로 자존감을 북돋우고, 스트레스를 완화할 수 있는 긍정의 말들을 선택하면서 무의식적 습관을 다시 길들여야 한다. 무의식도 당신의 행동을 지배할 수 있으므로 이는 매우 중요하다. 그러면 당신이 두려워하는 일, 또는 길들여진 예감에 집착하지 않고 당신이 진정으로 원하는 것에 초점을 맞출 수 있다. 우선 당신 자신과 삶, 그리고 세상에 대하여 몇 가지 바람직한 긍정의 말을 선택하여 틈틈이 반복적으로 되뇌어 보자.

긍정의 말을 선택할 때 아래 사항을 참고하기 바란다.

- 일인칭 시점으로 한다.('나'를 주어로)
- 현재 시재로 한다.
- 긍정적 표현만을 사용한다.(진실이 아닌 것을 말하는 대신, 진실인 것을 말한다.) 예를 들면 "이제 매일 피곤해하지 않는다."라는 부정적 긍정 대신, "매일 전보다 활력 있게 생활한다!"라고 쓰면 된다.
- 간단한 문장을 선택한다.
- 감정적으로 마음에 와 닿게 쓴다. 스스로 수긍할 수 있어야 하니까.
- 긍정의 말을 할 때 그에 따라오는 진실한 감정을 느껴본다.

시작하는데 도움이 되는 문구들

- 나는 나를 무조건 사랑한다.
- 나는 내가 좋아하는 것, 원하는 것, 수용 한계를 편안하고 품위 있게 말할 수 있다.
- 나는 다른 사람에게 베푸는 친절과 배려를 나 자신에게도 똑같이 적용한다.
- 나는 일상에서 내게 기쁨을 주는 일들을 우선적으로 생각한다.
- 나는 쉽게 평온을 찾고 느긋해질 수 있다.

마음속에 부정적인 독백이나 두려움에서 비롯된 말들이 떠오르면 살며시 의식을 긍정적인 표현들에 집중하고 그에 따르는 감정에 초점을 맞춘다. 말에는 '날개'가 있어서 파급효과를 가진다는 사실을 명심하자. 말은 마음에 날아들어 당신을 움직일 수 있다. 당신 자신에 대해, 삶에 대해, 그리고 당신이 성취하고자 하는 삶의 방식에 대해 긍정적인 말을 되뇌어 보라.

일상에 대해 좀 더 포괄적인 긍정의 말을 선택할 수도 있다.

- 모든 일이 순탄하고 품위 있게 흘러가고 있다.
- 나는 항상 충분한 시간이 있다.
- 나는 신의 인도와 보호를 받고 있다.
- 내 삶은 풍요롭다.
- 내게 필요한 모든 것이 순탄하게 채워진다.
- 나는 사랑 받고 있다.
- 나는 소중한 사람이다.
- 내가 받은 모든 축복에 감사한다.

깨어 있는 마음으로 긍정의 말들을 스스로에게 속삭여주면 당신의 몸에서 세상을 향해 발산되는 활력의 파동이 높아지며, 그 긍정적인 기운이 당신에게 되돌아오는 것을 경험하게 될 것이다. 이는 충족한 삶을 살고자 하는 당신의 의지를 더욱 굳건하게 하는 방법이기도 하다.

Chapter 7

|

의사소통의 진정성

우리 대부분은 갈등을 피하기 위해 하는 약간의 하얀 거짓말은 무해하다고 생각한다. 하지만 바운더리 주인이 되고자 하는 사람에게 있어 이 말은 진실이라고 할 수 없다. 특히 우선순위가 높은 관계에서는 더욱 그렇다. 반쯤의 진실, 적당히 빼고 전해주는 정보, 다른 사람들의 그러한 행동을 묵인하는 행위는 개인의 영향력과 건강한 바운더리를 저해한다.

아래의 항목을 읽으면서 현재 당신의 소통이 어느 정도 진정성을 가지는지 확인해 보자.

□ 불편함은을 모면하기 위해 마음에 없는 말을 한다. 예를 들면 참석할 생각이 전혀 없는 모임에 초대 받았을 때 일단 가겠다고 대답한다.

□ 가끔 갈등을 피하기 위해 하얀 거짓말을 한다. 예를 들면 귀찮게 하는 친구의 전화를 받지 않거나, 저녁 식사 중이라고 둘러댄다.

□ 상황을 조정하기 위해 다른 사람들에게 마음에 없는 칭찬을 한다.

□ 나 자신, 또는 다른 사람과의 약속을 지키지 않을 때가 있다.

□ 친구에게 불만이 있을 때, 뒤에서는 다른 사람에게는 털어놓지만 그와 직접 그 불만에 대해 얘기하는 일은 거의 없다.

□ 누군가 내가 있는 자리에서 험담이나 불쾌한 농담, 미움이 담긴 말들을 하더라도 기분 나쁜 표시를 하지 않고 침묵을 지킨다.

□ 상대방이 정직하지 않고, 약속을 지키지 않는다는 것을 알아도 그것을 면전에서 지적하거나 비난하지 않는다.

□ 다른 사람의 잘못된 행동을 비판하기보다는 변명을 해주는 경우가 많다.

당신의 답은 소통의 진정성이 결여된 부분을 나타낸다. 이제 당신이 선택한 항목 중에서 서너 개를 추려, 각각에 해당되는 상황을 적어 보자. 언제, 누구를 상대로 일어났으며, 그러고 나서 어떤 느낌이었는지.

당신의 행동 양식에 대해 무엇을 알게 되었는가? 이를 바탕으로 다음에는 다른 선택을 해 보자. 좀 더 의식적이고 진정성 있는 소통이 당신이 마땅히 누려야 할 바운더리 주인의 삶에 훨씬 더 어울린다!

Chapter 8

|

자신을 돌아보며 애도하기

바운더리 주인이 되는 과정을 따라가다 보면 종종 고통스럽거나 절망스러웠던 어린 시절의 경험을 마주해야 할 때가 있다. 그 경험들을 합당하게 존중하고 해소하려면 그것을 있는 그대로 수용하고 내가 소망했으나 실현되지 못한 상황을 애도하는 과정을 거쳐야 한다.

어린 시절의 절망감에 대해 원망하거나 비판하는 마음 없이 있는 그대로 슬퍼하고 나면 현재의 삶에 충족감과 기쁨이 커지는 것을 경험하게 된다.

아래의 세 단계를 따라해 보자.

1. 당신이 인정하고 존중해 주고 싶은 어린 시절의 절망감을 찾는다.

2. 실제 있었던 상황을 그대로 적고, 당신은 그 상황이 어떻게 전개되었기를 바랐는지 적는다. 그때 당신이 어떤 느낌이 었는지 구체적으로 묘사하고, 당신이 느꼈던 고통과 그 고통을 겪은 자신을 연민하는 마음을 갖는다.

3. 이제 그 페이지를 뜯어서 세면대나 정원, 그밖에 불을 지피기에 안전한 장소에서 태운다. 하나의 의식과도 같은 태우는 행위가 과거의 절망감에 붙잡혀 있는 감정을 해소해 줄 것이다.(참고 사항: 불에 태우기가 안전하지 않으면 찢어 버리는 것도 좋다.)

Chapter 9

|

바운더리 파괴자 대응 요령

당신이 현재 바운더리 파괴자를 상대하느라 어려움을 겪고 있다면 먼저 상대를 파악하는 것이 중요하다. 제일 먼저 해야 할 일은 관계의 유해성 정도, 상대의 조종 기술, 이전의 바운더리 침해 전력, 그리고 그와 당신의 관계가 필수불가피한 것인지, 아니면 선택적인 것인지를 정확하게 진단하는 것이다.

이 과정에서 강렬한 감정이 북받칠 수도 있다. 하지만 마음을 진정시키고 연민을 가진 관찰자의 입장에서 상황을 진단해야 한다. 아래의 순서를 참고해서 한 번에 하나씩 당신이 상대하는 바운더리 파괴자에 대한 정보를 수집하라.

1. 상대가 누구인가: 가족, 친구, 연인, 형제, 상사, 직장 동료, 등.
2. 전력: 처음으로 바운더리를 침해한 것인지(아직 상대방과 바운더리 문제로 대화한 적이 없는 경우), 아니면 상습적으로 침해하는 것인지.(문제에 대해 얘기했으나 달라진 것이 없는 경우)
3. 상대의 행동 양식: 수동적 공격형 대화, 가스라이팅, 학대의 형태, 중독 문제, 애정 공세, 부정직함, 그밖에 당신이 추가할 수 있다.
4. 당신에게 미치는 영향: 억울함, 재정적 손해, 불안감, 자존감 저하, 기력 소진, 등.
5. 관계의 성격: 우선순위가 낮은지, 높은지, 또는 불가피한 관계(자녀를 공동 양육하는 관계)인지 등.

일단 현재 당신에게 영향을 미치는 조종 양식을 파악하고 나면 전략적으로 대처할 수 있는 위치에 서게 된다. 실천 계획이나 대처 방식을 모색하는데 도움이 필요하면 9장에 나왔던 내용을 참조하자.

Chapter 10

|

바운더리의 다음 단계

이제 바운더리 기술을 실전에 활용할 수 있는 도구가 마련되었다. 주도적인 바운더리 계획, 3R(인식-해소-대응), 그리고 각본. 바운더리 주인으로서의 삶을 뒷받침해 줄 또 하나의 도구를 더하자. 바로 시각화다.

시각화는 당신이 소망하는 결과를 미리 가상으로 체험하게 해 줌으로써 당신을 자신의 제한된 시각으로부터 벗어나게 해 준다. 꿈을 현실로 만들도록 당신을 독려한다.

당신의 사고와 감각을 당신이 인지하는 현실 너머로 확장시켜 보자. 당신이 소망하는 진실을 떠올려 보는 거다. 그리고 건강한 자율성에 입각한 바운더리 대화를 가질 때 당신이 어떤 느낌일지 가능한 한 자세하고 구체적으로 떠올려 보자.

아래의 세 단계를 통해 한 단계 발전한 바운더리를 구축할 수 있다.

1. 떠올리자. 일 년에 한 번 정도 당신의 삶을 떠올려 보자. 이때 두려워하는 일들(예를 들면 당신이 경직되거나, 불리한 조건에 동의하거나, 모욕감을 느낄만한 일들)에 집중하지 말고, 당신이 일어났으면 하고 바라는 일에 집중한다. 마음의 눈으로 어떤 결과에도 강하고, 분명하고, 주도적으로 대응하는 당신을 바라본다.

2. 말하자. 당신 자신에 관해서, 당신이 원하는 것과 잠재력에 대해 긍정적이고 자신감 있게 말하라.(예를 들면, "내가 말을 할 때 머뭇거리지 않았으면 좋겠어."라고 하지 말고, "나는 월급을 인상 받을 자격이 있다고 확신해. 나는 편안한 마음으로 협상할 수 있어."라고 되뇐다.)

3. 느껴보자. 가만히 눈을 감고 심호흡을 한다. 마음속에 떠오르는 당신의 모습에 집중하고 모든 감각을 동원해서 그 모습과 행동이 실제의 당신인 듯 느껴본다. 방 안의 온도는 적당하고, 의자는 편안하며, 당신은 느긋하고 자신감에 차 있다. 당신은 자신감 있게 진실을 말한다. 이제 당당하

게 당신의 가치와 기대에 부응하는 임금을 요구하고 협상할 수 있는 마음의 준비가 되었다.

어떠한 상황에도 시각화를 적용할 수 있다. 시각화를 꾸준히 연습하면 일상에 새로운 바운더리 기술을 실현시키는 능력이 눈에 띄게 발전한다. 매일 아침 5분 정도 시각화 훈련을 하면 놀라운 의지력을 키울 수 있다.

감사의 말

이 책이 완성되기까지 마을 하나를 이룰 만큼 많은 이들의 도움을 받았다. 그 아낌없는 지원에 깊이 감사한다. 다른 누구보다도 내게 하나 뿐인 사람, 빅터 유하스의 무한한 인내와 예술적 조언에 대해서, 그리고 지난 한 해 동안 쇼핑, 요리, 세탁, 격려, 거기에 더해서 유머로 긴장 풀어주기까지, 말 그대로 모든 일을 도맡아준 데 대해서 진심으로 감사한다. 지난 24년 동안 이 모든 것을 매력적이고 선한 유머, 너그러운 마음씨, 충실한 사랑으로 일관해온 그를 나는 세상 누구보다 사랑한다.

내가 보다 건강한 모습으로 살아가도록 고무해 준 우리의 장성한 아들들 맥스와 알렉스, 벤, 그리고 그들의 가족들에게도 감사한다. 책을 쓰는 동안 글 감옥에 은둔하고 있는 나를 이해해주어서 고맙고, 모두 깊이 사랑한다.

나의 엄마 젠 콜과 세 언니들, 타미 로스테인, 킴벌리 엡스타인, 캐시 휴즈에게도 감사한다. 세 사람 덕분에 나는 자매의 든든한 지원이 얼마나 큰 힘이 되는지 깨달았으며, 즉흥적인 댄스 파티의 흥겨움을 맛볼 수 있었다.

닉슨 대통령 시절 이후로 나의 단짝이자 가장 친한 친구인 도나 맥케이, 캐리 고데스키, 일렌 마티어, 캐시 맥모로우, 모린 암브로즈, 데니스 페리노에게도, 50년의 끈끈한 우정과 지난 3년 동안 바운더리에 관한 이야기를 끊임없이 나눌 수 있게 해 준데 대해 감사의 마음을 전한다.

나의 지원그룹이자 영감과 우정의 원천인 라라 리지오, 조앤 그윈, 패티 파워스, 다니엘 라포트, 크리스 카, 케이트 노스럽, 데비 필립스, 에이미 포터필드, 크리스티나 라스무센, 크리스틴 구티에레스, 제시카 오트너, 줄리 이슨, 데이브지, 뎁 컨, 개비 번스타인, 리첼 프레드슨, 라담 토마스, 엘리자베스 다이얼토, 수지 베일슨, 캐롤 글래드스톤, 타린 로스슈타인에게도 감사의 마음을 전한다. 이들을 만난 건 나의 커다란 축복이다.

지난 한 해 여러 가지 잡무를 처리해 준 TC 팀원들에게도 감사한다. 특히 신통한 전략과 무한한 인내, 친절을 보여준 트레이시 샤를르브, 전심전력으로 내 오른팔이 되어 일과 생각을 정리해주고, 항상 모든 것을 최종 점검해 준 조이스 유하스, 모든 것에 아름다움을 더해주고, 이 책의 표지를 디자인해 준 디자이너이자 친구인 웨인 피크에게도 진심으로 감사의 말을 전하고 싶다.

주말 기획 세션으로 시작한 일이 삼 개월 간의 글쓰기 마라톤으로 이어져도 끝까지 우리와 함께 해 준, 내가 신뢰하는 글쓰기 동료이자 친구인 수잔 컬레트에게도 감사한다. 그녀 없이는 불가능한 일이었다.

나보다 훨씬 먼저 내가 글을 쓸 수 있음을 알아봐 주고, 내가 스스로 깨달을 때까지 십년이나 참을성 있게 기다려준 내 문인 대리인 스테파니 타드에게도 감사의 말을 전한다.

지칠 줄 모르고 일하는 사운드 트루(Sound True)의 여러분에게도 감사한다. 특히 인내와 친절로 나를 이끌어주고 내 고유의 시각을 이 책에 담을 수 있도록 격려해 준 부편집장 제이미 슈왈브, 빛나는 통찰력과 기술로 내 문장을 매끄럽고 읽기 쉬우면서도 품위 있게 다듬어준 개발 편집자 조엘리 한, 나를 '찾아내서' 사운드 투르에 깃들이게 해 준 기획 부편집자 아나스타샤 펠라차우드에게도 깊은 감사의 마음을 전한다.

참고자료

Introduction

-Harriet B. Braiker. The Disease to Please.(New York: McGraw-Hill, 2001), 1.

Chapter One

-Richard Bach. Illusions: The Adventures of a Reluctant Messiah. (London: Cornerstone, 2001), 60.

-Marianne Williamson. The Age of Miracles:Embracing the New Midlife. (Australia: Hay House, 2013), 9.

Chapter Two

- E. J. R. David. "Internalized Oppression: We Need to Stop Hating Ourselves." Psychology Today. September 30, 2015. Accessed July 13, 2020. https://www.psychologytoday.com/us/blog/unseen-and-unheard/201509/internalized-oppressionwe-need-stop-hating-ourselves.

-E. Garcia. "The Woman Who Created #MeToo Long Before Hashtags." New York Times. October 20, 2017. Accessed January 2020. https://www.nytimes.com/2017/10/20/us/me-too-movement-tarana-burke.html.

-Maya Salam. "A Record 117 Women Won Office, Reshaping America's Leadership." New York Times. November 7, 2018. Accessed January 2020.

https://www.nytimes.com/2018/11/07/us/elections/women-elected-midterm-elections.html.

-Davidji. Sacred Powers: The Five Secrets to Awakening Transformation. (Carlsbad, CA: Hay House, 2017), 6.

Chapter Three

-Harriet Lerner. The Dance of Anger: a Woman's Guide to Changing the Patterns of Intimate Relationships. (US: Harper Collins, 1993), 7.

-Gemma Hartley, Julie Beck. "The Concept Creep of 'Emotional Labor'." The Atlantic. November 26, 2018. Accessed March 2020. https://www.theatlantic.com/family/archive/2018/11/arlie-hochschild-housework-isnt-emotionallabor/576637/

-Julie Compton. "What Is Emotional Labor? 7 Steps to Sharing the Burden in Marriage." NBC News. November 9, 2018. Accessed March 2020. https://www.nbcnews.com/better/pop-culture/how-woman-learned-stop-shouldering-allemotional-labor-her-marriage-ncna934466.

- Anxiety Canada. "Fight, Flight, Freeze." Anxiety Canada. Accessed April 2020. https://www.anxietycanada.com/articles/fight-flight-freeze/

- Harper West. "How the Fight-or-Flight Response Affects Emotional Health." HarperWest.co (blog), December 18, 2017. Accessed Mach 2020. http://www.harperwest.co/fight-flight-response-affects-emotional-health/

-Harvard Health Publishing. "Understanding the Stress Response." Harvard Health Publishing. March 2011. Accessed March 2020. https://www.health.harvard.edu/staying-healthy/understanding-the-stress-response

-William Blake. The Marriage of Heaven and Hell. (Lambeth: Will.Blake, 1793), xxii. Google Books edition. Accessed March 2020. https://www.google.com/books/edition/The_Marriage_of_Heaven_and_Hell/Rl5uXpUeVYUC?hl=en&gbpv=1&bsq=doors%20of%20perception

-Audre Lorde. University of New Mexico. Women's Studies Syllabus. Fall
2003. Accessed April 15, 2020.
http://www.unm.edu/~erbaugh/Wmst200fall03/bios/Lorde.htm.

Chapter Four

- Louise L. Hay. You Can Heal Your Life. (Victoria Park:Association for the
Blind of W.A., 1988), 3.

Chapter Five

- Don Miguel Ruiz. The Four Agreements. (California:Amber-Allen
Publishing, 1997), 38.

-John A. Johnson. "Agreeing with the Four Agreements," Psychology Today
(blog). December 29. 2010. Accessed April 2020.
https://www.psychologytoday.com/us/blog/cui-bono/201012/agreeing-the-
four-agreements

-Kristi A. DeName. "Repetition Compulsion: Why Do We Repeat the Past?"
World of Psychology (blog), July 8, 2018. Accessed April 2020.
https://psychcentral.com/blog/repetition-compulsion-why-do-we-repeat-the-
past/

Chapter Six

-Owens, Melinda T, and Kimberly D Tanner. "Teaching as Brain Changing:
Exploring Connections between Neuroscience and Innovative Teaching." CBE
Life Sciences Education 16(2): fe2 (Summer 2017). Accessed March 14, 2020.
https://www.ncbi.nlm.nih.gov/pmc/articles/PMC5459260/.

Chapter Seven

-Davidji. "Change Is Breath Meditation Metta Moment."Davidji (blog). Soundcloud Audio. November 5, 2019. Accessed April 2020. https://davidji.com/change-breath-meditation-metta-moment/.

-Harriet Lerner. "Coping With Countermoves." Psychology Today (blog). December 20, 2010. Accessed April 2020. https://www.psychologytoday.com/us/blog/the-dance-connection/201012/coping-countermoves.

-Rosenberg, Marshall B., and Arun Gandhi. Nonviolent Communication: A Language of Life: Create Your Life, Your Relationships, and Your World in Harmony with Your Values. (Encinitas, CA: PuddleDancer Press, 2003).

-David Rock. "New Study Shows Humans Are on Autopilot Nearly Half the Time." Psychology Today (blog). November 14, 2010. Accessed March 2020. www.psychologytoday.com/us/blog/your-brain-work/201011/new-study-shows-humans-areautopilot-nearly-half-the-time.

Chapter Eight

-Susan Peabody. "Toxic Guilt." Living Sober (blog), The Fix. April27, 2018. Accessed April 2020. https://www.thefix.com/living-sober/toxic-guilt.

- Lara Riggio. "How to Tap Out Negative Thoughts and Focus Your Energy on What You Want Instead." LaraRiggio.com, Feb. 2, 2020. Accessed April2020. https://www.larariggio.com/2020/02/02/how-to-tap-out-negative-thoughts-and-focus-yourenergy-on-what-you-want-instead/.

-Brené Brown, "Listening to Shame." TED Talk filmed March 2012. Accessed April 2020. Available at ted.com/talks.

-Madhuleena Roy Chowdhury. "Kristin Neff and Her Work on Self-Compassion (Incl. Test + Exercises)." Positive Psychology. October 25, 2019. Accessed April 2020. htpps://www.positivepsychology.com/kristin-neff-self-compassion-exercises/.

Chapter Nine

- Darlene Lancer. "The Price and Payoff of a GrayRock Strategy." Psychology Today (blog). November 4, 2019. Accessed April 2020. https://www.psychologytoday.com/us/blog/toxic-relationships/201911/the-price-and-payoffgray-rock-strategy.

- Lindsey Ellison. Magic Words: How to Get What You Want from a Narcissist. (Toronto, Ont.: Hasmark Publishing, 2018), loc. 149. Kindle book edition.

Chapter Ten

-Marshall B. Rosenberg. "The Four-Part NonviolentCommunication Process" (PDF). NonViolentCommunication.com. Accessed April 18,2020. https://www.nonviolentcommunication.com/aboutnvc/4partprocess.htm.

-Kasia Urbaniak "Kasia Urbaniak." Accessed April 18, 2020. https://www.kasiaurbaniak.com/.

Chapter Eleven

- Adam Grant. "Authenticity Is a Double-Edged Sword." WorkLife with Adam Grant. TED Talks. April 7, 2020. Apple Podcasts. Accessed April 10, 2020. https://podcasts.apple.com/us/podcast/worklife-with-adam-grant/id1346314086.